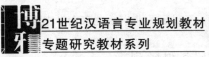 

现代汉语词汇

（重排本）

符淮青 著

图书在版编目(CIP)数据

现代汉语词汇:重排本/符淮青著.—2版.—北京:北京大学出版社,2020.5

21世纪汉语言专业规划教材.专题研究教材系列

ISBN 978-7-301-30729-8

Ⅰ.①现… Ⅱ.①符… Ⅲ.①现代汉语–词汇–高等学校–教材 Ⅳ.① H136

中国版本图书馆 CIP 数据核字(2019)第 191246 号

书 名	现代汉语词汇(重排本)
	XIANDAI HANYU CIHUI(CHONGPAIBEN)
著作责任者	符淮青 著
责任编辑	崔 蕊 胡双宝
标准书号	ISBN 978-7-301-30729-8
出版发行	北京大学出版社
地 址	北京市海淀区成府路 205 号 100871
网 址	http://www.pup.cn 新浪微博:@北京大学出版社
电子信箱	zpup@ pup.cn
电 话	邮购部 010–62752015 发行部 010–62750672 编辑部 010–62754144
印 刷 者	大厂回族自治县彩虹印刷有限公司
经 销 者	新华书店
	650 毫米 ×980 毫米 16 开本 18 印张 304 千字
	2020 年 5 月第 2 版 2024 年 7 月第 6 次印刷
定 价	46.00 元

未经许可,不得以任何方式复制或抄袭本书之部分或全部内容。
版权所有,侵权必究
举报电话: 010–62752024 电子信箱: fd@pup.pku.edu.cn
图书如有印装质量问题,请与出版部联系,电话: 010–62756370

重排本说明

  本书作为教学参考书,颇切需要。因作者难以再作增订,出版社谋划出版了重排本。胡双宝先生一直关注此事,崔蕊先生又对全书内容、引用材料作了校订,对引用的论著又补充了出版社名、出版年代等的说明,更加周到严谨,欣致谢忱。本书问世距今已有多年,多有不足,欢迎批评指正。

符淮青
2020 年 4 月

修订说明

　　本书出版于1985年，多次重印。现在的修订，保留原书框架。增写了第二章词的构造，将原书的第二章词和词义、第三章词的概括性合为一章，仍是十章。各章补充了一些新的内容，也删去了一些过时的不恰当的内容，增加了一些练习题。目的是使本书继续成为一本有用的教材参考书。

　　原书前言说明了本书的写作意图，对指导帮助过作者的师长学兄表示了衷心的感谢，现仍保留。

　　多谢胡双宝先生、郭力先生促成帮助完成了本书的修订。

符淮青

2003年11月

初版前言

　　1978年开始,北京大学中文系汉语专业"现代汉语"中的语音、语法、词汇、文字等单独设课,我分工教词汇。本书就是我在给1978、1979、1980级讲授这门课所写的讲稿基础上加工修改出来的。从1981级开始,汉语专业又把语音、词汇、语法三部分合为"现代汉语"课,我讲授的大部分内容又放入有关的选修课中。

　　如何把现代汉语词汇的教学和研究提高一步,是许多同志都关心的问题,我除了吸收这门课的原有内容外,还尝试在词义、词义分析、词义发展、词义和构成它的语素义的关系、词的释义等问题上提出一些意见和做法。构词法一向在语法部分讲授,这里也就从略了。为了加深同学的理解,帮助同学掌握所讲的内容,每章都安排了练习。现代汉语词汇课应该随着教学水平的提高和研究的深入不断地提出新的问题,输入新的内容。我做的一点努力,只能算是初步的探讨,切望得到大家的批评指正。

　　在准备这门课的过程中,得到朱德熙先生、林焘先生、姚殿芳先生的指导。姚先生、石安石同志、叶蜚声同志、王理嘉同志读了我的初稿的全部或大部,这次修改后,胡双宝同志通读了全稿,他们提出的许多宝贵意见帮助我提高、充实了稿子的内容,改正了一些不恰当的地方。书稿完成后,承蒙周祖谟先生拨冗审读部分章节,给予很多指教,并为本书题写了书名。我在这里对他们谨致衷心的感谢。

符淮青
1983年9月

目 录

第一章 绪论 …………………………………………… 1
  一、词 …………………………………………………… 1
    (一) 什么是词 …………………………………………… 1
    (二) 确定词的一般方法 ………………………………… 4
    (三) 疑难问题 …………………………………………… 6
  二、词汇 ………………………………………………… 9
    (一) 固定语中的专门用语 …………………………… 10
    (二) 词汇的系统性 …………………………………… 13
  三、词汇学 …………………………………………… 19
    (一) 有助于提高语言运用能力 ……………………… 19
    (二) 有助于语文教学 ………………………………… 20
    (三) 有助于现代汉语词汇规范化的工作 …………… 21
  练习 …………………………………………………… 22

第二章 词的构造 …………………………………… 23
  一、单纯词的音节特征 ……………………………… 23
  二、合成词的结构 …………………………………… 24
    (一) 合成词结构的分析 ……………………………… 24
    (二) 疑难问题 ………………………………………… 28
  三、合成词结构类型讨论 …………………………… 33
    (一) 三类语素 ………………………………………… 34
    (二) 结构类型 ………………………………………… 36
  练习 …………………………………………………… 38

第三章　词义 …… 40
- 一、词的符号性和词的意义 …… 40
- 二、词的概念义 …… 41
- 三、概念义的分析 …… 45
  - （一）表名物的词意义的分析 …… 45
  - （二）表动作行为的词意义的分析 …… 47
  - （三）表性状的词意义的分析 …… 49
- 四、词义的单位 …… 52
- 五、词的附属义 …… 57
  - （一）形象色彩 …… 57
  - （二）感情色彩 …… 58
  - （三）语体色彩 …… 60
- 练习 …… 61

第四章　多义词和同音词 …… 65
- 一、多义词 …… 67
  - （一）词义和语素义 …… 67
  - （二）多义词的类型 …… 69
  - （三）本义、基本义、引申义、比喻义 …… 72
  - （四）多义词义项意义的联系 …… 78
- 二、同音词 …… 84
  - （一）同音词的类型 …… 85
  - （二）同音词和写别字 …… 89
  - （三）同音词的来源 …… 94
  - （四）同音词和多义词的界限 …… 96
- 三、多义词和同音词的作用 …… 97
- 附：异形词和同形词 …… 99
  - （一）异形词 …… 99
  - （二）同形词 …… 101
- 练习 …… 103

第五章　同义词、反义词和词的层次关系 …… 106
一、同义词 …… 107
（一）同义词的产生和类别 …… 107
（二）同义词的分析 …… 110
（三）同义词的作用 …… 123
二、反义词 …… 126
（一）什么是反义词 …… 126
（二）反义词的类别 …… 127
（三）反义词的作用 …… 132
三、上下位词 …… 134
（一）什么是上下位词 …… 134
（二）上下位词在语言中出现的情况 …… 135
（三）上下位词的作用 …… 138
四、整体-部分关系词 …… 139
（一）语言中存在的整体-部分关系词 …… 140
（二）整体-部分关系词的意义关系 …… 143
练习 …… 146

第六章　词义的发展 …… 147
一、词义发展的类型 …… 147
（一）词义深化 …… 147
（二）词义扩大 …… 149
（三）词义缩小 …… 152
（四）词义转移 …… 155
（五）感情色彩变化 …… 158
二、词义发展的原因 …… 160
三、现代汉语词义的发展 …… 165
练习 …… 168

第七章　几种重要的词汇划分 …… 169
一、基本词汇和其他词汇 …… 170

（一）基本词汇和一般词汇 …………………………… 170
　　（二）几种词汇的统计研究 …………………………… 177
二、古语词和新词语 ……………………………………… 183
　　（一）古语词 …………………………………………… 183
　　（二）新词语 …………………………………………… 187
　　（三）生造词问题 ……………………………………… 190
三、口语词汇和书面语词汇 ……………………………… 193
四、标准语词汇和方言词汇，社会习惯语 ……………… 196
　　（一）普通话词汇同方言词汇的差别 ………………… 196
　　（二）普通话对方言词的吸收 ………………………… 198
　　（三）社会习惯语 ……………………………………… 200
五、本族语词汇和外来语词汇 …………………………… 202
　　（一）汉语对外来词的吸收 …………………………… 203
　　（二）汉语对日语词的吸收 …………………………… 206
六、非语义词群和主题词群 ……………………………… 209
　　（一）非语义词群 ……………………………………… 209
　　（二）主题词群 ………………………………………… 210
练习 ………………………………………………………… 211

第八章　熟语 …………………………………………… 214

一、成语 …………………………………………………… 214
　　（一）成语的组织结构 ………………………………… 215
　　（二）成语的意义 ……………………………………… 219
　　（三）成语的运用 ……………………………………… 220
二、谚语 …………………………………………………… 222
　　（一）谚语的种类 ……………………………………… 222
　　（二）谚语的结构和意义 ……………………………… 223
　　（三）成语和谚语的不同 ……………………………… 225
三、歇后语 ………………………………………………… 226
四、惯用语 ………………………………………………… 229
练习 ………………………………………………………… 230

第九章　词义和构成词的语素义的关系 …… 231
一、合成词词义和构成它的语素义的关系 …… 232
二、语素在构词中的变异 …… 237
　（一）意义上的变异 …… 237
　（二）作用上的变异 …… 239
　（三）特殊的变异 …… 240
三、词的暗含内容 …… 241
四、研究词义同构成它的语素义关系的作用 …… 242
练习 …… 246

第十章　词典 …… 247
一、词典的类型 …… 247
　（一）现代语言规范型词典 …… 249
　（二）用法词典 …… 250
　（三）同义词词典 …… 250
　（四）反义词词典 …… 251
　（五）构词词典 …… 251
　（六）义类词典 …… 251
　（七）新词词典 …… 252
　（八）熟语词典 …… 252
　（九）方言词典 …… 252
　（十）同韵词典 …… 253
　（十一）频率词典 …… 253
二、词的释义 …… 253
　（一）普遍性较大的三种释义方式 …… 254
　（二）表动作行为的词的释义 …… 257
　（三）表性质状态的词的释义 …… 259
　（四）其他释义方式 …… 261
三、词典编纂的其他问题 …… 267
　（一）选词 …… 267
　（二）注音 …… 268

（三）引例 ……………………………………………… 269
（四）编排 ……………………………………………… 270
　　练习 …………………………………………………… 271

学习参考论著 …………………………………………… 273

第一章 绪 论

一、词

(一) 什么是词

很多人可以一口气说出许多词,但如果问什么是词,能正确回答的人恐怕不多,而且答案很可能是各式各样的。

不同时代的中外语言学家、学者,给词下了各种定义。[①] 词有一定的语音形式,有一定的意义,有一定的语法特点。好的定义,要举出被定义对象的本质特征,同其他事物现象区别开。从这个要求出发,对现代汉语的词来说,主要从语法特点上讲,也照顾意义和语音特点的定义是比较周到的。我们把词看作是语言中有意义的能单说或用来造句的最小单位,它一般具有固定的语音形式。下面对这个定义指出的词的特征作些解释。

[①] 我们举几位今人的例子。王力把词叫作"语言的最小意义单位"(见《中国现代语法》第 11 页,商务印书馆,1985 年;《词和仂语的界限问题》,《中国语文》1953 年第 9 期)。这个定义主要是从意义上讲的。根据这个定义,不能区别词和语素。刘泽先把词叫作"拼音文字里经常连写在一起的一组字母"[见《用连写来规定词》,《中国语文》杂志社编《汉语的词儿和拼写法》(第一集)第 92 页,中华书局,1955 年]。这个定义表面上根据书写形式,实际上主要根据词的语音特点。词能有连写的形式,是因为一个词的语音形式是一个单位,前后可以停顿。但实际上连写法和分词不会完全一致。例如动词和补语,如果两者都是单音节(如"搞坏""打死")则要求连写,并不因为两者分别是词而分写。吕叔湘把词看作是"语言的最小的独立运用的意义单位"(见《语法学习》第 2 页,中国青年出版社,1954 年)。这个定义主要是从语法特点上讲的,也照顾到了意义。但现在认识到词是一种语言单位,不能说是最小的意义单位。

1. 有意义

各种词的"意义"含义不同。实词的"意义"指某种概念内容（有人叫理性内容），即字典、词典所解释的词义内容。如（引自《现代汉语词典》，《现汉》多次修订，所引一般据本书写作时的版本）：

农民　在农村从事农业劳动生产的劳动者。
飞播　用飞机撒种。
硬　　物体内部的组织紧密，受外力作用后不容易改变形状。

虚词的情况比较复杂。有的虚词表示词、词组、句子之间的关系。如"吃的东西"，"的"表示"吃"修饰限制"东西"；"我和两个弟弟今天出发"，"和"表示"我"与"两个弟弟"是并列关系；"虽然有困难，但是我们能完成任务"，"虽然""但是"表示两个分句之间的转折关系。

有的虚词表示一定的语气。"你去吗？"的"吗"表示疑问，"你来吧"的"吧"表示祈使。有的虚词表示人的某种感情态度。如"啊（ā）"表示惊异或赞叹，"唉"表示感伤或惋惜。

虚词的这些作用也叫有意义。

2. 能单说或用来造句的最小单位

有许多实词在对话的情况下能单说。如：

那是什么？——牛。
买不买？——买。

有一部分能用作独词句。如：

时间　前场次日，下午。
地点　派出所。（老舍《全家福》第三场）

时间　现代。
地点　扶槎山下。（鲁彦周《归来》）

例子中"派出所""现代"作独词句，分别说明地点和时间。这种用法多见于剧本说明情景的语句中。

有一部分实词不能单说，但能用作句子的主要成分（当主语、谓语、宾语、定语、状语、补语)。如"楼",问:"那边盖的什么?"不能单回答"楼",要说"楼房",但在句子"那儿盖四层楼"中,"楼"是宾语偏正词组"四层楼"的中心语。又如"春",问:"现在是什么季节?"不能单回答"春",要说"春天",但在句子"春是一年中的第一个季节"中,"春"是主语。

再如"旗"不能单说,要说"旗子",但在"门口挂一面旗"中,"旗"充当宾语"一面旗"的中心语。"房"不能单说,要说"房子",但在"大家都买了房"中,"房"充当宾语。

能否用作句子的主要成分,以现代汉语一般的口语、书面语用法为根据,不以文言、固定语的用法为根据。例如不能根据文言用法"欲达目的""迫切陈词",确定"欲""达""陈"是现代汉语的词,不能根据固定语"春不减衣,秋不加帽"确定"衣""帽"是现代汉语的词,不能根据固定语"吃一堑,长一智"确定"堑""智"是现代汉语的词。

虚词除少数几个(如"不、一定"等)外,绝大多数不能单说,除了副词,也不能作句子的主要成分,但它们能用来帮助把实词组织成词组、句子。

说词是"能单说或用来造句的单位",要加上"最小的"的限制,这是为了同词组区别开。如"玻璃窗",能单说:"那是什么?""玻璃窗。"但"玻璃窗"还可以切分为"玻璃"和"窗":"那是什么?""玻璃。""把门、窗关好。"

3. 一般具有固定的语音形式

这是指:

(1) 词一般都有固定的音节,各音节有固定的声、韵、调。如:

人 rén 波浪 bōlàng 瓷实 cí·shi

(2) 词前后能停顿。如:

人　都　有　四肢
rén　dōu　yǒu　sìzhī

不能说成:

réndōu　yǒusì　zhī

但一些词在运用中有时会略微改变语音形式，如连读变调使上声的"冷"在"冷水"中变为接近阳平的读法，连读音变使"甜"的韵尾[-n]在"甜饼"中变成[-m]。儿化词有相当一部分不稳定，一般是书面上不儿化，口语中则儿化，如"米粒（～儿）、翻白眼（～儿）、事（～儿）、字（～儿）"等。

（二）确定词的一般方法

词的定义包含有确定词的方法。常用的确定词的方法是：

1. 能单说，能单独回答问题的是词

对一个语素组成的单纯词，这个方法最有效。如前面所举的"牛""买"。再如：

那是什么？——梨。
甜不甜？——甜。
吃不吃？——吃。

对多个成分组成的语言单位，这个方法不是充分条件。比较：

你买什么？——纸/白纸。
这种纸好不好？——好/不好。
你买不买？——买/不买。

"白纸""不好""不买"也可以跟"纸""好""买"一样单独回答问题，但它们是词组。

2. 不能单说，但能充当词组句子成分的是词

这个方法一般用来确定下面这些类别的词。

（1）现代汉语口语中不单说，但在一般书面语中用作句子成分的语言单位。如前面举过的"楼""春""旗""房"。

（2）现代汉语中单音节的区别词（非谓形容词）。如"金"，问"她戴的戒指是金的还是银的？"，不能单回答"金"，要说"金的"。但在"金戒指""金耳环""金手镯"中"金"充当词组的定语。"男"，问"她的孩子是男的还是女的？"，不能单回答"男"，要说"男的"。但在"男学生""男大衣""男皮鞋"中"男"充当词组的定语。

(3)现代汉语中的一些量词,如"五两盐""六寸布""一升米"中的"两""寸""升",是根据数量组合是一个词组来确定量词"两""寸""升"是一个词的。现代汉语中的方位词,如"教室内""学校外""胡同里"中的"内""外""里",是根据名词构成的方位组合是一个词组,从而确定"内""外""里"是一个词的。它们都不能根据单独回答问题这个方法来确定。

3. 扩展法

上面说过的"白纸""不好""不买"这些多个成分组成的语言单位,不能因为它们能单独回答问题就认为它们是词。对于多个成分组成的语言单位,有相当多可以用扩展法来确定它们是不是词。扩展法的要点是:在多个语言成分组成的语言单位中插入别的语言成分,如果得到的新的语言单位可以接受,则原来的语言单位是词组;如果得到的新的语言单位不可以接受,或者意义有很大改变,则原来的语言单位是词。例如:

白字——*白的字　　　白纸——白的纸

海带——*海的带　　　海浪——海的浪

扩大——*扩得大　　　吃饱——吃得饱

大家——大的家　　　小河——小的河

黑板——黑的板　　　好书——好的书

山峰——*山的峰　　　山高——山很高

上面右列"白纸"等语言单位插入别的语言成分后得到的"白的纸""海的浪""吃得饱""小的河""好的书""山很高"都是正常的语言单位,而且意义同未扩展前一致,所以"白纸""海浪""吃饱""小河""好书""山高"是词组。左列"白字""海带""扩大""山峰"扩展后的语言单位是不存在的,是不可接受的,而"大家""黑板"扩展后意义不一样了。"大家"是一群人的总称,而"大的家"则指成员多的家庭。"黑板"指供书写的教具,而"黑的板"指一切黑颜色的板。所以左列这些语言单位未扩展前是一个词。

扩展法在应用时要使插入别的语言成分后产生的语言单位的

结构同原来语言单位的结构一致。例如：

$$\underset{\text{偏正}}{白纸} \longrightarrow \underset{\text{定中}}{白的纸}$$

$$\underset{\text{补充}}{吃饱} \longrightarrow \underset{\text{述补}}{吃得饱}$$

$$\underset{\text{陈述}}{山高} \longrightarrow \underset{\text{主谓}}{山很高}$$

扩展法的作用是：能显示原语言单位的语言成分结合的紧密程度。能插入的，结合不紧，是词组；不能插入的，结合紧，是词。

扩展法的应用也是有局限的，不是任何情况下都可以使用。例如单音加单音的状中结构的词组[如："快走，（要迟到了）""（他）刚来，（又跑了）"，其中的"快走""刚来"就是这种词组]，不允许扩展。处所词语（如"树下""教室外"）等也难以扩展。不能根据它们不能扩展这一点就把整个单位看作一个词。此外，某个语言单位允许不允许扩展，不仅受语法因素制约，还受修辞因素、习惯因素制约，所以不能夸大扩展法的作用。

4. 剩余法

把句子中所有可以单说、可以用作句子的主要成分的单位除开，剩下来不能单说，也不是一个词的一部分的，是词。虚词可以用这个办法来确定。例如"为创造社会主义的物质文明和精神文明而努力工作吧！"这句话里，"创造、社会主义、物质、文明、精神、努力、工作"都是可以单说的，而且，它们都不可以扩展，它们都是词。剩下的"为""的""和""而""吧"都不能单说，也不是一个词的一部分，它们是用来帮助造句的，它们是词。其中，"为"用来表示行为的目的，"的"表示词语的修饰限制关系，"和"表示词语的并列关系，"而"表示连接，"吧"放在句末使句子成为祈使句。

(三) 疑难问题

上面说明的是确定现代汉语的词的一般方法。由于语言现象复杂，不同学者有不同认识，对分析现代汉语的词也存在不少争论和疑难的问题,下面讨论几个问题。

1. 如何确定述补结构(如"吃饱""打倒"等)是不是词的问题

一般分为三种情况。

(1)"吃饱""拿到"等是一种情况。它们能够扩展:

吃饱──→一碗饭一个菜吃得/不饱。

拿到──→钱明天你拿得/不到。

它们的意义是构成成分的简单组合,"吃饱"是"吃"和"饱"意义的组合,"拿到"是"拿"和"到"意义的组合,它们是词组。

(2)"改善""说明"等是一种情况。虽然它们的意义是构成成分的组合,"改善"是"改"和"善"意义的组合,"说明"是"说"和"明"意义的组合,但它们不能扩展:只能说"他们的工作条件改善了""他们的工作条件没有改善",不能说"他们的工作条件改得/不善";可以说"他说明不了事件的真相""他能说明事件的真相",不能说"他说得/不明事件的真相"。所以"改善""说明"是词。

(3)"打破""打倒"等是一种情况。"打破""打倒"在具体的意义上使用,能够扩展,它们的意义是构成成分的简单组合。如:

打破──→这个铁门用铁棍打得/不破。

打倒──→你一拳打得/不倒他。

但是"打破""打倒"都可以表示抽象的意义,它们都可以扩展:

打破──→人民觉悟起来,打得破旧的传统。
　　　　人民不觉悟,打不破旧的传统。

打倒──→人民团结起来,打得倒旧的政权。
　　　　人民不团结,打不倒旧的政权。

因此,实际上可以区分为两个"打破",两个"打倒"。在具体意义上使用的"打破""打倒"是词组,在抽象意义上使用的"打破""打倒"虽然能扩展,但意义不是构成成分的简单组合,另有专门的意义,所以是词。

2. 如何确定"打仗""看书"等述宾结构是不是词的问题

"打仗""洗澡""看书""踢球"等都是述宾结构,它们都能扩展:

打仗——打了三年仗
洗澡——洗了一个澡
看书——看了一天书
踢球——踢了一场球

它们的宾语都能提前：

仗打赢了
澡洗完了
书看够了
球踢破了

它们的性质似乎是一样的。但是"打仗""洗澡"是由"能单说的语素＋不能单说的语素"构成的：

还打不打？——打。（"仗"却不能单说）
还洗不洗？——洗。（"澡"却不能单说）

"看书""踢球"是由两个都能单说的语素构成的：

还看不看？——看。　看什么？——书。
还踢不踢？——踢。　买什么？——球。

因此，"看书""踢球"是词组。而"打仗""洗澡"可以作这样的处理，在它们合用时看作一个词：

人民不喜欢打仗。　　夏天要多洗澡。
打仗不是好事。　　　洗澡有利于健康。

在它们分开用时可以看作两个词：

打了三年仗。｝"打""仗"是两个词
仗打赢了。

洗了一个澡。｝"洗""澡"是两个词
澡洗完了。

这种词有人叫作离合词。

3. 词和分词单位

在对确定现代汉语的词的深入研究中,学者遇到了不少界限不清的问题。例如"鸭蛋""驼毛"不能扩展为"鸭的蛋""驼的毛",被认为是词,"鸡蛋""羊毛"可以扩展为"鸡的蛋""羊的毛",被认为不充分具备词的资格。有学者认为"鸭蛋""鸡蛋"等都是事物的名称,使用频率都很高,应该认为都是词。"驼毛""羊毛"等情况相同。根据学者提出的各种标准,都不能做到完全划清词和非词的界限。随着信息技术的发展,为适应语言信息处理工作的需要,根据现代汉语语言单位的特点,学者提出了"分词单位"的概念。"分词单位"指"汉语信息处理使用的、具有确定的语义或语法功能的基本单位"。[①] 它不仅包括一般所说的词,包括类似于词的单位,也包括固定词组、固定用语。这种认识和处理,有利于汉语信息处理工作的发展,也不妨碍学者对其中的问题作进一步的探讨。

二、词 汇

词汇包括语言中的词和固定语。[②] 词汇是语言中词语的总和。确认语言中除了词以外,还存在固定语,它是词汇的重要组成部分,这种认识是词汇学研究的重要成果。中华人民共和国成立后最早出版的词汇学著作一般只是说语言中所有的词构成语言的词汇,20 世纪 80 年代以后的词汇学著作都明确指出词汇中包含有作为主体的词,也包含有可以把词作为构成成分的、作用相近于词的"语"(或称"固定词组、固定结构"等)。学者指称这些单位的命名不同,所指范围也不同。参考各家意见,我们认为,固定语是指语言中可以把词作为构成成分的、同词一样作为一个整体来运用的语言单位;它在结构、意义、作用上有自己的特点。固定语包括大

[①] 见《信息处理用现代汉语分词规范》之"3.4 分词单位"的说明,中国标准出版社,1993 年。该《规范》为中华人民共和国国家标准 GB/T 13715—92。

[②] 刘叔新在《汉语描写词汇学》(商务印书馆,1990 年)中对固定语作了深入的分析,刘又另分出"常语",同这里的分类不完全相同。

量的专门用语和熟语,一些习用词组也可归入固定语。

专门用语下分专名词语(如"中华人民共和国""黄土高原")、术语(如"冷冻疗法""电脑病毒")、行业语(如"转账结算""木刻水印")等。

熟语包括成语(如"愚公移山""江河日下")、谚语(如"春打六九头""磨刀不误砍柴工")、歇后语(如"猪鼻子上插葱——装象""老鼠尾巴长疖子——出脓也不多")、惯用语(如"走后门""踢皮球")等。

熟语本书有专章说明。下面对专门用语作一个简要的说明。

(一) 固定语中的专门用语

专门用语在应用中有广义、狭义两种用法。

广义用法指各科学部门运用的术语和行业语(某一职业集团所用的词语),其中包括大量的词,也包括以词为构成成分的短语。如:

术语

物理学术语	电压	力矩	质子	固体力学	电阻定律
化学术语	化合	碱性	溶解	感光材料	固相反应
数学术语	奇数	比例	立方	一次方程	曲线积分
经济学术语	商品	资本	价格	固定资本	级差地租
文艺学术语	形象	旋律	史诗	悲喜剧	浪漫主义
语言学术语	辅音	介词	复句	不及物动词	超音质特征

行业语

商业用语	热销	采购	盘货	废品损失	转账结算
交通用语	吨位	晚点	超载	交通信号	驾驶噪声
印刷用语	字体	字号	排版	曲面印刷	木刻水印

专门用语的狭义用法只指术语、行业语中的短语,如上面列举的物理学术语中的"固体力学""电阻定律",化学术语中的"感光材料""固相反应",经济学术语中的"固定资本""级差地租",商业用语中的"废品损失""转账结算"等。本书用的专门用语是狭义用

法,不包括术语、行业语中的词。

专门用语又可分为:

1. 专名词语

国名　　中华人民共和国　美利坚合众国
　　　　法兰西共和国　南非共和国
地区名　西藏自治区　黄土高原　巴尔干山脉
　　　　亚马孙河流域
机关名　中华人民共和国国务院　北京市人民政府
　　　　北京同仁医院　北京大学

2. 术语

上面已说明术语有很多是词,属于专门用语的术语上面已列举了一些。再如:

医学术语　病理切片　冷冻疗法　神经官能症
　　　　　病毒性脑膜炎　心脏起搏器
计算机科学术语　资源管理器　电脑病毒　调制解调器
　　　　　　　　磁盘操作系统　集成驱动电子线路
法律术语　司法行政　痕迹检验　地方性法规
　　　　　犯罪嫌疑人　有期徒刑

3. 行业语

上面已说明行业语中有很多是词,属于专门用语的行业语上面已列举了一些。再如:

体育用语　田径比赛　高台跳水　自由体操　沙滩排球
　　　　　花样滑冰
戏曲用语　跑龙套　刀马旦　大花脸　弋阳腔　西皮流水

专门用语的构成成分,多数是词。如"中华人民共和国"的构成成分是"中华""人民""共和""国",它们都是词。"血管收缩剂"的构成成分中,"血管""收缩"是词,"剂"是语素。"心脏起搏器"的构成成分中,"心脏"是词,"器"是语素,"起搏"是语素组(语素组是语素的组合,只存在于合成词或固定语中)。"同步稳相回旋加速器"的构成成分中,"同步""回旋""加速"是词,"器"是语素,"稳相"是语素组。

专门用语一般作为一个整体来运用,结构上中间不能加入别的语言成分。例如"北京市人民政府"不能说成"北京市的人民政府","心脏起搏器"不能说成"心脏的起搏器"。

固定语中的习用词组不属于上面任何一类,又不是熟语。它们不同于自由组合的词组,它们的构成成分和组合次序一般稳定,一般整体使用。如"总的说来""不是滋味""又好笑又好气""说什么也不"等。

词汇中还有相当多的简称,亦称缩略语。① 简称是由长的词语减缩或紧缩而成的词语,如"基建(基本建设)""民企(民营企业)""互联网(互联网络)""世博会(世界博览会)"。简称可以是专名词语,如"北大(北京大学)""清华(清华大学)""民盟(中国民主同盟)""亚运会(亚洲运动会)";可以是术语,如"多级火箭(多级运载火箭)""引力常数(万有引力常数)""冠心病(冠状动脉心脏病)""稳压器(电压稳定器)";可以是行业语,如"安检(安全检查)""减亏(减少亏损)""财险(财产保险)""地税(地方税)";也可以是一般通用的词语,如"卫视(卫星电视)""呼机(寻呼机)""青少年(青年少年)""中小学(中学小学)"等。

简称可以从构成方式上加以分类。常见的有:

1. 减缩而成的简称

截取原词语的部分词语构成。如上举例子中的"清华""互联网",再如"解放军(中国人民解放军)""三角(三角学)""公社(人民公社)"。

2. 紧缩而成的简称

抽出原词语中有代表性的词语构成。上举例子中大部分例子属这种类型。如"基建""民企""北大""民盟""多级火箭"等,再如"劳模(劳动模范)""民警(人民警察)""增产(增加生产)""港澳(香港、澳门)"。

---

① 学者用"简称""缩略语"所指范围不同,本书统称为"简称"。

3. 带数字的简称

这种简称的构成有两种情况：一是抽出词语中的共同成分加一个数词构成。如：

三好——思想好、学习好、身体好

三军——陆军、海军、空军

四化——农业现代化、工业现代化、国防现代化、科学技术现代化

另一种是概括原来词语表示的事物的共性加一个数词构成。如：

三国——魏、蜀、吴

五谷——稻、麦、菽、黍、高粱

七窍——两眼、两耳、两鼻孔、嘴

有一部分简称在长期使用中固定为词，如"基建""增产""劳模""五谷"等。

（二）词汇的系统性

在语言应用和词汇的研究中，人们逐渐发现，词汇中各个词不是如沙子那样各不相干的。它们之间是有联系的。就共时来说，这表现在词的组织结构、词汇成员的意义等方面。20 世纪 50 年代以后，受外国语言理论的影响，我国学者开始分析词汇的系统性问题，不同学者从不同角度作了论述。如周祖谟在《词汇和词汇学》(《语文学习》1958 年第 9、11 期)一文中说明词汇"构成一个统一的词汇体系"，它表现为：

1. 古代就有词作为语素构成了一大批词（如"工"构成了"工人""工业""工整""工致"等），这些词不仅在构词的成分上有关系，并且在语素的意义方面也有联系。如"工整""工致"中的"工"是"工巧"之义，有别于"工人""工业"中之"工"。

2. 每种语言的所有构词类型是成系统的，如汉语构词有两大类型：词根复合法（"运动、展开"等）、附加法（"第一、麦子"等），有别于俄语的改变重音、在词干上加前缀后缀、词干复合，因此整个

词汇构造上也就有了系统。

3. 词义的发展、词与词义方面的关系也表现出词汇是一个统一的整体。

这段说明论证词汇的体系性有三方面的表现:(1)由某一语素构成的同族词,不但构词成分有联系,构词成分的意义也有联系。(2)词汇的构词类型是成系统的。(3)词义的发展、词和词义的各种联系,也显示了词汇的系统性。

我们认为,词汇系统不是单一平面的,而是多平面的,可以从多角度、多层面上进行分析。在共时的坐标上,词的组织结构、词汇成员的意义关系就是两个重要的平面。

1. 词的结构的系统性

现代汉语合成词的结构类型重要的有:

并列	表述	偏正	支配	补充	附加	重叠
朋友	地震	白菜	埋头	说明	老师	爸爸
语言	心疼	大米	越轨	提高	老虎	叔叔
早晚	眼花	黑板	提议	认清	老鼠	星星
动静	胆怯	公社	起草	推广	阿娘	暗暗
反正	性急	牧民	留神	改正	阿哥	茫茫
永久	民办	八股	列席	分开	儿子	往往
渺小	国营	冷笑	担心	削弱	桌子	每每
收集	年轻	重视	挂钩	推翻	椅子	通通
增加	自觉	滚烫	革命	捣毁	短儿	形形色色
组织	面熟	飞快	开幕	扭转	亮儿	婆婆妈妈

词的结构有共性,这个共性可以概括为类型,如并列、表述、偏正、支配等等。每一类型都联系一大批词。绝大多数词都可以归入少数几个结构类型中。由此可以看出,词在结构上是很有规则地联系在一起的,表现出词的组织结构的系统性。

2. 词义关系的系统性

20世纪八九十年代以后,我国学者应用西方学者提出的"词汇场"理论分析词义关系的系统性。"词汇场"理论是德国学者特里尔(Trier)1931年提出来的。他认为词汇场是词汇的各个部分,场中各个成员都同其相邻的成员相制约。词汇场中各个成员和其间的意义关系在历史发展中会发生变化。后来的学者在这方面作了进一步的探讨。一般认为,从词的意义关系来说,词可以构成层次关系词群和非层次关系词群。

层次关系有上下位关系(植物—树木—柳树)、整体部分关系(手—手掌—手心)、亲属关系(祖父—父亲—儿子)、等级关系(军长—师长—团长)等。下面是一个有上下位关系的词群:

$$
\text{文具—笔—}\begin{cases}\text{毛笔}\\ \text{钢笔、水笔}\\ \text{圆珠笔、原子笔}\\ \text{铅笔}\\ \text{粉笔}\end{cases}
$$

其中"文具"是"笔"的上位词,"笔"是"文具"的下位词。"笔"对于"毛笔""钢笔""圆珠笔""铅笔""粉笔"来说又是上位词,"毛笔""钢笔"等又是"笔"的下位词,当然,"文具"也是"毛笔""钢笔"等的上位词。处在同一层次上的是同位词,如"毛笔""钢笔""圆珠笔""铅笔""粉笔"是同位词。"钢笔""水笔"是同义词,"圆珠笔""原子笔"是同义词,同义词是同位词中的特殊情况。

有意义上共同的关系对象、关系范围的词可以组成词群。这样的词汇集起来有人叫作主题(或题目)集合(Thematic Groups)。它们由于表示某一方面、某一范围的事物、现象、性质、行为而发生联系。它们可以存在层次关系,如上述"文具—笔—毛笔"等组成的词群,也可以不存在层次关系。例如《普通话三千常用词表(初稿)》在"主要用胳膊、手的动作"项下,就收入下面许多词:

拿	取	抓	捏	握	摸	捞	找
寻	摘	抹	揉	搓	拍	掰	
卷	揭	解=解开		安	放	搁	提
举	推	拉	扯	拖	牵	运	
托	抬	搬	拔	搭	捧	担	

扛	铺	摆	扶	夹	抱	搂
拥抱	拐	打	敲	撞	砍	摇＝摇晃
动手	插	砸	折断	扔	摔	投
丢	丢掉	掉	撒	撒开	捉	采
捆	绑	编	开	打开	张开	关
闭	分	分开	放松	合	包	量
称	盛	装	掏出	挖	掘	埋
埋葬	堵	填	按	贴	交	接
接到	握手	放手	鼓掌	压	挂	挑
拾	指	招	传			

非层次关系词群的成员一般都是同位关系，同位关系中词义叠合或大部叠合的词就是同义词。如上例中的"解"和"解开"，"摇"和"摇晃"。

3. 同族词的系统性

汉语的同族词体现出词汇的多层次的系统性。下面通过对"网"的同族词的简要分析来说明这个问题。

分析同族词的作用是，以某一个语素为基点，分析这个语素不同意义的构词情况，说明以该语素构成的同族词的意义联系和结构上的联系，从而说明不同的同族词系统的构成和特点。

"网"的意义有（据《现代汉语词典》）：

① 用绳线等结成的捕鱼捉鸟的器具：一张～｜渔～｜结～｜撒～｜张～。

② 像网的东西：发～｜蜘蛛～｜电～。

③ 像网一样纵横交错的组织或系统：通信～｜交通～｜灌溉～｜宣传～。

④ 用网捕捉：～着了一条鱼。

⑤ 像网似的笼罩着：眼里～着红丝。

"网"在现代汉语中构成的合成词有"网点""网兜""法网""河网"等30个词，有些是多义词（如"电网：① 用金属线架设的可以通电的障碍物，多用来防敌或防盗。② 指电力网"）。下面根据合成词中"网"的意义、合成词的构造方式将"网"的同族词分类排列如下（①②等表示不同的义项）：

①义　用绳线等结成的捕鱼捉鸟的器具。
网～　并列　网罗①
　　　偏正　网纲　网眼
～网　并列　罗网
　　　偏正　渔网　拖网　围网　刺网
②义　像网的东西。
网～　并列　网络①③
　　　偏正　网兜　网巾　网篮　网膜　网屏　网球①②
　　　附加　网子
　　　多层　网状脉
～网　偏正　电网①②　河网　水网　潲网　火网　球网
　　　　　　蛛网
③义　像网一样纵横交错的组织或系统。
网～　并列　网络②　网点
～网　偏正　法网　情网　文网
　　　支配　漏网　落网
④义　用网捕捉。
网～　并列　网罗②
⑤义　像网似的笼罩着。
无

通过上面简要的分析可以看到：

1. 同族词中各个合成词意义上有联系。这些词看似零散，其实它们是以"网"为基点，以"网"的不同意义作为联系的线索。"网"的①义"用绳线等结成的捕鱼捉鸟的器具"是本义、基本义。②义"像网的东西"从①义产生，用于具体的事物，③义"像网一样纵横交错的组织或系统"也从①义产生，用于抽象事物。④义"用网捕捉"从①义产生，①是名词义，④发展为动词义。⑤义"像网似的笼罩着"从④义产生，是④义的比喻用法。"网"的①—④义都有构词能力,同别的语素结合,构成不同数量的合成词。它们以"网"的不同意义作为联系的线索。不同的意义如同同根生出的不同枝蔓,将结成的不同果实联系在一起。

2. 在结构平面上,"网"按照语言中原有的构词方式,与不同的语素结合,组成并列、偏正、支配、附加等结构的合成词,表现了现代汉语词汇结构平面上的规律性、系统性。它们共有"网"这一构词成分,"网"就成为联系这个同族词形式上的标志。

"网"在现代有特指义"指计算机网络",这个意义已构成新词"上网""网址""网吧""网虫""网民""网页""网友"等。这表明"网"仍以表示事物的意义构成新词语而发挥作用。

以上就是我们对现代汉语词汇系统性主要表现的简要说明。

"词汇"这个词在应用中可以指一种语言词语的总和(如汉语词汇、英语词汇等),可以指语言各类词语的总和(如基本词汇、一般词汇、书面语词汇、口语词汇等),可以指一个人所掌握的词语的总和(如鲁迅的词汇、郭沫若的词汇等),也可以指一个大的语言构成物(作品、文章)的词语的总和(如《红楼梦》的词汇、《水浒传》的词汇等)。"词汇"不能用来单指一个词。

词汇既是词语的总和,就可以进行量的统计。当代最发达的语言的词汇,现代的和历史的,加起来都有几十万。《汉语大词典》收入词语 37 万,《现代汉语词典》(1996 年修订本)收词语 6 万多,《现代汉语词表》(刘源主编,中国标准出版社,1984 年)收词语近 10 万,可以反映汉语和现代汉语词汇的丰富程度。常用词一般认为是 3000 个左右,中国文字改革委员会研究推广处编有《普通话三千常用词表(初稿)》(文字改革出版社,1959 年)。《现代汉语频率词典》(北京语言学院出版社,1986 年)则把常用词分为两个层级,第一层级 3000 个,第二层级 2000 个。个人词汇,一个知识全面发展的人掌握的(笔头口头运用的)词是 6000 个到 9000 个。大作家的用词可以达到 2 万多个。

三、词汇学

词汇学是以词和词汇为研究对象的语言学部门。一般认为，它研究词的性质、词的创造和结构、词义的本质和内容、词义的发展、词的各种关系，研究词汇的划分、关系、发展，研究各种词语的应用和规范等。近年来，词汇学注意同语义学相结合，积极为语言文字的信息处理研究服务，不断开拓出新的研究领域（本书不引入这方面的内容）。

词汇学又分具体词汇学（也叫一种语言词汇学，即研究一种语言的词汇）和一般词汇学（研究词汇的一般理论），历史词汇学（研究词的本义、最早的形式和它的发展）和描写词汇学（研究一个时期的词汇），还有历史比较词汇学（比较研究有亲属关系的语言的词，以构拟它们在共同的母语中的形式和意义）。这是从不同角度的分类。我们现在讲的现代汉语词汇，属于具体的描写的词汇学，它主要以实词为研究对象。

另外，研究固定语中的熟语（成语、谚语、歇后语、惯用语）也叫熟语学。对词典编纂的研究也叫词典编纂学。这两部分内容，具体语言的描写词汇学对其基本内容有一般的介绍。

现代汉语词汇学中包含有重要的认识论、语言学的理论问题。例如词和它所指示对象的关系问题，词义的本质问题，词义、词汇系统同客观事物现象的关系问题，都是基本的理论问题。这些问题长期为哲学家、逻辑学家、语言学家所关注。现代汉语词汇学的深入研究有助于推进这些问题的探讨。

现代汉语词汇学的实践作用是很明显的，可以从下列几个方面来说明。

(一) 有助于提高语言运用能力

人的语言运用能力的提高受多方面因素的制约。学好语言是一个必要条件。学一点词汇的知识，可以提高丰富词汇的自觉性，提高辨析词的意义、色彩的能力。一个染工可以识别二十多种黑的颜色,普通人不过数种。让普通人按要求下染料就不成。同样,对于现代汉语的词汇有丰富的感性理性知识,遣词用字也可以更准确更讲究。如鲁迅写"飞":

    道士要羽化,皇帝想飞升,有情的愿作比翼鸟儿,受苦的恨不得插翅飞去。想到老虎添翼,便毛骨悚然,然而青蚨飞来,则眉眼莞尔。(《准风月谈·谈蝙蝠》)

  这里写到不同的人想飞的心理,或是对不同的"飞"的态度,要重复写"飞"这个意思,鲁迅用了不同的词语:道士说"羽化",皇帝用"飞升",有情人用"作比翼鸟儿"。对受苦人想离开困苦环境,用"插翅飞去"形容。写老虎的"飞"用"添翼",写凭空得到钱财,说"青蚨飞来"。鲁迅思想深刻,语汇丰富,对各种人各个物的"飞",作了深入的解剖和生动的刻画。

(二) 有助于语文教学

  词汇教学在语文教学中占重要位置。就本族人的语言教学来说,要引导学习者掌握丰富的词语,正确理解词语的意义,正确运用词语,就要利用现代汉语词汇学所说明的各种词语性质作用的知识。例如解释词义,某些经常运用并不生僻的词解释起来有时比解释古词语、词的生僻义困难得多。有时求助于同义近义词语,如用"照"解释"映",对双音词则分别解释其语素义,如"平稳,平安稳当""深奥,深刻奥妙",这样做也是可以的。但如果尽可能采用描述说明的方法,抓住词义的主要东西,从同他物的联系上用多个词语加以描述说明,意义会显得更显豁明白。如:

  映 因光线照射而显出物体的形象。
  平稳 事物、事情保持或处在正常状态。
  深奥 问题复杂,道理艰深,不易理解。

  就对外汉语教学来说,如何循序渐进地引导汉语学习者掌握词语、提高语言表达能力,是应该着重研究的问题。需要科学地确定常用词、各种等级汉语水平所需要掌握的词语,恰当地组织教学材料,讲究教学方法,这些也要利用现代汉语词汇学的研究成果。

(三) 有助于现代汉语词汇规范化的工作

现代汉语词汇规范是现代汉语规范化工作的重要组成部分。语言文字的规范是共同语发展所要求的,是经济文化发展的重要条件,也是现代文明的重要表现。"语言的规范指的是某一语言在语音、词汇、语法各方面的标准。"①规范化的主要对象是书面语言。词汇规范的工作大体包括:

1. 方言词问题。普通话和方言存在分歧,普通话可以吸收什么样的方言词?方言词如何运用?改革开放以后,港澳台词语大量涌入,普通话如何吸收,如何规范?

2. 文言词语问题。如何吸收古人语言中有生命力和有表现力的东西,又不滥用文言词语?

3. 外来词问题。如何吸收、吸收什么样的外来词?外来词语常有不同的译法,按照什么原则求其一致?

4. 生造词的问题。随着社会生活和语言的发展,新词语不断产生,哪些可以吸收?哪些只能时行一段时间?如何分别对待?哪些是生造词,或是不应采用而应该淘汰的?

5. 普通话词汇用法的规范问题。

6. 术语的统一问题。

7. 编纂现代汉语规范化的详解词典。

这些内容,我们以后要谈到。

此外,现代汉语词汇学的研究对相邻学科(词典学、语法学、修辞学、语音学等)的研究也有相当重要的作用。中文信息处理工作中的许多问题,也需要同现代汉语词汇的研究相结合,才能获得完满的解决。

---

① 罗常培、吕叔湘《现代汉语规范问题》,见《现代汉语规范问题学术会议文件汇编》第4页,科学出版社,1956年。

练 习

一、在你认为是词的语言单位下画一横杠：

井 知 甜 甘 衣 手 走 趋 吩 瘩 就 啊
红人 黄纸 山羊 大羊 唱歌 唱戏 搞好 扩大
坦克车 大汽车 红的 掌柜的 反官僚主义 反革命
跑跑 偷偷 花花绿绿 热热闹闹

二、试说明可以把"理发""洗澡"看作词，不可以把"洗手""喝水"看作词的理由。

三、在下列句子中画出词（用 ____ ）、熟语（用 ____ ）、专门用语（用 ____ ）、简称（用 ____ ）。

例：生态农业试验在京津地区如雨后春笋一般出现。
1. 北京同仁医院治疗视网膜脱落症很有办法。
2. 计算机网络按分布距离分类，通常分为局域网、广域网和国际互联网。
3. 这个机关经过整顿，办事踢皮球的情况销声匿迹了。
4. 小镇这几年来工商业发展，人民生活水平提高，中小学危房得到了根本的改造。

四、借助工具书，找到"攻"的同族词，按其中"攻"的不同意义和词的结构，列表整理。

五、用具体例子说明词汇规范的必要性和内容。

第二章　词的构造

现代汉语音义结合的最小单位是语素。语素组成了词。一般认为,由一个语素组成的词是单纯词,由两个及两个以上的语素组成的词是合成词。单纯词可以根据构成它的音节特征划分类型,合成词可以从分析构成它的语素之间的关系划分类型,后者一般称作词的结构分析。下面分别说明。

一、单纯词的音节特征

可以从不同角度说明单纯词的音节特征。从数量上可以分为一个音节的(如"山""走""大""呢")、两个音节的(如"伶俐""骆驼""蝴蝶""蝈蝈")、两个音节以上的(如"巧克力""歇斯底里")。两个音节的单纯词可以从声母、韵母的特征分为双声(如"伶俐""仿佛")、叠韵(如"骆驼""哆嗦")、叠音(如"蝈蝈""姥姥")、非双声叠韵(如"蝴蝶""垃圾")等。此外,又可从来源上划出译音词(如"塔""尼龙""巧克力")、拟声词(如"砰""叮当")等。可以总结为下页表。

表中的"联绵词"是传统上用的名称,意思是这些词两个音节联在一起才有意义,不能分开解释各个字(音节)的意义。近代吸收的译音词有双声(如"里拉")叠韵(如"沙发")的也不叫联绵词。

单纯词

单音节		山、火、走、飞、大、高、和、把、呢
	译音	塔、佛、硼、氖、碘
	拟声	嗖、咝、砰、哇
双音节	联绵词 双声	伶俐、吩咐、参差、枇杷
	联绵词 叠韵	骆驼、哆嗦、馄饨、膀胱
	联绵词 非双声叠韵	蝴蝶、垃圾、蜈蚣、玛瑙
	叠音	太太、奶奶、姥姥、熊熊
	译音	尼龙、沙发、吉他、吉普
	拟声	扑通、刺溜、咕咚、拨剌
三音节	译音	巧克力、法西斯、麦克风、蒙太奇
	拟声	轰隆隆、呼噜噜
四音节及以上	译音	歇斯底里、盘尼西林、布尔什维克、英特纳雄耐尔
	拟声	叽叽喳喳、叽里咕噜、噼里啪啦、丁零当啷

二、合成词的结构

（一）合成词结构的分析

一般根据构成合成词语素的表义作用把语素分为词根和词缀，把构成合成词的有实在意义的语素叫词根（如"人民""主人"中的"人""民""主"），把构成合成词的意义不实在，而且只出现在合成词的前面或后面的语素叫词缀（如"老师"中的"老"、"桌子"中的"子"）。这样，全部合成词的结构就可以分为"词根＋词根"组成的和"词根＋词缀"组成的两大类型。前者再分为偏正（如"电灯""公审""鲜红"）、并列（如"道路""攻击""聪明"）、支配（如"司机""开幕""刺眼"）、陈述（如"地震""国营""眼花"）、补充（如"改良""纠正""超出"）、重叠（如"妈妈""星星""刚刚"）等类型。后者再分为前附加（如"老师""阿姨"）、后附加（如"石头""胖子"）等类型。这些类型可以有各种组合,成为多层结构(如"照相机""急性子")。这些类型的划分,基础是分析词的构成成分(语素等)的意义、作用及其间的关系。下面对此作简要的说明。

　　食糖　轻视

　　"食"表示供食用,"糖"表示一种甜味的食品。它们之间的关系可以解释为"食"修饰限制"糖",即前一个成分修饰限制后一个成分,所以叫偏正式。"正"是被修饰限制的成分,"偏"是修饰限制的成分。"轻视"的"轻"这里义为不看重,"视"义为对待。"视"在这里表示一种行为,"轻"表示一种态度,它们之间的关系是"轻"形容"视",所以也属偏正式。

　　永久　增加

　　"永"义为久远,"久"义为时间长,它们表示相同的意义,它们之间地位平等,不互相发生意义关系,所以称为并列式。"增"义为增加,"加"义为数量比原来多,它们表示相近的意义,它们之间地位平等,不互相发生意义关系,所以也是并列式。

　　扫盲　刺眼

　　"扫"义为去掉,"盲"在这里特指文盲。"扫"表示一种行为,"盲"表示行为涉及的对象,其间的关系可解释为前一个成分支配后一个成分,所以叫支配式。"刺"义为刺激,"眼"指眼睛。"刺"表示一种行为,"眼"表示行为涉及的对象,其关系也可以解释为前一个成分支配后一个成分,也属于支配式。

　　年青　地震

　　"年"指年龄,"青"指岁数少。它们之间的关系可解释为:"年"是陈述的对象,"青"是对这个对象的陈述。所以叫陈述式。"地"指大地,"震"指震动。"震"表示行为,"地"表示行为的主体,其间的关系类似于语法上主语谓语的关系,所以也叫陈述式。

改良　书本

"改"义为改进,"良"指良好,"改"表示一种行为,"良"表示行为的结果。它们的关系可以解释为行为和行为结果的关系。行为是主,结果是对行为的补充说明,所以叫补充式。"书本"中的"本"原是用来计算"书"的量词,但在这里已失去原来的意义和作用,词的意义主要用"书"表示。这个词是书的总称,不能用于单本的书。"本"在构词中起辅助作用,所以也可以归入补充式。

老师　桌子

"老师"的"老"在这里无义,"师"指教师,"老师"的意义主要由"师"表示,"老"加上去构成了"老师"这个双音词,所以叫附加式。附加的"老"在前面,所以叫前附加。"桌子"中的"桌"指一种下有腿上有平面的供书写工作的家具。"子"在这里无义,"桌子"的意义主要由"桌"表示,"子"加上去帮助构成这个双音词,所以叫附加式。附加的"子"在后面,所以叫后附加。

向日葵　急性子

这两个词由三个语素组成,结构中含有两个层次,是多层次结构。"向日葵"是由"向日"加"葵"组成的合成词,"向日"和"葵"的关系是这个词结构的第一个层次。"葵"指一种其籽实可供榨油、食用的植物,"向日"义为迎着阳光。这种植物的花在生长期间有迎向阳光的特性,"向日"说明植物的这种特点,它起着限制修饰"葵"的作用,因此这个词第一层次的结构是偏正关系。"向日"是两个语素构成的语素组(语素组由两个及两个以上的语素组成,只存在于合成词或固定语中,不能作为词单独使用),其间的关系是支配关系,这是"向日葵"这个词的第二层次的结构。"急性子"是由"急"加"性子"组成的合成词。"急"和"性子"的关系是这个合成词结构的第一个层次。"急"指急躁,"性子"指人的性格、脾气。"急"修饰限制"性子",即其间是偏正关系,构成了这个词的第一层次的结构。"性子"的"性"指性格、脾气,"子"在这里无义,它帮助构成了双音词。"性子"的意义主要由"性"表示。"性"和"子"是附加关系,这是"急性子"这个词的第二层次的结构。

由此可见,构词法分析的基础是分析合成词的构成成分的意义、作用及其间的关系,抓住这一点,才能对词的结构作出恰当的说明。下面分析一些容易混淆的合成词的构造。

胖子、推子——独子、鱼子

这四个词"子"都在后面,但"子"的意义、作用不一样,它同前一个语素的关系也不一样,因此词的构造也不一样。"胖子"指胖的人,"胖"原是形容词,加"子"构成的"胖子"是名词,这个"子"读轻声,它并没有具体的意义,只能说有点语法作用。这个"子"是附加在"胖"上的,因此"胖子"是附加结构。"推子"是一种理发的工具,"推"原是动词,加"子"构成的"推子"是名词,这个"子"读轻声,也并没有具体的意义,可以说有点语法作用。这个"子"是附加在"推"上的,"推子"也是附加结构。"独子"指唯一的儿子,"独"义为单独,"子"这里义为儿子,"子"不读轻声。这里"独"是修饰限制"子"的,"独子"是偏正结构。"鱼子"指鱼的卵,"鱼"指鱼类,"子"这里义为卵,"子"不读轻声。这里"鱼"是修饰限制"子"的,"鱼子"也是偏正结构。

信儿、画儿——孤儿、健儿

这四个词在书写形式上"儿"都位于合成词的后面,但"信儿""画儿"读一个音节,"儿"是儿化音,附加在前一个音节上,而"孤儿""健儿"的"儿"单独成一个音节。从意义作用上讲,"信儿"指信息,这个词的意义主要由"信"表示,"儿"附加上去成为儿化词。"画儿"指画成的艺术品,"画"是动词,加上"儿"使它变成了一个名词。这两个词都是附加式。"孤儿"的"孤"指幼年丧失父母的,"儿"指孩子。从意义关系上讲,"孤"限制"儿",所以"孤儿"是偏正结构。"健儿"指体魄强壮而富有活力的人,"健"义为强健,"儿"指年轻人。从意义关系上讲,"健"是限制修饰"儿"的,所以也是偏正式。

酸性、中性、会员、队员、农夫、渔夫

有人认为上面这些词中的"性""员""夫"常出现在后头，是词缀中的后缀，因此把这些词看作"词根+词缀"的附加式。但是这些合成词中的"性""员""夫"是有明确、实在的意义的。《现代汉语词典》说明如下（带圆圈的数码表示词典中的义项序）：

性　② 物质所具有的性能；物质因含有某种成分而产生的性质：黏～｜弹～｜药～｜碱～｜油～。

员　① 指工作或学习的人：教～｜学～｜演～｜职～｜炊事～。
　　② 指团体或组织中的成员：党～｜团～｜会～｜队～。

夫　② 成年男子：匹～。
　　③ 从事某种体力劳动的人：渔～｜农～｜轿～。

由此可见，"性""员""夫"是具有实在的意义的，它们同所构成的合成词中前一个语素必然发生意义关系。很显然，上面引述的"酸性""会员""农夫"这些词，前一个语素是限制、修饰"性""员""夫"的，它们应属于偏正式结构。

（二）疑难问题

1. 如何说明合成词中存在的意义模糊或没有意义的成分？

在一般认为是合成词的语言单位中，部分构成成分意义难以说明，但又不能说没有意义，也有部分构成成分没有意义。例如双音节的合成词：

啤酒　"啤"意义模糊，它是 beer 的音译，"啤酒"是音译兼意译。

苹果　"苹"意义模糊，它是梵语 bimbara，bimba 第一音节的音译，"苹果"也是音译兼意译。

斯文　义为文雅。"文"义在这里是柔和、不猛烈的意思。"斯"原义是这、于是，不能用在这里。"斯"义模糊。

淡竹　竹子的一种，茎高七米到十八米，节与节之间的距离长。"竹"指竹子,"淡"的稀薄、浅等意义都不能用在这里,"淡"义模糊。

干巴　指失去水分而收缩或变硬。词义由"干"表示,"巴"义模糊。

哑巴　由于生理缺陷或疾病而不能说话的人。词义由"哑"表示,"巴"义模糊。

捅咕　指触动或从旁鼓动人(做某事)。"捅"义为触动,在词义中有表现,"咕"义模糊。

挤咕　指挤眼。"挤"义为紧靠,在词义中有表现,"咕"义模糊。

国家　"国"有义,"家"义消失,在这里无义。

忘记　"忘"有义,"记"义消失,在这里无义。

三音节的合成词:

热乎乎　形容热和。词义主要由"热"表示,"乎乎"义模糊。

黑乎乎　形容颜色发黑。词义主要由"黑"表示,"乎乎"义模糊。

猛孤丁　指猛然、突然。词义主要由"猛"表示,"孤丁"义模糊。

冷不丁　指没有意料到。"冷"有"突然的"义,在词义中有表现,"不丁"义模糊。

四音节的合成词:

灰不溜秋　形容灰色。

黑不溜秋　形容黑色。

上二词都有贬义。词义由"灰""黑"表示,"不溜秋"能显示贬的感情色彩,就词义讲是模糊的。

滑不唧溜　形容很滑。

白不呲咧　形容物体褪色发白或汤菜颜色滋味淡薄。

上二词有贬义,词义由"滑""白"表示,"不唧溜""不呲咧"能显示贬的感情色彩,就词义讲也是模糊的。

上面这些合成词中意义模糊的成分,历来少作分析,或笼统地称某些成分为词缀。"国家"的"家"、"忘记"的"记"已无义,但习惯上仍把整个词分析为并列结构。"啤酒""苹果"中的"啤""苹"是译音音节,义模糊,整个词一般仍分析为偏正式。显然需要一个通盘的考虑,提出一种分析,能合理地说明这些词的结构。

2. 如何说明包含有虚词充当词根的合成词的结构?

合成词中有一部分完全由虚词充当词根组成,如:

  并且 连词,表示并列或层进关系。
  倘若 连词,表示假设。
  因为 连词,表示原因。
  假使 连词,表示假设。
  自从 介词,表示时间的起点(指过去)。
  刚才 副词,指过去不久的时间。

合成词中有一部分包含有虚词充当的词根:

  处于 在某种地位或状态。
  在于 ①存在于,②决定于。

以上两个词,后置的"于"为虚词充当的词根。

  借以 作为凭借,以便做某事。
  足以 足够去做(去说明)。

以上两个词,后置的"以"为虚词充当的词根。

  被告 在民事和刑事案件中被控告的人。
  被动 外力推动才行动。

以上两个词,前置的"被"为虚词充当的词根。

  以前 现在或所说某时之前的时期。
  以后 现在或所说某时之后的时期。

以上两个词,前置的"以"是虚词充当的词根。

  已经 表示事情完成或时间过去。
  曾经 表示从前有过某种行为或情况。

以上两个词,前置的"已""曾"是虚词充当的词根。

上述各类词,一般的构词法论著少作分析。任学良在《汉语造词法》中把"并且""倘若"等放入并列结构,把"已经""曾经"归入偏正结构,"以"则看作词头,"于"则看作词尾。① 显然也需要全面考虑,提出一种分析,合理地说明这些词的结构。

3. 合成词的构成成分是否都可以分析其间的意义关系?

两个及两个以上语素构成的合成词,一般认为语素既然组合在一起,其间应有某种关系。我们上面说过,构词法分析的核心是分析词的构成成分的意义、作用和其间的关系。但是一部分合成词的情况令人对组成合成词的语素必然存在某种直接的意义关系这种印象产生了怀疑。例如有可能归入并列结构的"查办""报考""剪贴""拆洗",有学者②指出这两个语素表示的动作行为有前后之分,"查办"是先"查"后"办","报考"是先"报"后"考","剪贴"是先"剪"后"贴","拆洗"是先"拆"后"洗",把它们分析为承接式或递续式。而"请示""逼供""召集""诱降"这些词虽然也由两个表示动作的语素组成,但它们表示的动作行为的主体并不相同。"请示"是"(某人/某些人)请(某人/上级)示(指示)","逼供"是"(某人/某些人)逼(某人/某些人)供(招供)","召集"是"(某人)召(某些人)集(集合)","诱降"是"(某人/某些人)诱(某人/某些人)降(投降)"。因此把它们称为兼语式。这种分析说明,这类合成词中组合起来的两个语素,不存在直接的意义关系。

截取古语凝固成词的单位,也有一部分其间的语素不存在直接的意义关系。如"动辄"是从"动辄得咎"的说法,截取前一个动词"动",后一个动词"得"的状语"辄"组合而成。③ "友于"(指兄弟)来自《尚书·君陈》"惟孝友于兄弟",由句中前一个动词"友"加其后的介词"于"构成。"而立"(指三十岁)来自《论语·为政》"三十

---

① 见任学良《汉语造词法》第 172、192、193、50、80 页,中国社会科学出版社,1981 年。
② 见任学良《汉语造词法》第 195、196 页,中国社会科学出版社,1981 年;周荐《词语的意义和结构》第 55—57 页,天津古籍出版社,1994 年。
③ 参看黎良军《汉语词汇语义学论稿》第 153 页,广西师范大学出版社,1995 年。

而立"这句话,是前面的连接成分"而"加后面的动词"立"构成。"极其"是从"极尽其辩"的说法中,截取"尽"的状语"极"和"辩"的定语"其"构成。这种组合,开始可能只是一时的修辞用法,后来为人沿用,凝固而成词。很显然,构成这些词的语素原处在不同的词语结构层次上,互相并无直接的意义关系。

4. 如何分析带字母的词语的结构?

带字母的词语指"B超""BP机""维生素C"等这样的词语。在专门用语中这种词语更多一些。这种词语在汉语中早已出现,如"三K党""α射线"等。改革开放以来,随着我国对外经济、文化、科技交流的发展,这种词语越来越多。这类词语从字母的位置上分,可以分为:

(1) 位置在前的

B超 BP机 T恤 T型人才 HSK考试

(2) 位置在后的

维生素A 卡拉OK

(3) 位置在中间的

三C革命

带字母词语的字母来源、表义作用不一样,主要有下列几种情况。

(1) 来自外语,以英语居多。如"BP机"之"BP"是英语 beeper(发出哔哔声的东西)的缩写,"三C革命"之"C"是英语 Computer(计算机),Control(控制),Communication(通信)三个词的首字母。

(2) 来自汉语词的声母。如"HSK考试"的"HSK"是"汉(H-)语""水(Sh-)平""考(K-)试"三个词表第一个语素声母的字母("水"只用表其声母的第一个字母)的组合。

(3) 以字母的形象表义。如"T恤"的"T"表示恤衫的形状,"T型人才"的"T"以竖线从横线生出,表示在坚实的基础上有专长的知识技能优势。

(4) 字母是编序用法。如"维生素A""维生素B""维生素C"等中的"A、B、C"就是这种用法。

（5）字母是类别的标志。如"AA 制""AB 角""B 超"等词中的"A、B"就是代表某一人、某一方、某种类型。(4)中的"A、B"等也兼表类型。

带字母的词语是指其书写形式是由字母加上汉字书写的构词成分组成的词语。MTV，WTO，UFO，MBA 等不是这类词语，MTV 等是英语词语的缩写词：

  MTV Music Television（音乐电视）
  WTO World Trade Organization（世界贸易组织）
  UFO Unidentified Flying Object（不明飞行物）
  MBA Master of Business Administration（工商管理硕士）

可以说，它们是汉语中现在使用的英语词，由于世界许多国家都使用这些词，也可以把它们叫作国际通用词。

带字母的词语中，用字母书写的音节，有不少并不存在于现代汉语的语音系统中，如"B 超"之"B"（[bi]），"维生素 A"之"A"（[ei]），"三 K 党"之"K"（[kei]）。它们代表的意义，相当多来自外语（多来自英语，见上对"BP 机"中"BP"的说明，对"三 C 革命"中"C"的说明），或是外语的习惯做法（如用 A、B 代表类型）。作为音义的结合物，它们原不是汉语语言系统中的，它们是借用的。如果单纯考虑带字母的词语各部分的意义关系，则仍然可以根据意义关系划分类型（如"卡车""苹果"的音译音节"卡""苹"用汉字书写，不用字母表示，有人仍分析这两个词的结构类型）。考虑到带字母的词语相当多是不同语言成分的结合物，可以不跟汉语的一般词语那样作同样的结构分析。

三、合成词结构类型讨论

通过以上的说明、讨论，我们认为，一般的构词法分析存在下列问题：

1. 并未涵盖现代汉语合成词结构的各种情况，如上述"疑难问题"中所列出的不少合成词,构词法分析一般都避而不谈,或者勉强把它们安入一个类型。

2. 所提出的"词根"概念有一定解释能力,但对于像"人民性"("人民"+"性")、"急性子"("急"+"性子")、"无产阶级"("无产"+"阶级")这些词,包含有用已构成的词作为构成成分,分析为是由语素充当词根构成的合成词,显然是不恰当的。①

3. 所提出的"词缀"概念,范围不清,争论较大。② 如上面说过,有人认为"性""员""夫"在构词中位置在后,因此是词缀。我们说明这些语素都有实义,它们同前面的语素有意义关系。词的构成成分性质的确定,应以对合成词中构成成分意义、作用及其间的关系的正确分析为基础。

下面在原来合成词结构模式的基础上提出一个新的分析。

(一) 三类语素

我们把进入合成词的语素分为三大类:

1. 实义语素(简称实素)

表名物、动作行为、性状等有实义的语素叫实义语素,如"人、民、火、车、奔、跑、建、设、制、造、明、朗、健、康"等。

2. 虚义语素(简称虚素)

原用作虚词而进入合成词的语素,同实义语素相对而称之为虚义语素,如"并、且、自、从、之(前)、(借)以、(属)于、然、而"等。

3. 弱化语素(简称弱素)

弱化语素的情况多种多样,共同的特征是意义弱化。

普遍认为是词缀的"第~""初~""阿~""老~"(原称前缀)、"~子""~儿""~头"(原称后缀)等就是弱化语素。它们的作用并

---

① 为了在"词根"概念的基础上恰当说明合成词不同层次的构造,刘叔新提出合成词根(如"联合国"中的"联合")、派词根(如"冰棍儿"中的"棍儿")、重词根(如"北回归线"中的"回归线")等概念。见所著《汉语描写词汇学》第 81—91 页,商务印书馆,1990 年。

② 参看郭良夫《现代汉语的前缀和后缀》,《中国语文》1983 年第 4 期;马庆株《现代汉语词缀的性质、范围和分类》,《中国语言学报》1995 年第 6 期。

不单一。

第～ 初～ "第一""第二""第十一"中的"第"表序数;"初一""初十"中的"初"(只用于夏历一个月的头十天)表特定范围中的次序。这是一种标志作用,从意义讲已是弱化了。

阿～ "阿～"的作用不单一。"阿哥""阿妹"中的"阿～"有亲昵意味;"阿大""阿三""阿宝""阿珍"中的"阿～"帮助构成以排行、以人名指称人的名称;"阿公""阿婆""阿姨"中的"阿～"帮助构成某些亲属、某类人的名称。

老～ "老～"的作用也不单一。"老大""老三"中的"老～"表排行;"老王""老李"中的"老～"有亲热、尊敬义;"老虎""老师"中的"老～"已无义,只是帮助构成双音词。这些"老～"从意义上讲是弱化了。

～子 "胖"原是形容词性语素,加"子"成为"胖子"是名词;"推"原是动词性语素,加"子"成为"推子"也是名词。这些"～子"有帮助构成名词的作用。"桌子""椅子"中的"子"已无实义,有帮助构成双音词的作用。因此"～子"从意义上讲是弱化了。

～儿 "盖"原是动词性语素,加"～儿"成为"盖儿"是名词;"短"原是形容词性语素,加"～儿"成为"短儿"也是名词。这些"～儿"有帮助构成名词的作用。"皮"原指人或生物体表面的一层组织,如"树皮、地皮、瓜皮"等,加"～儿"成为"皮儿"指某些薄片状的东西;"嘴"原指人、动物进食发声的器官,加"～儿"成为"嘴儿",指形状作用像嘴的东西。这种"～儿"是把"皮""嘴"的比喻义分化出来,成为一个新词。"鱼儿""刀儿"中的"～儿"则有指小的作用。可见"～儿"的作用多样,但从意义上讲是弱化了。

～头 "苦"原是形容词性语素,加"～头"成为"苦头"是名词;"看"原是动词性语素,加"～头"成为"看头"是名词。这些"～头"有帮助构成名词的作用。"石头""砖头"中的"～头"已无实义,有帮助构成双音词的作用。"～头"从意义上讲是弱化了。

另一类弱化语素就是合成词中意义模糊、意义消失的成分。其情况也是多种多样的,主要有:

(1) 有的原有义而义消失。如"国家"中之"家","忘记"中之

"记","窗户"中之"户","兄弟"(指弟弟时)中之"兄"。

(2) 有的意义模糊。如"江米"中之"江","斯文"中之"斯","枪支"中之"支","卡车"中之"卡"。

(3) 有的表情或强化词义。如"热乎乎"(褒)、"黑乎乎"(贬)、"急乎乎"(中性)中之"乎乎","白不呲咧"(贬)中的"不呲咧","黑不溜秋"(贬)中的"不溜秋"。

(4) 有的帮助构词。如"尾巴""下巴"中之"巴","忽然""突然"中之"然","捣咕""挤咕"中之"咕","似乎""在乎"中之"乎"。

由此可见,弱化语素在构成的合成词中的作用是各式各样的。同一弱化语素在不同的合成词中作用也可能不同。它们的共同点是意义弱化了。

全部合成词的结构用实义语素、虚义语素、弱化语素三者的不同组合来说明。两个以上的构成成分组成的合成词,可能由并列关系的语素充当构成成分构成(如"度量衡"),也可能是已组成的词充当构成成分构成(如"无产阶级"),也可能由已组成的词充当构成成分加上语素充当的构成成分组成(如"急性子")。这样,用语素、词的构成成分这些概念就可以描写全部合成词的结构,不再使用"词根""词缀"的概念,也不应用"复合""派生"这种区分。

(二) 结构类型

我们提出下列合成词结构类型的说明:
1. 两个语素组成的合成词
1) 实素+实素

(1)	并列	道路	安危	笔墨	生产	聪明
(2)	偏正	电灯	黑板	空袭	公审	鲜红
(3)	支配	司机	开幕	关心	破产	刺眼
(4)	补充	改善	扩大	提高	进入	超出
(5)	陈述	地震	国营	民办	年青	心虚
(6)	重叠	妈妈	叔叔	娃娃	星星	刚刚

2) 虚素＋实素
    (1) 偏正　已经　曾经　不管　不才
    (2) 准支配(介词充当的语素＋名词性或动词性语素)
        以前　以后　以上　被告
3) 实素＋弱素
   (1)前附加(弱素在前)
     ① 标志(弱素的意义或作用,下同)
         第一　第十　第十一　初一　初十
     ② 模糊　江米　斯文　啤酒　卡车　打搅　打捞
     ③ 表情　阿哥　阿妹　老王　老李
     ④ 构词　阿公　阿婆　阿姨
     ⑤ 无义　老师　老虎
   (2) 后附加(弱素在后)
     ① 后附单音弱素
       a. 标志　推子　胖子　苦头　看头　短儿　盖儿
       b. 模糊　枪支　书本　马匹
       c. 构词　桌子　椅子　石头　砖头　皮儿　嘴儿
           火儿　颠儿　哑巴　下巴　悠然　忽然
           捣咕　挤咕　认得　晓得
       d. 无义　国家　忘记　窗户
     ② 后附双音弱素(表情或强化词义)
        热乎乎　黑乎乎　急乎乎　猛孤丁　冷不丁
     ③ 后附三音弱素(表情或强化词义)
        灰不溜秋　黑不溜秋　滑不唧溜
        白不呲咧　慢条斯理
4)虚素＋虚素
  并列　自从　倘若　因为
2. 两个以上语素组成的合成词(它们是多层结构)
  向日葵 偏正　　　　急性子 偏正
  —— 　支配　　　　 —— 后附加

绿油油① 后附加　　热腾腾 后附加
　——　重叠　　　　——　重叠

无产 阶级 偏正　　北 回归线 偏正
　——　　　　　　　——　偏正
　支配　并列　　　　——　并列

3. 凝合词（词的构成成分无直接的意义关系）
1）实素＋实素
　（1）连接　查办　报考　拆洗　剪贴
　（2）承递　请示　逼供　召集　诱降
2）实素＋虚素
　动辄　借以　足以　便于　属于
3）虚素＋实素
　之前　之后　的话　而立
4）虚素＋虚素
　然而　虽然　极其　或则

上面提出的合成词结构的分析，目的是尽可能用少的术语去说明词的结构，而这种说明又能够涵盖尽可能多的合成词。这只是一种尝试。在教学中可以根据对象的需要，以有助于理解合成词的意义、认识合成词的特点为目的，调整说明的详略程度。

练　习

一、说明下列单纯词的音节特征：
　仿佛　玫瑰　秋千　螳螂

二、"埋头""插头"同"镐头""苦头"中的"头"有什么不同？"粒子""种子"同"剪子""傻子"中的"子"有什么不同？

----

① 这里的"ABB"式是指"BB"有实义的词，日本学者太田辰夫认为"BB"有补语的性质，见所著《中国语历史文法》，北京大学出版社，1987年，第159页；2003年，第157页。也有解释为偏正、并列、附加关系的，以"补充"说稍胜。

三、"画师""技师"中的"师","黑手""扒手"中的"手",因为后置而看作词缀,这种解释有什么问题?

四、指出下列合成词中意义模糊的音节:

　　嘴巴　似乎　江米　淡菜　酸溜溜
　　软乎乎　红不棱登　古里古怪

五、把"WTO"等看作汉语的词有没有理由?

六、将下列合成词按"实素""虚素""弱素"的不同组合划分结构类型:

　　例:道路(实＋实)　　甜头(实＋弱)　　因为(虚＋虚)
　　　　　并列　　　　　　后附　　　　　　并列

　　复员　控告　加强　气虚　老鼠　对于　老板

第三章 词 义

词义的内容和词义的分析要从多角度、在多层面上阐述。这一章我们将从几个重要方面说明这个问题。

一、词的符号性和词的意义

从词的声音形式同它所代表的对象的联系上看,词有符号性。

什么是符号?甲为乙的代表物,甲就是符号。符号就是拿来代表某物的标记。能感受到的有形物都可以当符号。如:

视觉符号

灯光　如各种交通信号灯光

旗帜　如旗语

手势　如聋哑人手势语

某种图形　如表示正确和错误的√和×

听觉符号

电波　如莫尔斯电码·—[A],—···[B],—·—·[C],—··[D]

声音　如各种声音暗号:喇叭声,鸟叫,固定的敲门声,暗语

触觉符号

凹凸点　如布莱尔发明的盲文 [A], [I], [U]

符号可以代表事物,如"¥"代表"人民币元","＄"代表"美元";可以代表某种含义,如"绿灯"代表"通行","红灯"代表"停止通行";也可以代表符号,如莫尔斯电码"·—"代表"A","A"仍是符号,"A"可以代表具体语言中的一个元音。

符号的特点是：它是人为了某种目的规定的。符号和被它代表的东西无必然的联系，它们的联系是外加的。

词有语音形式，又有书写形式，语音形式和书写形式对其所代表的对象来说是符号。因为第一，它是某个对象的代表物，第二，它本身同它的代表对象没有必然的联系，它是人规定的。

符号同其代表对象发生联系，它所代表的对象就是该符号的意义：

$$\text{符号} \xrightarrow{\text{联系}} \text{代表对象}$$
$$\text{符号} \qquad\qquad \text{意义}$$

词的语音形式同其代表对象发生联系，它所代表的对象就是词的语音形式的（一般就叫作词的）意义：

$$\text{词的语音形式} \xrightarrow{\text{联系}} \text{代表的对象}$$
$$\text{词的语音形式} \qquad\qquad \text{意义}$$
（一般就叫作词）

意义的构成是符号和它的代表对象的联系，离开符号，代表对象本身不是意义，离开代表对象，符号本身无意义。所以符号同其代表对象的联系是意义构成的条件。在这个条件下，代表的对象才是该符号的意义。

以上我们从词的语音形式同它所代表的对象的联系上，说明词的语音形式的符号性，一般也由此而称词有符号性；说明在词的语音形式同它代表的对象联系的条件下，它所代表的对象就是该语音形式的意义，也就是该词的意义。

二、词的概念义

我们说到符号可以代表事物、某种含义或别的符号，那么，词的语音形式代表的对象是什么呢？它代表的是某种概念内容。

什么是概念？

我们对客观事物的反映有两个阶段：感性认识阶段和理性认

识阶段。例如对教室内的黑板(以我国通行的黑板为讨论对象),我们眼睛看见它的颜色是黑的,形状是长方形的,用手摸它,知道它的质料是木头的或玻璃的或石灰、水泥的,这都是感觉,是感性认识。感觉反映的特点是它的个体性和形象性。所谓个体性,就是感觉只能反映一个个具体的东西。列宁援引黑格尔的话说,"感觉的活动是针对单一的东西的","要感觉,就必须有被感觉的东西"。① 所谓形象性是指它在脑海中留下的是能感觉到的形貌特性。我们的感觉反复多次,经过一系列的思维活动,运用比较和抽象等思维方法,就把个别事物中的一般本质特点概括出来。仍以黑板为例,汇集比较我们的感觉,可以知道:

(1) 它的颜色一般是黑的(也有其他颜色的);
(2) 它的形状可以是长方形或正方形;
(3) 质料是硬的(用木头、玻璃制成或石灰、水泥砌成);
(4) 供书写用。

这些都是黑板的特点。还可以举出别的来。这四点中哪些是一般的本质的特点呢? 一般特点指黑板都有的;本质特点指使黑板成为黑板的特点。显然,硬板、用来书写是本质特点,黑色(或其他颜色)、形状或长或方是一般的特点。把一般和本质特点综合起来,我们知道,黑板是用来书写的(或长或方)的黑色硬板。这就是黑板的概念。概念就是对客观事物一般本质特点的反映,这个反映是理性认识,在感性认识阶段是没有的。概念反映的特点是:非形象性、一般性。所谓非形象性,是说它不是如感觉那样录下事物的形貌。所谓一般性,是说它反映的是存在于许多个别事物中的一般的东西。

概念这个认识活动的新产物,要寄托于有形的东西之上才能存在,换句话说,要用有形的东西作标志。人们用语音形式标志概念,概念附在语音形式这种有形的东西之上,概念内容就成为语音形式的代表对象。而这个语音形式同概念内容的结合物,同时(不是全部)也就是语言中的词。由于一般认为语言是形式,思维是内

---

① 列宁《哲学笔记》第 318 页,人民出版社,1963 年。

容,语言单位体现思维单位,所以学者们一般认为,词是概念存在和表现的形式。

这样我们知道,词的语音形式联系的是概念的内容:

词的语音形式 ——联系—— 代表的对象
　　　　　　　　　　　　　　＝
　　　　　　　　　　　　概念内容(词义)

hēibǎn —— 用来书写的或长或方的黑色硬板。
niú —— 有角,有蹄,反刍哺乳动物,能拉车拉农具。

词的概念内容叫词的概念义,词一般都有概念义。

但词和概念并不相等。一般认为它们的区别是:第一,概念是一种思维形式,词是一种语言单位。第二,概念不仅存在、表现于词中,也存在、表现于词组中,如"现代化的必要性""社会主义的优越性"也各表示一个概念。第三,一小部分词不表示概念,主要是指语气词"呢、吧、吗"和拟声词"当、哈哈、哗哗"等,它们只是相应的语气和声音的代表。第四,词有一定的"色彩"(感情色彩、语体色彩等),概念没有。例如"宝宝",概念内容(也就是词的概念义)是"小孩儿",作为一个词,它还有喜爱、亲切的感情色彩。"滚",其概念内容(也就是词的概念义)是"让别人走开",作为一个词,它还有讨厌、厌恶的感情色彩。这一点后面还要谈。

上面我们讲了词的语音形式联系的是概念内容,而概念内容是客观事物的反映,因此,我们得出这个图形:

词的语音形式 —联系— 概念内容 —反映— 客观事物

概念内容对客观事物的反映是各色各样的,可以指出最常见的三种情况:

(1)反映事物、性质、行为

事物

niú —— [体大、头上有角、能耕田拉车的反刍哺乳动物] —反映— 实际的"牛"

mǎ ——[体大、耳小、善跑、奇蹄哺乳动物]—反映—实际的"马"

yáng ——[头上有角的反刍哺乳动物]—反映—实际的"羊"

性质

hóng ——像血或石榴花的颜色—反映—实际的"红"色

ruǎn ——[物体内部组织疏松、受外力作用后容易改变形状]—反映—实际的"软"的性质

tián ——像糖或蜜的味道—反映—实际的"甜"的性质

行为

pǎo ——两只脚或四条腿迅速前进—反映—实际的"跑"的动作

jiào ——[人或动物发音器官发出较大的声音]—反映—实际的"叫"的行为

xiě ——[用笔在纸或其他东西上作字画]—反映—实际的"写"的动作

这类词所反映的有关客观事物现象都可以具体地指出来。

(2) 反映事物现象的各种关系、联系

yuányīn ——[引起某种结果的条件]—反映—实际上存在的引起事物发展变化的"原因"

jiéguǒ ——[原因产生的情况状态]—反映—实际上存在的事物发展变化的"结果"

duìlì ——[两种事物相互排斥矛盾]—反映—实际上存在的事物的"对立"关系

这类词反映的客观事物现象的关系、联系，往往难以具体指出来。

(3) 曲折、歪曲反映

xiānrén ——[长生不老并且有种种神通的人]—曲折、歪曲反映—有关的客观事物现象

shàngdì ── ⎡宇宙万物的⎤ ──曲折、歪曲反映── 同上
　　　　　 ⎣创造者和主宰者⎦

guǐ ── 人死后的灵魂 ──曲折、歪曲反映── 同上

　　这类词的概念内容是对客观事物现象特殊形式的加工改造，不可能直接指出其反映的客观事物现象。

　　由于概念内容对客观事物现象的反映是千差万别的，所以词的概念义也是千差万别的。但有一点是共同的：词的概念义是对客观事物的反映。这样，我们可以完整地画出一个词义图：

词的语音形式 ──联系── 概念内容 ──反映── 客观事物
　　　　　　　　　　 ‖
　　　　　　　　词的概念义（词义）

　　至此，我们可以说，词义（狭义的用法，指概念义）从构成上说，是词的语音形式所联系的概念内容，从概念内容的本性上讲，是对客观事物的反映。

三、概念义的分析

　　词的概念义的分析对理解词义、说明词义的异同、对词义进行解释都有重要作用。下面我们分别说明表名物的词、表动作行为的词、表性状的词概念义分析的一般内容。

（一）表名物的词意义的分析

　　表名物的词意义（指概念义，下同）的分析主要看它表示的事物所属的类别，它表示的事物具有什么样的特征。例如：

　　鱼网　捕鱼的网。
　　技工　有专门技术的人。

上述解释这两个词意义的词语是一个偏正结构，中心语分别是"网"和"人"，表示被解释的词表示的事物所属的类别："网"表示"鱼网"的类别，"人"表示"技工"的类别。偏正结构中的修饰语表

示的是被解释的词表示的事物的特征:"捕鱼"表示"鱼网"的功用特点,"有专门技术"表示"技工"能力方面的特点。可以表示如下:

```
    鱼网      捕鱼的      网
    技工     有专门技术的   人
  被解释的词      定语       中心语
              表示特征      表示类别
```

事物现象的类别是各色各样的,事物现象的特征是千差万别的。表名物词的意义一般都可以从这两方面分析它的内容特征。例如:

  公产 公共财产。
  私邸 高级官员私人的住所。

"公产"属于"财产",其特征是"公共"的。"私邸"属于"住所",其特征是"高级官员私人的"。这两个词表示的事物都有所有权方面的特征。

  大汉 身材高大的男子。
  肉糜 细碎的肉。

"大汉"属于"男子",其特征是"身材高大"。"肉糜"属于"肉",其特征是"细碎的"。这两个词表示的事物都有形貌方面的特征。

  梭镖 装上长柄的两边有刃的刀。
  吊楼 后部用支柱架在水面上的房屋。

"梭镖"属于"刀",其特征是"装上长柄两边有刃"。"吊楼"属于"房屋",其特征是"后部用支柱架在水面上"。这两个词表示的事物都有结构、构造方面的特征。

  赤子 初生的婴儿。
  夙诺 以前的诺言。

"赤子"属于"婴儿",其特征是"初生的"。"夙诺"属于"诺言",其特征是"以前的"。这两个词表示的事物都有时间方面的特征。

巨祸　巨大的祸患。
大陆　广大的陆地。

"巨祸"属于"祸患",其特征是"巨大的"。"大陆"属于"陆地",其特征是"广大的"。这两个词表示的事物都有数量方面的特征。

笔　写字画图的用具。
车棚　存放自行车等的棚子。

"笔"属于"用具",其特征是"写字画图"。"车棚"属于"棚子",其特征是"存放自行车等"。这两个词表示的事物都有功用方面的特征。

人杰　杰出的人。
珍品　珍贵的物品。

"人杰"属于"人",其特征是"杰出的"。"珍品"属于"物品",其特征是"珍贵的"。这两个词表示的事物都有评价方面的特征。

以上这些词的意义都以表示某种事物具有一个主要特征为特点。也有很多词的意义表示的事物具有多个特征。如：

大衣　较长的西式外衣。
黑板　用木头或玻璃等制成的可以在上面用粉笔书写的黑色平板。

"大衣"属于"外衣",它有"较长的""西式"两个特征,都是形貌样式方面的特征。"黑板"属于"平板",它有三个特征:"用木头或玻璃等制成"是所用原料的特征,"可以在上面用粉笔书写"是功用的特征,"黑色"是颜色的特征。

表名物词所表示的事物现象所属类别和具有的特征是多种多样的,上面只是举例分析罢了。

（二）表动作行为的词意义的分析

这里所说的表动作行为的词,是指它们表示人或物的动作行为,而能充当谓语的那些词。对这类词,有人容易顾名思义,认为它们只是表示一种动作行为。其实,这类词的内容很复杂,它们当然表示一定的动作行为,但往往又包含有特定的行为主体,包含有特定的关系对象,包含有对动作行为、对动作行为的主体、对动作行为关系对象的种种限制等。可以择要说明如下:

1. 包含有特定的行为主体。如:

流　液体移动。
泊　船靠岸。

"流"的行为主体是"液体",其行为是"移动"。"泊"的行为主体是"船",其行为是"靠"。

2. 包含有特定的行为关系对象。如:

办公　处理公事。
备荒　防备灾荒。

"办公"的行为是"处理",其关系对象是"公事"。"备荒"的行为是"防备",其关系对象是"灾荒"。

3. 包含有对动作行为的各种限制。如:

搔　用指甲挠。

"搔"的动作行为是"挠","用指甲"是对动作行为所用身体部位的限制。

网　用网捕捉。

"网"的动作行为是"捕捉","用网"是对动作行为所用工具的限制。

揪　紧紧抓住。

"揪"的动作行为是"抓住","紧紧"是对动作行为程度的限制。

跳　一起一伏地动。

"跳"的行为是"动","一起一伏地"是对行为方式的限制。

春播　春季播种。

"春播"的行为是"播种","春季"是对行为时间方面的限制。

也有不少表动作行为的词包含有对动作行为多方面的限制。如：

挠　　用手指　　轻轻地　　抓。
　　　身体部分限制　程度限制　　动作

攀　　抓住东西　　向上　　爬。
　　　工具限制　　空间限制　动作

对动作行为的限制是各式各样的，以上只是举例分析罢了。

4. 包含有多个动作行为。如：

打印　打字油印。
勒　　用绳等捆住或套住，再用力拉紧。

"打印"表示两个动作行为："打字""油印"。"勒"也有两个动作行为，"捆住或套住"是一个，"拉紧"是另一个。"用绳等"是对前一个动作行为所用工具的限制，"用力"是对后一个动作行为程度的限制。

因此对表动作行为的词意义的分析，主要就是分析我们上面说明的这些特征：是否有特定的行为的主体？是否有特定的关系对象？对动作行为有什么样的限制？对行为的主体、对行为的关系对象有什么样的限制？是否包含有多个动作行为？等等。

(三) 表性状的词意义的分析

表性状的词表示事物的性质、状态，它们是形容词或非谓形容词（区别词）。这类词的意义丰富，内容复杂。一般的表性状的词的意义可分解为两个方面：适用对象和性状特征。例如：

景气　　经济　　　繁荣
硬朗　（老人）　身体健壮
　　　　适用对象　性状特征

"景气"一词的适用对象是"经济"，它表示的性状特征是"繁荣"。"硬朗"一词的适用对象是"老人"，它表示的性状特征是"身体健壮"。在词典的说明里，"老人"用括号括起来，意思是表示"老人"

是"硬朗"一词的搭配、组合词语。从词义特征看,这里的搭配、组合词语也就是词的适用对象。适用对象和性状特征的说明构成一个主谓结构。适用对象是主语,性状特征是谓语。在上述的释义中,"经济""(老人)"是主语,"繁荣""身体健壮"是谓语。表性状的词的意义特征,主要是从适用对象和性状特征两方面去分析。

从适用对象看,表性状词的意义特征有三种情况:

1. 适用对象只是一种或一类事物,如上面的"景气"和"硬朗"。再如:

  滂沱 (雨)下得很大。
  清越 (声音)清脆悠扬。

"滂沱"的适用对象只是"雨","清越"的适用对象只是"声音"。

2. 适用对象是多个或多种事物。如:

  激越 (声音、情绪等)强烈、高亢。
  稀朗 (灯火、星光等)稀疏而明朗。

"激越"的适用对象有"声音、情绪等"多个,"稀朗"的适用对象有"灯火、星光等"多个。

3. 适用对象广泛,词典也没有说明。如:

  结实 坚固耐用。
  细致 精细周密。

这两个词的释义都没有说明适用对象(主语没有出现),只说明性状特征(谓语出现)。这是因为"结实"的适用对象较广泛,例如它可以形容人工制品、自然物、人等。"细致"的适用对象也较广泛,可以形容工作、文章、作风等。适用对象广泛是相对的,不是没有限制的。

从性状特征看,表性状词的意义特征也可分为三种情况:

1. 性状特征为一项,如上述"景气"一词的性状特征是"繁荣",只有一项。再如:

  明亮 光线充足。

优厚　（待遇）好。

"明亮"一词的适用对象是"光线",它表示的性状特征是"充足",只一项。"优厚"一词的适用对象是"待遇",它表示的性状特征是"好",也只一项。

2．性状特征为多项。这种词很多,上面举过的"清越",它表示的性状特征是"清脆悠扬",有两项;"稀朗"表示的性状特征是"稀疏而明朗",也是两项。再如:

轻浮　言语举动随便,不严肃不庄重。

"轻浮"的适用对象是"言语举动",它表示的性状特征是"随便、不严肃、不庄重",是三项。

3．用主谓结构说明性状特征。例如:

干巴巴　（语言文字等）内容不生动不丰富。

清通　（文章）层次清楚,文句通顺。

"干巴巴"的适用对象是"语言文字等",它表示的性状特征用主谓结构来说明:"内容不生动不丰富",这个主谓结构的主语"内容",可看作是对适用对象的更具体的说明,其谓语"不生动不丰富",是对性状特征的说明,是两项。"清通"的适用对象是"文章",它表示的性状特征用两个主谓结构来说明:"层次清楚,文句通顺",这两个主谓结构的主语"层次""文句",仍可看作是对适用对象的更具体的说明,其中的谓语"清楚""通顺",是对性状特征的说明。

这样,表性状词的意义特征就可以从适用对象和性状特征两方面去分析,看它有什么样的适用对象,是一种还是多种,看它表示什么样的性状特征,是一项还是多项。

近年来,词义分析有向形式化发展的趋势。西方学者借鉴语音学中用区别特征说明某个语音特点的做法提出的"义素分析法"（也叫"构成成分分析"）,就是这种探索的表现。[①] 具体做法是:比较一群相关的词的词义,概括出词义的共同特征和不同特征,这些

---

① 参看利奇《语义学》第6章"意义的成分和意义的比较",上海外语教育出版社,1987年。

特征就叫义素。词义的异同就通过排列组合这些相同、不相同的义素来说明。例如：

妇女　＋成年　－男性　＋人
男人　＋成年　＋男性　＋人
女孩　－成年　－男性　＋人
男孩　－成年　＋男性　＋人

"±成年""±男性""±人"等是义素，"＋"表肯定，就是含有，"－"表否定，就是不含有。"妇女"等四个词的词义，就用组合这些义素的方法来表示，从中可以看到它们意义的同异。这种做法有简明、形式化的特点，但难以普遍应用。这方面的研究还在发展中。

四、词义的单位

词的概念义在运用中由于上下文、语境的不同而会显出各种差别。这些差别可以简要说明如下：

（一）表名物的词在不同的上下文中指示的范围数量不同，指示的部位方面不同，指示的具体对象不同。例如"船"的概念义是"水上有舱的运输工具"，下面的例句可以显示它在不同的上下文、语境中的差别。

(1) 海上的船很多。
(2) 河面上漂着一条船。

以上两句中的"船"所指数量范围不一样。

(3) 这船真大。（侧重指船的体积容量）
(4) 这船真漂亮。（侧重指船的形式装饰）
(5) 这船真结实。（侧重指船的结构质量）

以上三句中的"船"所指部位方面不一样。

(6) 他要坐船去欧洲。（指大轮船）
(7) 船泊在小河边树下。（指小木船）

以上两句中的"船"所指具体对象不一样。

（二）表行为、性状的词的同一意义，在不同的上下文、语境中也有差异。例如"提高"的意思是"使位置、程度、水平、数量、质量等方面比原来高"。在下列例句中，"提高"的意义有差异：

(1) 跳高的横杆<u>提高</u>了。（指位置向上移动）
(2) 他的学习成绩<u>提高</u>了。（指学习的分数多了，增加了）
(3) 老张家的生活水平<u>提高</u>了。（指生活比原来好了）

又如"升"的意思是"由低往高移动"。在下列例句中"升"的意义有差异：

(1) 太阳<u>升</u>起来了。[指（太阳）在地平线上出现]
(2) 气球<u>升</u>起来了。[指空气的浮力把（气球）托到空中]
(3) 旗子<u>升</u>起来了。[指绳子牵引（旗子），位置移动到旗杆顶端]

以上是表行为的词。表性状的词如"刚劲"，义为"挺拔有力"，在下列例句中意义有差异：

(1) 柳体字笔力<u>刚劲</u>。[指（笔画）硬直有力]
(2) 这套自由体操动作<u>刚劲</u>。[指（动作）屈伸有力]

再如"好"的意思是"优点多的；使人满意的"。在下列例句中"好"的意思有差异：

(1) 这人真<u>好</u>。（指人的性情温和、品格高尚）
(2) 庄稼长得很<u>好</u>。（指庄稼茁壮茂盛）
(3) 这件事他办得<u>好</u>。（指完满、合乎要求）

（三）代表同一概念的词，在不同的语境中，个人可以赋予不同的内容色彩。这在日常交际和文艺创作中，有极其丰富多样的表现。

(1) 我最佩服北京双十节的情形。早晨，警察到门，吩咐道："挂旗！""是，挂旗！"各家大半懒洋洋的踱出一个国民来，撅起一块斑驳陆离的洋布。（鲁迅《头发的故事》）

(2) 大约那弹性的胖绅士早在我的空处,胖开了他的右半身了。(鲁迅《社戏》)

上两例中,"国民"指当时的北京市民,"撅"指竖、挂,"洋布"指当时的国旗,"胖"指伸展、胀开,这些词都意含讽刺。其中的"国民""洋布""胖",在一般情况下,是没有任何感情色彩的,现在有了。其中的"胖"有作者赋予的新义,"洋布"更有作者赋予的独特的意义。

我们看到,词在运用中受到各种制约和影响,词义表现出各色各样的差别。这种情况,使某些人甚至得出这样的结论:"词没有一般的意义,我们每次都赋予同一个词以新的意义。"[①]我们认为,这种情况是由词义的性质决定的。词义是概括的,它在不同的上下文、语境中会有不同的具体内容。这种情况提出了如何确定词义单位的问题。

应该看到,词义差异中有共同的东西、共同的特征、共同的内容。这些共同的东西、共同的特征、内容是可以概括出来、确定下来的。概括、确定下来的词的一个意义就是一个词义单位,一般就叫一个词义义项,简称义项。

可以根据词在不同上下文、语境中概念义指示对象的异同来确定义项,根据概念义表示的特征的异同来确定义项。例如上面所说的"船"在不同的上下文、语境中意义有种种差异,但它们都有共同的指示对象(即作为运输工具的"船"),可以确定为一个义项。上面说的"提高"虽然在不同的例句中表示的意义有差别,但都有共同的特征:表示比原来上升,可以确定为一个义项。上面所说的"升"在不同例句中表示的意义有差异,但表示的运动特征有共同点:在视觉范围内都是从低到高的运动,可以归并为一个义项。上面所说的"刚劲"在不同的例句中表示的性状有差异,但都有挺拔有力的特征,可以归并为一个义项。上面说的"好"在不同的例句中由于形容的对象不同,表示的意义有差别,但都有优点多、令人

---

① 福斯勒尔《语言哲学文集·论语言学的心理学的语言形式》,转引自《语言学译丛》1958年第1期波波夫《词义和概念》一文。

满意的共同特征,可以确定为一个义项。①

各种词典的性质任务不同,对义项的处理常有分合、详略、繁简的不同。如:

烟

《现代汉语词典》:① 烟草。②纸烟。

《四角号码新词典》:④ 烟草,烟草制品。例:香～。

《新华词典》同《四角号码新词典》。

香蕉

《现代汉语词典》:①多年生草本植物,叶子长而大,有长柄,花淡黄色。果实长形,稍弯,味香甜。产在热带或亚热带地方。②这种植物的果实。

《四角号码新词典》:多年生草本植物,产在热带或亚热带,果实长形,稍弯,果肉软甜可吃。

《新华词典》同《四角号码新词典》。

封锁

《现代汉语词典》:①(用强制力量)使跟外界断绝联系:经济～。②(采取军事措施)使不能通行:～边境。

《四角号码新词典》:采取强制措施使与外界断绝联系或来往。

《新华词典》同《四角号码新词典》(表述略有差异)。

瘦

《现代汉语词典》:① 脂肪少;肉少(跟"胖"或"肥"相对)。②(食用的肉)脂肪少(跟"肥"相对)。

《四角号码新词典》:①脂肪少,肌肉不丰满,与"肥""胖"相对。例:～肉|～弱。

《新华词典》同《四角号码新词典》。

《现代汉语词典》是中型语文词典,《四角号码新词典》和《新华

---

① 义项还有语素义义项,下一章讲。

词典》虽然主要也是语文词典,但包含的百科内容比较多,因此对于词的义项的分析,前一部词典分得细,后两部词典则多作合并。

义项的确定和归并是一个很复杂的问题。我们这里目的不在于详细讨论词典义项的归并,只是说明义项确定的基本道理,使大家有一个初步的了解。

经过概括、确定下来的词义单位——词义义项——有什么性质呢?重要的可以举出三点。

(一) 它要以一定的语音形式作为它的物质外壳。如果是单义词,如"友爱 yǒu'ài"(友好亲爱),则语音形式"yǒu'ài"是这个意义独有的物质外壳。如果是多义词,如"友好 yǒuhǎo"(①好朋友:生前~。②亲近和睦:团结~|~邻邦),则"yǒuhǎo"这个语音形式是多个意义共有的物质外壳。因此语言中同音的义项比同音词多得多。

(二) 它们都有概括性,但其概括范围、概括程度有很大的差别。概括范围差别的例子如:

脚　人或动物的腿的下端,接触地面支持身体的部位。
脚掌　脚接触地面的部分。
脚心　脚掌的中央部分。

这几个词的意义相对来说,"脚"的概括范围最大,是整体,后两个词概括的范围是脚的一部分。"脚掌"和"脚心"比较,"脚掌"又是整体,"脚心"又是部分。

概括程度差别的例子如:

物品　东西(多指日常生活中应用的)。
用具　日常生活、生产等使用的器具。
椅子　有靠背的坐具,主要用木头、竹子、藤子等制成。

这三个词的概括程度不一样。"物品"指的是一个大类,"用具"是其中的一类,"椅子"又是"用具"中的一类。概括程度高的词是大类,概括程度低的词是小类。

作为义项,它们的地位是相等的,都是词义的一个单位,都能使词以其代表的意义在语言中起作用。

(三) 有某种程度的相对性。有些义项在一定条件下可以合并起来,用更概括的语言来表述。例如"矮":

《现代汉语词典》:①身材短:～个儿。②高度小的:～墙｜～凳。

《四角号码新词典》:不高,低。例:～墙｜～一头。

《现汉》把"矮"的意义区分为①②,《四角》把它们合并为一个义项,用更概括的语言来表述。

五、词的附属义

词的附属义主要指词的形象色彩、感情色彩、语体色彩。下面分别说明。

(一) 形象色彩

听到"牛、马、花、树"等词,脑子中会出现牛、马、花、树的形貌,读或听小说中的描写词句,会使人似乎看到所写人物的音容笑貌和各种各样的景物。前者是表象,是过去感知的形象的复活,后者是想象,是感知所留下的表象重新组合得到的形象。由于表象想象的心理活动,词能在人脑中生出所反映对象的形貌这种情况,有人把它叫作词的形象义或形象色彩。

只有反映具体事物形貌状态的词,反映对象有个体存在、有形貌状态表现的词才可能有形象义。如:

(1) 牛 马 花 树 苹果 玫瑰
(2) 红 蓝 黑 苦 香 烫
(3) 嗖嗖 呼呼 当当 嘀嗒 轰隆隆 稀里哗啦
(4) 热腾腾 绿油油 明晃晃 红彤彤 软绵绵 光溜溜
(5) 鲜艳 昏黑 葱翠 耀眼 明媚 盘旋

有一种意见认为,上述只有后三组词有形象色彩,因为后三组词的语素或者直接表示了某种形象[如(3)"嗖嗖"这一组是拟声词,词的声音表示了事物的声音形象],或者以语素义描绘了某种形象[如(4)中的"热腾腾","热"表示温度高,"腾腾"表示热气上升。(5)中的"鲜艳","鲜"表示鲜明,"艳"表示色彩光泽好看]。应该说,后三组词有鲜明的形象色彩。但从形象色彩的本质是词语刺激人脑产生的表象想象活动来看,应该承认前两组词也是有形象色彩的。一般来说,这类词在描写性的词语中同别的词语结合在一起更能产生形象感。比较下列两个句子:

一朵洁白的沾着晶莹露珠的花。
花是植物的一种器官。

加点的词语有鲜明的形象感。

抽象程度高的词不能直接自然地引起形象感,无形象义。

形象义在词典中是不能注释的。它在人的精神生活、文学创作以及其他精神创造中起巨大作用。词无形象义,人的精神生活就会萎缩,文学创作、科学幻想都成为不可能。

(二) 感情色彩

什么是感情?感情是人的主观意识活动的一个重要方面。人在同客观事物发生关系时,对它有一个态度。自己感受到这个态度,就是感情。感情是人们认识客观事物或作用于客观事物时产生的对客观事物态度的体验。感情有两大类型:肯定的和否定的。它们又因程度不同而有不同的色彩,例如肯定的可以有狂喜、很高兴、高兴,热爱、爱、喜欢、不讨厌之分;否定的有愤恨、怨恨、恨、讨厌,惨痛、悲哀、伤心、不高兴之分;等等。

人的感情反应会引起人体的一系列变化,会引起呼吸、发音、血液循环、肌肉、分泌系统等一系列活动。如高兴时眉开眼笑,手舞足蹈(肌肉系统活动),发出嘻嘻哈哈之声(发音系统活动),甚至流出眼泪来(分泌系统活动);生气时拍桌子,咬牙切齿(肌肉系统活动),大声吼叫(发音系统活动),唾沫飞溅(分泌系统活动)等。这同思维、表象、想象的活动不同。后者如深藏的海流,前者如活跃的海面。但感情渗透于思维表象想象活动的过程中,提起称心事,不禁眉飞色舞;想到伤心处,又会潸然泪下。

人的感情反应是有形的,在人的交际活动中互相可以直接感受。语言和词中有什么记录呢?

第一,人的感情的各种类型、状态分别反映在一个个词中,如"爱、恨、悲伤、高兴、讨厌、愤怒"等。对感情内容类型的说明成了这些词的概念义。

第二,一部分叹词表感情。如:

唉 ài　　表示伤感或惋惜:～,他又生病了。
哼 hng　表示不满意或不相信:～!你骗得了谁?
啊 à　　表示惊异赞叹:～!多美的画呀!
哈 hā　（不是拟声词"哈"）表示得意或满意:～,我又赢了。

第三,附着在词上和概念义同时存在,成为词的感情色彩。如:

嘴脸　　面貌,脸色(贬义)。
嘴皮子　嘴唇(就能说会道而言,多含贬义)。
病夫　　体弱多病的人(含讥讽意)。

词的概念义一般能影响词的感情色彩。词义为肯定的,感情色彩为褒,词义为否定的,感情色彩为贬。如:

温顺　淳朴　壮实　漂亮　雄伟　牺牲　贡献　英雄　珍品

词义肯定,感情色彩为褒。

凶残　蛮横　丑陋　粗劣　庞大　卖命　巴结　败类　赃款

词义否定,感情色彩为贬。

词典中注释感情色彩一般只分褒义、贬义两大类型。一般只注出有强烈鲜明的感情色彩的词。大部分词不带固定的感情色彩,是中性词。

第四,没有固定的感情色彩的词,在运用中可以获得感情色彩。我们引曹禺《日出》第一幕中的一个例子:

福　［按,指福升,旅馆茶房］这房子就是五十二号。

黄　[按,指黄省三,被辞退的小职员](禁不住露出喜色)那,那我还是对了。(又向着福升,有礼貌地)我找李石清,李先生[按,指潘月亭经理的秘书]。

福　没有来。

黄　(犹疑半天)要是潘经理有工夫的话,我想见潘经理。先生,请你说一声。

福　(估量地)潘经理,倒是有一位。可是(酸溜溜地)你？你想见潘经理？

"你"是中性词,这里福升酸溜溜地说的"你"带有蔑视鄙夷的感情,"你"在这里带上了贬的感情色彩。

在口语中,词的语音的高低、强弱、快慢的变化,说话的语调可以表示不同的感情色彩。这方面是演员和广播员的用武之地。

我们这里谈的词的感情色彩,是指固定在词上的感情色彩,只指上面所说的第三种情况。

(三) 语体色彩

语体色彩指不同的词适用于社会交际的不同范围,适用于不同文体这种情况。很多词能在不同的交际范围、不同的文体中通用,但有一些词适用于某一交际范围、某一文体,而不适用于另一交际范围、另一文体。语体色彩首先分为两大类:书面语的和口语的,词典一般标作:〈书〉〈口〉。书面语词用于书面写作,口语词用于日常谈话。如:

口语词	书面语词
吓唬	恐吓
小气	吝啬
溜达	散步
压根儿	根本
聊天	交谈

关于书面语词和口语词的不同,我们在第七章还要详细说明。

有一部分词既带有一定的感情色彩,又只用在某些交际场合。如:

　　玉成　　敬辞,成全。
　　玉音　　尊称对方的书信、言辞(多用于书信)。
　　贵恙　　敬辞,称对方的病。
　　令尊　　敬辞,称对方的父亲。
　　拙笔　　谦辞,称自己的文字或字画。
　　鄙意　　谦辞,称自己的意见。

敬辞,感情色彩为褒,谦辞,通过压低自己表示对对方的尊敬。这些词多用于书面,用于庄重的人事应酬的交际场合。

　　词的各种附属色彩,也叫词的附属义。应该指出,"附属义"的"义"同"概念义"的"义"意思不同。概念义的"义"是:(1)词所标志的客观事物一般本质特点的反映,各个词的概念义有千差万别的内容;(2)有特定的语音形式同它联系。附属义的"义":(1)反映的不是词标志的客观事物的一般本质特点。形象色彩是词所标志的具体事物形貌的反映,或者是语素义表示的一种形象(如"饭桶"指无用的人,"饭桶"本身有语素义表示的形象)。感情色彩表示了词的运用者对所反映的事物现象的感情态度。语体色彩表示了词运用的交际媒介(口说还是书面)所制约的交际场合。(2)形象色彩是人的心理活动,无须用语言说明。感情色彩、语体色彩可以在词典中说明,只能分出主要的类型。(3)它附着于概念义从而同一定的语音形式联系(因此,这个语音形式也是附属义的符号),附属义本身一般没有特定的语音形式同它联系。

练　习

一、从下列表名物词的释义词语中画出表示类别和表示特征的词语:

　　野味　　猎得的作肉食的鸟兽。
　　铆钉　　铆接用的金属元件,圆柱形,一头有帽。
　　蓑衣　　用草或棕制成的、披在身上的防雨用具。

木耳　真菌的一种,生长在腐朽的树干上,形状如人耳,黑褐色,胶质,外面密生柔软的短毛。可以供食用。

二、从下列表动作行为词的释义词语中画出表示动作行为、表示动作行为的主体、表示动作行为的关系对象以及对它们进行种种限制的词语:

逆行　(车辆等)反着规定的方向走。
扫描　利用一定装置使电子束、无线电波等左右移动而描绘出画面、物体等图形。
踏青　清明节前后到郊外散步游玩。
吐絮　棉桃成熟裂开,露出白色的棉絮。

三、从下列表性状词的释义词语中画出表适用对象、表性状特征的词语:

瘦弱　肌肉不丰满,软弱无力。
顺畅　顺利通畅,没有阻碍。
污浊　(水、空气等)不干净;混浊。
细腻　(描写、表演等)细致入微。

四、指出下列各句中"扩大"一词意义的细微差别:

耕地面积扩大了。
经过学习,他眼界扩大了。
应该多作宣传,扩大这件事的影响。

五、根据例句,归并义项:

粗:
他的胳膊比你的粗。
牛皮比羊皮粗。
我要克服心粗的毛病。
这个手工活太粗了。
这棵树长得很粗。

行(háng):

河边杨柳排成行。

干哪一行,爱哪一行。

他写了几行诗。

他改行了吗?

反面:

这木板反面全糟了。

不但要看问题的正面,还要看问题的反面。

要重视反面的经验教训。

分析问题,正面反面都要考虑到。

六、不同的词典对下列两个词的义项作了不同的归并,试加评论:

出入:

① 出去和进来:～随手关门。

② (数目,语句)不一致;不相符:现款跟账上的数目没有～。

(《现代汉语词典》)

① 出来进去。例:～关门。

② 相差。例:两个数～很大。

③ 支出和收入。例:经费～相抵。

(《四角号码新词典》)

深:

① 从上到下或从外到里的距离大:井太～|这院子很～。

② 深度:河水有多～?

③ 深奥:这本书很～。

④ 深刻;深入:～谈|影响很～。

⑤ (感情)厚;(关系)密切:～情厚谊|两人的关系很～。

⑥ (颜色)浓:～红。

⑦ 距离开始的时间很久:～秋|夜已经很～了。

⑧ 很;十分:～知|～信|～恐。

(《现代汉语词典》)

① 从上到下或从外到内的距离大。例:万丈～渊|～宅大院。

② 颜色浓。例：～红。
③ 经历的时间久。例：～夜|年～日久。
④ 程度高的。例：～入浅出|交情～|～信。

(《四角号码新词典》)

第四章 多义词和同音词

上一章讲了词义（狭义用法，指概念义，下同）的单位是义项。因此，词义又有另一种划分，就是义项的划分。这是词义单位的划分。根据一个词有一个义项还是多个义项，词划分为单义词和多义词。

词的义项都联系于它的语音形式，如果从语音形式同义项联系的不同情况来看，又可得出下列分类：

1. 一音（语音形式）一义。如：

光压　　射在物体上的光所产生的压力。

结焦　　煤炭在隔绝空气的条件下，经过不完全燃烧，炼成焦炭的过程。

海藻　　生在海洋中的藻类，如海带、紫菜、石花菜、龙须菜。有的可以吃，有的可以提制碘或琼脂等。

豆角儿　〈口〉豆荚（多指鲜嫩可做菜的）。

狗　　哺乳动物，种类很多，嗅觉和听觉都很灵敏，毛有黄、白、黑等颜色。是一种家畜，有的可以训练成警犬，有的用来帮助打猎、牧羊等。

驴　　哺乳动物，比马小，耳朵长，胸部稍窄，毛多为灰褐色，尾端有毛。多用作力畜。

炉子　　供做饭、烧水、取暖、冶炼等用的器具或装置。

犁铧　　安装在犁的下端，用来翻土的铁器，略呈三角形。也叫铧。

蔺相如　战国时赵国政治家，勇敢机智地抵抗秦国的侵略，对同僚廉颇以忍让著称，后传为美谈。

景德镇　市名,在江西省东北部,以产优质瓷器驰名中外。

(《新华词典》)

这些也就是单义词。

2. 一音多义,有两种情况:

(1) 一个语音形式联系几个有联系的意义:

　　冲 chòng　① 劲头足:小伙子干活真～。
　　　　　　　② 气味浓烈刺鼻:酒味很～。

这是一词多义,也就是多义词。

(2) 一个语音形式联系几个从现时看不出联系的意义:

chòng

冲$_1$　见上

冲$_2$　① 向着:他～我笑了笑。
　　　② 凭;根据:～这句话,我也不答应。

冲$_3$　冲压:～模|～床。

"冲$_1$、冲$_2$、冲$_3$"之间,现时看不出联系,它们是不同的词,是同音词。

　　根据以上的说明,我们说,单义词是一个语音形式联系一个义项的词,多义词是一个语音形式联系多个有联系的义项的词,同音词是一个语音形式联系多个从现时看不出联系的义项,因而被看作是各个声音相同、意义不同的词。

　　单义词意义确定。科学术语(例如上面所举的"光压""结焦"),不少鸟兽、草木、器物的名称(如上面所举的"狗""驴""海藻""豆角儿""炉子""犁铧"),很多人名、地名(如上面所举的"蔺相如""景德镇")都是单义的。

　　但单义词在语言中是少数。语言用的语音形式是有限的,太多会造成记忆的沉重负担,不易掌握,不便交际。拿北京话来说,全部音节 414 个,加上声调的区别约有 1300 个,加上 700 多个儿化音节,全部音节约 2000 个。[①] 而词义的区分越来越细,词义的积累

[①] 陆志韦《关于北京语音系统的一些问题》,见《现代汉语规范问题学术会议文件汇编》第 57 页,科学出版社,1956 年。

越来越多,必然会大量出现一个语音形式联系多个意义的情况。

一、多 义 词

(一) 词义和语素义

为了分析多义词不同义项的意义,要能分辨词义和语素义。不成词语素的意义都是语素义。如语素"器"有这些意义:

① 器具:陶～|瓷～|木～。
② 器官:消化～。
③ 度量;才能:～量|大～晚成。
④ 器重:～重。

语素"释"有这些意义:

① 解释:～义|注～。
② 消除:～疑|涣然冰～。
③ 放开;放下:～手|手不～卷。
④ 释放:开～|保～。

它们都是语素义。

多义词的几个义项,有些是词义,有些是语素义,怎么区别呢?语音形式联系词义义项时,能作为词来运用,语音形式联系语素义义项时,不能作为词来运用,它只存在于它构成的词和固定结构中。如:

轻 ① 重量小;比重小(跟"重"相对):油比水～,所以油浮在水面上。
② 负载小;装备简单:～装|～骑兵|～车简从。
③ 数量少;程度浅:年纪～|工作很～|～伤。
④ 轻松:～音乐。
⑤ 不重要:责任～|关系不～。
⑥ 用力不猛:～抬～放|～～推了他一下。

⑦ 轻率：～信｜～举妄动。

⑧ 轻视：～慢｜～敌。

①③⑤⑥是词义义项，qīng 这个语音形式联系这些义项时，能单说或独用作句子成分。②④⑦⑧是语素义义项，qīng 这个语音形式联系这些义项时，不能单说，也不能独用作句子成分，这些意义只存在于它们构成的合成词或固定结构中：

"轻"的②义只存在于它构成的合成词"轻装""轻骑兵"和固定结构"轻车简从"等中。

"轻"的④义只存在于它构成的合成词"轻音乐""轻省""轻松"和固定结构"轻歌曼舞"等中。

"轻"的⑦义只存在于它构成的合成词"轻信""轻率"和固定结构"轻举妄动""轻诺寡信"等中。

"轻"的⑧义只存在于它构成的合成词"轻慢""轻敌""轻蔑""轻侮"等中。

词义义项，除了使联系它的语音形式能单说或独用外，也可以存在于它构成的合成词或固定结构中。例如"轻"的①义"重量小；比重小"也存在于合成词"轻巧""轻重"，固定结构"轻车熟路""轻于鸿毛"等之中。

了解了词和不成词语素的区别、词义和语素义的区别，可帮助我们在说话和写作中避免把不成词语素当词用，把语素义当词义用。如：

(1) * 四海翻腾涛汹涌。

(2) * 锣鼓越敲，声音越宏。

(3) * 学习要有恒和勤。

(1)中的"涛"、(2)中的"宏"、(3)中的"恒"都是不成词语素，它们所有的意义都是语素义，这里都把它们当词使用了。"涛"可改为"浪"，"宏"可改为"响"，(3)可改为"学习要勤，有恒心"或"学习要有恒心，要勤奋"。

(4) * 这种行为真是祸了大家。

(5) * 他走到一处人稀的地方。

(6) * 公共汽车环着我们厂的院墙走。

(4)的"祸"是词(它有一个词义义项"祸事,灾难",如"这是祸,还是福?"),但这句中的"祸"是"损害"的意思,"损害"是"祸"的语素义义项,不能当词义义项来用,可以改"祸"为"害"。(5)的"稀"也是词(它有一个词义义项"含水多",如"粥真稀"),但这里用的"事物部分之间空隙大"的意义是语素义,"稀"可改为"少"。(6)的"环"也是词(它有一个词义义项"环节",如"这是基本的一环"),但现在用的"环绕"义是语素义,可改为"绕"。

方言区的人有时用方言词写作,有不少方言词,在普通话中是不成词语素,其意义都是语素义。如:

穿衣——穿衣服

穿袜——穿袜子

坐在椅上——坐在椅子上

逮了一只兔——逮了一只兔子

同他较一下——同他赛一下

坏人劫东西——坏人抢东西

加点儿的,在普通话中是不成词语素。

(二) 多义词的类型

多义词可以根据它包含的词义义项、语素义义项的情况来分类。

(1) 全部义项是词义的多义词。如:

活(～儿) ① 工作(一般指体力劳动的,属于工农业生产或修理服务性质的):细～|重～|庄稼～|干～。

② 产品;制成品:出～|箱子上配着铜～|这一批～做得很好。

闹 ① 喧哗;不安静:热～|～哄哄|这里～得很,没法儿看书。

② 吵;争吵:又哭又～|两个人又～翻了|孙悟空大～天宫。

③ 发泄(感情):～情绪|～脾气。
④ 害(病);发生(灾害或不好的事):～眼睛|～水灾|～矛盾|～笑话。
⑤ 干;弄;搞:～革命|～生产|把问题～清楚。

普通话的双音节合成词和多音节合成词,其义项绝大多数都是词义。如:

钢板　① 各种板状的钢材。
　　　② 汽车上用的片状弹簧。
　　　③ 誊写钢板的简称。
灰溜溜　① 形容颜色暗淡(含厌恶意):屋子多年没粉刷,～的。
　　　　② 形容懊丧或消沉的神态。
经验主义　① 认为感性经验是知识唯一来源的哲学学说。
　　　　　② 主观主义的一种表现形式,把局部的、狭隘的经验认为是普遍真理,只相信局部的直接经验,轻视理论的指导作用。

(2) 一个义项是词义,其余都是语素义的多义词。如:

富　① 财产多(跟"贫、穷"相对):～裕|～有。
　　② 资源;财产:～源|财～。
　　③ 丰富;多:～饶|～于养分。
垂　① 东西的一头向下:下～|～柳|～涎。
　　② 〈书〉敬辞,旧时用于别人(多是长辈或上级)对自己的行动:～念|～询|～问。
　　③ 〈书〉流传:永～不朽|名～千古。
　　④ 〈书〉将近:～老|～暮|～危。

这两个词的义项中,①是词义,其余都是语素义。

(3) 词义义项多、又带语素义的多义词。如:

风　① 跟地球平面大致平行的空气流动:刮～了。
　　② 借助风力吹:～干|晒干～净。

③ 借助风力吹干的：～鸡｜～肉｜～鱼。
④ 风气；风俗：世～｜俭朴成～｜民～｜这是一股～。
⑤ 景象：～景｜～光。
⑥ 态度：作～｜～度。
⑦ (～儿)风声；消息：闻～而动｜刚听见一点～就来打听。
⑧ 传说的；没确实根据的：～闻｜～言～语。
⑨ 民歌：采～。
⑩ 中医指某些疾病：羊痫～｜鹅掌～。

其中①④⑦为词义，其余都是语素义。

火　① (～儿)物体燃烧时所发的光和焰：～光｜～花｜灯～｜点～｜玩～自焚。
② 指枪炮弹药：～器｜～力｜～网｜军。
③ 火气①：上～｜败～。
④ 形容红色：～红｜～鸡。
⑤ 比喻紧急：～速｜～急。
⑥ (～儿)比喻暴躁或愤怒：～性｜冒～｜心头～起｜他～了｜你怎么这么大的～。

其中①⑥是词义，其余是语素义。

(4) 多义不成词语素。

多义不成词语素虽然不是词，但讲多义词时应该讲到它们。因为它们在古汉语中绝大多数都是词，现在在一些书面语或文言格式中，有些仍当词用。而且由它们构成的词很多，不掌握多义不成词语素的意义，就不能理解它们所构成的许多词的意义。我们把多义不成词语素作为多义词的附类。多义不成词语素除了上面举过的"器""释"的例子外，再如：

危　① 危险；不安全(跟"安"相对)：～急｜居安思～。
② 使处于危险境地；损害：～害｜～及生命。
③ 指人快要死：临～｜病～。
④ 〈书〉高：～楼千尺。

⑤〈书〉端正:正襟～坐。

污　① 浑浊的水,泛指脏东西:粪～｜去～粉。
　　② 脏:～水｜～泥。
　　③ 不廉洁:贪官～吏。
　　④ 弄脏:玷～。

(三) 本义、基本义、引申义、比喻义

多义词的各个义项,性质并不相同,有的是本义,有的是基本义,有的是引申义,有的是比喻义。下面分别说明。

1. 本义

本义是文献记载的词的最初的意义。例如"封",本义为"加土培育树木",《左传·昭公二年》"封殖此树"("殖"即"植",种植)中的"封"就用本义,不是现在的"封闭"的意思。"集"的本义是"鸟栖止于树",《诗经·唐风·鸨羽》:"肃肃鸨羽,集于苞栩",后来才发展出一般的"集合、汇集"的意义。"轨道"的本义是"遵循法制",《汉书·贾谊传》:"加之诸侯轨道,兵革不动……",以后才生出"用条形的钢材铺成的供火车、电车等行驶的路线""物体运动的路线"等意义。

本义有不少已经消失,在一般词典中,已经不把它列为义项了。如上面所举的"封""集""轨道"。但在阅读古籍时,就必须了解。这可借助于工具书,如查阅《辞源》《汉语大字典》《汉语大词典》《说文解字》等辞书。有的本义保留至今,但已不能独立运用,只作为语素义义项存在着,出现在所构成的合成词或固定结构中。如"兵"的本义"兵器",还存在于成语"短兵相接""秣马厉兵"等之中;"汤"的本义"热水",存在于成语"扬汤止沸""赴汤蹈火"等之中;"干"的本义"盾",存在于合成词"干戈""干城"、成语"大动干戈"等之中。有一部分词的本义,到现在仍然是最常用最主要的意义,在这种情况下,词的本义和基本义就一致起来了。

2. 基本义

基本义就是词在现代最常用最主要的意义。本义和基本义一致的词如:

割　㊀ 用刀截断。《左传·襄公三十一年》："犹未能操刀而使割也。"(《辞源》)
　　　截断：～麦子。(《现代汉语词典》)

圆　㊀ 方圆的圆。《墨子·法仪》："百工为方以矩，为圆以规。"(《辞源》)
　　① 圆周所围成的平面：～桌｜～柱｜～筒。(《现代汉语词典》)

浪花　㊀ 波浪互相冲击而溅起的泡沫。唐杜甫《望兜率寺》："霏霏云气重，闪闪浪花翻。"(《辞源》)
　　① 波浪激起的四溅的水。(《现代汉语词典》)

基本义和本义不一致的词很多，如上面所举的词"封""集""兵""汤""轨道"。

词的基本义都是词义义项，不能是语素义义项。在现代汉语的语文性词典中，基本义一般列为第一义项，如：

集　① 集合；聚集：汇～｜齐～｜惊喜交～。
　　② 集市：赶～。
　　③ 集子：诗～｜文～｜全～｜地图～。

轨道　① 用条形的钢材铺成的供火车、电车等行驶的路线。
　　② 天体在宇宙间运行的路线。
　　③ 物体运动的路线。

也有少数词把本义列为第一义项，如：

兵　① 兵器：短～相接｜秣马厉～。
　　② 军人；军队。

第二义项是基本义。

汤　① 热水；开水：温～浸种｜扬～止沸｜赴～蹈火。
　　② 专指温泉(现多用于地名)：～山。
　　③ 食物煮后所得的汁水：米～｜鸡～。
　　④ 烹调后汁儿特别多的副食：豆腐～。
　　⑤ 汤药：柴胡～。

其中①是本义,④是基本义。

3. 引申义

引申义是引申发展出来的意义,它有几种情况。

(1) 从本义、基本义发展出来的引申义。如:

口　　人所以言、食也。(《说文》)

　　㊀ 人及动物进食发声之器官。《书·秦誓》:"不啻若自其口出。"

　　㊂ 户口。一人亦曰一口。《孟子·梁惠王上》:"八口之家,可以无饥矣。"(《辞源》)

　　① 人或动物进食的器官,有的也是发声器官的一部分。

　　⑧ 量词:一家五～|三～猪。(《现代汉语词典》)

"口"《辞源》义项㊂(户口),《现代汉语词典》义项⑧(量词:一家五口人|三口猪)是从本义"㊀人及动物进食发声之器官"发展出来的。"口"为人和动物的一个重要器官,就以这个器官作为计算人和动物的单位。由于"口"的本义也是基本义,所以也可以说,这个引申义也是从基本义发展出来的。再如:

板书　① 教师讲课时在黑板上写字。
　　　② 也指教师在黑板上写的字。

白梨　① 白梨树。
　　　② 白梨树的果实。

"板书"的②、"白梨"的②是引申义,它们分别是从"板书""白梨"的基本义(也是本义)①发展出来的。

本义同基本义不一样,而从基本义发展出的引申义如上面说的"轨道",它的本义是"遵循法制",它的基本义是"用条形的钢材铺成的供火车、电车等行驶的路线",从这个基本义发展出"物体运动的路线""天体在宇宙间运行的路线"等引申义。再如"主席"的本义是"主持筵席"(《新唐书·韩偓传》:"主席者固请,乃坐。"),它的基本义是"主持会议的人",从这个基本义发展出"某些国家、国家机关、党派或团体某一级组织的最高领导职位的名称"这个引申义。

(2) 从引申义发展出来的引申义。如：

烧　① 使东西着火：燃～｜～毁。
　　⑤ 发烧：他现在～得厉害。
　　⑥ 比正常体温高的体温：～退了｜退～了。

其中义项⑤是从①发展出来的，⑥是从⑤发展出来的，⑥是从引申义发展出的引申义。

笔杆子　① 笔的手拿的部分。
　　　　② 指笔。
　　　　③ 指能写文章的人。

③义是从②义发展出来的，这是用工具名来指称用这种工具的人。而②是从①发展出来的，是用物体某一部位的名称指称物的全体。

4. 比喻义

比喻义就是词的比喻用法固定下来的意义。如"口"，《辞源》义项㈣"关隘曰口"，《现代汉语词典》义项②"容器通外面的地方"，义项③"出入通过的地方"，就都是比喻义。人的口同关隘、容器的口有相似之处，就是供出入。所以在比喻的意义上可用"口"称关隘、容器的口。这种用法成了习惯，固定在词义中，就成为比喻义。同理，"门"之义项④"形状或作用像门的"，也是"门"的比喻义。

本义、基本义、引申义都可以产生比喻义。

上面"口"《辞源》义项㈣，《现代汉语词典》义项②③，是本义、基本义产生比喻义的例子。再如：

迷雾　① 浓厚的雾：在～中看不清航道。
　　　② 比喻叫人迷失方向的事物。

下面是引申义产生比喻义的例子：

网　① 用绳线等结成的捕鱼捉鸟的器具：一张～｜鱼～。
　　④ 用网捕捉：～着了一条鱼。
　　⑤ 像网似的笼罩着：眼里～着红丝。

"网"的义项⑤是比喻义，是从义项④来的，二者有相似之处，都是用网状的东西围绕着某物。而④是义项①的引申。又如：

  锄 ① 松土除草用的农具。
    ② 用锄松土除草。
    ③ 铲除：～奸。

③是从②来的比喻义，而②是①的引申。

  引申义和比喻义的界限有时不易划开。这两种意义性质的不同，后面有进一步的说明。习惯上下列情况才算比喻义：

  第一，原义项所指示的对象是具体的，往往是有个体存在的，比喻义所指的对象是抽象的，往往是无个体存在的，同原义有某种相似之处。如：

  皮毛 ① 带毛的兽皮的总称：貂皮、狐皮都是极贵重的～。
    ② 比喻表面的知识：略知～。
  高峰 ① 高的山峰：1960年5月25日我国登山队胜利地登上了世界第一～珠穆朗玛峰。
    ② 比喻事物发展的最高点：把革命推向胜利的～。

  上二例中，"皮毛"的基本义"带毛的兽皮"，"高峰"的基本义"高的山峰"，都是具体的，有个体存在的事物，其比喻义所指的对象"表面的知识""事物发展的最高点"是抽象的，无法指出其个体存在的，同原义有某种相似之处。

  第二，原义项所指的对象和比喻义所指的对象性质悬殊，很容易使人感到是一种比喻。如：

  弹丸 ① 弹弓所用的铁丸、泥丸，枪弹弹头。
    ②〈书〉比喻（地方）狭小：～之地。
  放炮 ① 使炮弹发射出去。
    ④ 比喻发出猛烈抨击的言论。

  词的临时的比喻用法不是比喻义，比喻用法经过长期运用，巩固在词义中才称比喻义。

  本义、基本义、引申义、比喻义是在历史发展过程中形成的。

就一个词来说,这几个意义可以全有,也可以不完全具备,可以某个方面有几个义项,也可以只有一个义项。它们在历史发展中有消有长,现时存在的意义就构成了一个多义词的几个义项。可以图示如下:

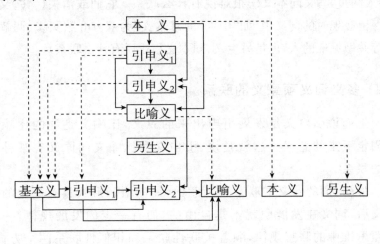

从这个图可以看出:

(一)义项的现时关系反映了历史的关系。

(二)基本义的来源多,不一定是本义,基本义是本义的,如上面所举的"割"例;基本义是本义的引申义的,如上面所举的"兵"例;基本义是本义的比喻义的,如"浪潮"(比喻大规模的社会运动或声势浩大的群众运动)、"小鞋"(比喻暗中给别人的刁难,也比喻施加的约束、限制)。

(三)本义或即基本义,或消失,如上面所举"封",或作为一个义项保留在现时的词义中,如上所举的"汤"。

(四)引申义的来源多,不一定从基本义来。

(五)比喻义的来源多,不一定从基本义来。

(六)另生义项指同词的原有义联系不明显(或无联系,或有联系而不清楚)的新生义。如:

中人　㊀ 平常的人。《论语·雍也》:"中人之上,可以语上也。"

　　　㊁ 有权势之近臣。……曹植《当墙欲高行》:"龙欲升

天须浮云,人之仕进待中人。"

㈢ 宦者。《汉书·石显传》:"以显久典事,中人无外
党,精专而信任,遂委以政。"

"中人"的㈡㈢义同本义㈠很难说有什么联系。它们或消失(㈡㈢义),或保留在现时的词义中(如"中人"的基本义"为双方介绍买卖、调解纠纷等并做见证的人"也是另生义,同本义很难说有什么联系)。

(四) 多义词义项意义的联系

上面说引申义是发展引申出来的意义,比喻义是词的比喻用法固定下来的意义。这就是说,引申义和比喻义同原义有某种意义的联系。

最初,词的音义的联系是随意的,词的语音形式具有确定的概念义后,词义在发展中就不是自由的,而有一定的发展规律,一般按照思维中的联想规律,顺着关联性联系和相似性联系两个方向,一个语音形式从指示一个事物现象发展到指示另一事物现象,形成新义。关联性联系形成的新义一般是引申义,相似性联系形成的新义一般是比喻义。二者的意义联系的具体内容很复杂,下面分别说明常见的一些情况。

1. 关联性的意义联系(引申义)

1)名——→名①

(1)整体—部分　引申义和原义(一义生出新义,对新义来说,它是原义)是部分和整体的关系。如上面举过的"白梨"原义"①白梨树"是整体,引申义"②白梨树的果实"是部分。再如:

洋葱　① 多年生草本植物,花茎细长,中空,白色,地下有扁球
　　　　形的鳞茎,白色或带紫红色。是一种蔬菜。
　　② 这种植物的鳞茎。

---

① 这里所用的名、动、形,分别指指示事物现象、动作行为、性质状态的意义,一般也可以理解为名词义、动词义、形容词义(或指该意义只用作修饰语,如下文所举的"8)动→形"例子中"兼任"的①义为动词义,②义只用作修饰语)。

(2) 有关联的事物现象

一种是"物—人"关系,即词由指称某事物发展为指称同该事物有联系的人。如：

便衣　① 平常人的服装(区别于军警制服)。
　　　② (～儿)穿着便衣执行任务的军人、警察等。
岗哨　① 站岗放哨的处所。
　　　② 站岗放哨的人。

一种是"物—物"关系,即词由指称某事物发展到指称同其有联系的其他事物。如：

箱底(～儿)　① 箱子的内部底层。
　　　　　　② 指不经常动用的财物：～厚。

人们常把不经常用的财物放在箱底,所以①义可生出②义。

高低杠　① 女子体操器械的一种。
　　　　② 女子竞技体操项目之一。

因为这种体操项目是在器械高低杠上做的,所以由①义可以生出②义。

2) 动──→名

(1) 行为—行为结果　原义是行为,引申义是行为结果。如上面举过的"板书"原义"①教师讲课时在黑板上写字"是行为,"②也指教师在黑板上写的字"是结果。又如：

笔录　① 用笔记录。
　　　② 记录下来的文字。

(2) 行为—行为的施动者　原义是行为,引申义是行为的施动者。如：

编辑　① 对资料或现成的作品进行整理、加工。
　　　② 做编辑工作的人。
裁判　② 根据体育运动的竞赛规则,对运动员竞赛的成绩和竞赛中发生的问题做出评判。

③ 在体育竞赛中执行评判工作的人。

3) 形——→名

(1) 性状—人　原义表性状特征,引申义表具有这种性状特征的人。如：

高明　① (见解、技能)高超:手艺～|见解～。
　　　② 高明的人。
奸邪　① 奸诈邪恶。
　　　② 奸诈邪恶的人。

(2) 性状—物　原义表性状特征,引申义表具有这种性状特征的事物现象。如：

和气　① 和睦:他们彼此很～。
　　　② 和睦的感情:咱们别为了小事伤了～。
专门　① 专从事于某一项事的:～人才。
　　　② 专长。

4) 动——→动

(1) 泛指—特指　原义是泛指,引申义是特指,或相反。如：

流通　① 流转通行;不停滞:空气～。
　　　② 指商品货币流转。
视察　① 上级人员到下级机关检查工作。
　　　② 察看:～地形。

"流通"①是泛指,②是特指,①在意义上可概括②,②是①的一种具体情况。"视察"①是特指,②是泛指。

(2) 自动—使动　原义是自动,即表示的动作行为影响自身,引申义是使动,即表示的动作行为影响他物。如：

腐化　① 思想行为变坏(多指过分贪图享受)。
　　　② 使腐化堕落。
惊醒　① 受惊动而醒来:突然从梦中～。
　　　② 使惊醒:别～了孩子。

5) 名——→动

常见的是原义指称事物,引申义指称用这种事物进行的动作行为。如:

锄　① 松土除草用的农具。
　　② 用锄松土除草。
锯　① 拉(lá)开木料、石料、钢材等的工具。
　　② 用锯拉(lá)。

另一种是原义指事物,引申义指以这种事物为对象的行为。如:

标点　① 标点符号。
　　　② 加上标点符号。
废话　① 没有用的话。
　　　② 说废话。

6) 形——→动

常见的是一些形容词使动用法产生的引申义。形容词使动用法在古汉语中是普遍现象。在现代汉语中,只有少数形容词能这样用,这就生出了引申义。其意义联系是性状(原义指示)和产生这种性状的行为(引申义指示)的关系。如:

动摇　① 不稳固;不坚定。
　　　② 使动摇:环境再艰苦也～不了这批青年征服自然的
　　　　　决心。
健全　② (事物)完善,没有欠缺。
　　　③ 使完备:～生产责任制度。

7) 名——→形

常见的是原义指称事物现象,引申义指称该事物的某一性状。如:

精神　① 表现出来的活力:～旺盛|振作～。
　　　② 活跃;有生气:这孩子大大的眼睛,怪～的。
实惠　① 实际的好处:得到～。
　　　② 有实际的好处:你送他实用的东西比送陈设品要～些。

8) 动——→形

常见的原义指某种行为,引申义指称这种行为产生的一种性状。如:

兼任　① 同时担任几个职务。
　　　② 不是专任的。
闭塞　① 堵塞;管道～。
　　　② 交通不便;偏僻;风气不开。

有一部分多义词的不同义项,来自构成词的语素意义的不同,义项意义本身不见得有什么明显的联系。如:

别字　① 写错或读错的字。
　　　② 别号。

"别"在①②义中都是"另外"的意思;但"字"在①义中是"文字"的意思,在②中是"人的别名"的意思。

发电　① 发出电力。
　　　② 打电报。

"发"在①中是"产生"的意思,在②中是"送出"的意思;"电"在①中指"电力",在②中指"电报"。

真情　① 真实的情况。
　　　② 真诚的心情或感情。

"真"在①中指"真实",在②中指"真诚";"情"在①中是"情况"的意思,在②中是"感情"的意思。

2. 相似性的意义联系(比喻义)

常见的有:

(1) 形状相似。如上面举过的"网"的比喻义"⑤像网似的笼罩着"同原义"④用网捕捉"是形状相似。"弹丸"的比喻义"②〈书〉比喻(地方)狭小"同原义"①弹弓所用的铁丸、泥丸,枪弹弹头"也是形状相似。再如:

饼　① 泛指烤熟蒸熟后的面食,形状大多扁而圆:～干|烧～。

② (～儿)形体像饼的东西：铁～｜豆～。

螺　① 一种软体动物，体外有硬壳，上有旋纹。

　　② 螺旋形的指纹。

(2) 性质相似。如上面说过的"高峰"的比喻义"②比喻事物发展的最高点"同原义"①高的山峰"是性质相似。再如：

变天　① 天气发生变化，由晴变阴、下雨、下雪、刮风等。

　　　② 比喻政治上发生根本变化，多指反动势力复辟。

并肩　① 肩挨着肩：他们顺着河滩～走去。

　　　② 比喻行动一致，共同努力：～作战。

比喻义和原义所指事物现象是不相同的，它们的性质也不会相同。所谓性质相似只可能是某一属性有相似之处。如"变天"比喻义和原义是在变坏这一点上相似，"并肩"的比喻义和原义是在行为一致这一点上相似。

(3) 作用相似。如上面说过的"迷雾"的比喻义"②比喻叫人迷失方向的事物"同原义"①浓厚的雾"是作用相似。再如：

本钱　① 用来营利、生息、赌博等的钱财。

　　　② 比喻可以凭借的资历、能力等。

窝　① 鸟兽、昆虫住的地方：鸟～｜狗～。

　　② 比喻坏人聚居的地方：土匪～。

形状、性质、作用相似往往是交错的，如上面说过的"口"的比喻义"②容器通外面的地方""③出入通过的地方"，同原义"①人或动物进食的器官"既有形状相似，也有作用相似。再如：

剪裁　① 缝制衣服时把衣料按照一定尺寸剪断裁开。

　　　② 比喻做文章时对材料的取舍安排。

比喻义②同原义①既有性质相似，也有作用相似。

不少词典不标明比喻义的"动—动""形—形"义项之间的联系是相似性联系。如：

发挥　① 把内在的性质或能力表现出来：～积极性｜～炮兵的

威力。

②把意思或道理充分表达出来：～题意｜借题～。

两种行为性质相似。

　　进攻　①接近敌人并主动攻击。
　　　　　②在斗争或竞赛中发动攻势。

两种行为性质作用相似。

　　饱满　①丰满：颗粒～。
　　　　　②充足：精神～。

两种性状性质相似。

　　悠远　①离现在时间长：～的童年。
　　　　　②距离远：山川～。

两种性状性质相似。

　　理解多义词各个义项之间的意义联系可以认识多义词词义的发展是有某种规律性的。这种认识是划开多义词和同音词界限的一个基础。

二、同音词

　　声母、韵母和声调都相同的词是同音词。"富人"和"夫人"、"资产"和"自产"不是同音词，因为声调不同；"东西南北"的"东西"（dōng xī）和"买东西"的"东西"（dōng·xi）不是同音词，"文章的大意"中的"大意"（dàyì）和"你太大意了"中的"大意"（dà·yi）不是同音词，因为后边的"西""意"念轻声。现代汉语的同音词有一定的数量，文字改革出版社编《汉语拼音词汇》（增订稿）（1963）收词59100多个，其中同音词5600多个，约占9.5%。[1]

――――――――――

[1]　参见顾越《〈汉语拼音词汇〉同音词再统计》，《语文研究》1981年第1辑。

(一) 同音词的类型

同音词可以根据音形异同的不同情况加以分类。

1. 同音同形

风化$_1$　风俗教化。

风化$_2$　由于长期的风吹日晒、雨水冲刷、生物的破坏等作用,地壳表面和组成地壳的各种岩石受到破坏或发生变化。

黑人$_1$　黑色人种。

黑人$_2$　没有户口的人。

生气$_1$　因不合心意而不愉快。

生气$_2$　生命力;活力。

生地$_1$　药名。

生地$_2$　从未耕种过的土地。

大方$_1$　指专家学者;内行人。

大方$_2$　绿茶的一种。

仪表$_1$　人的外表。

仪表$_2$　测定温度、气压、电量、血压等的仪器。

叫$_1$　① 人或动物的发音器官发出的较大的声音,表示某种情绪、感觉或欲望。

叫$_2$　① 使;命令:要～穷山变富山。

角$_1$　① 牛、羊、鹿等头上长的坚硬的东西。

角$_2$　我国货币的辅助单位,一角等于一圆的十分之一。

抱$_1$　① 用手臂围住。

抱$_2$　孵(卵成雏):～小鸡儿。

附:

(1)词和不成词语素同音同形

井$_1$　能取水的深洞。

井$_2$　形容整齐:～然│～～有条。

借$_1$　① 暂时使用别人的物品或金钱;借进。

借₂　假托:～故|～端。

输₁　① 运输;运送:～出|～油管。

输₂　在较量时失败:～了两个球。

修₁　② 修理;整治:～收音机。

修₂　〈书〉长:茂林～竹。

率₁　① 带领:班长～本班战士出击。

率₂　① 不假思考;不慎重:轻～|草～。
　　　② 直爽坦白:直～|坦～。
　　　③〈书〉大概;大抵:大～如此。

听₁　① 用耳朵接受声音:～音乐。

听₂　听凭;任凭:～任|～使。

要₁　① 重要:主～|紧～|～事。
　　　② 重要的内容:纲～|提～。

要₂　① 希望得到;希望保持:他～一个口琴。

与₁　① 给:赠～。
　　　② 交往;友好:相～。
　　　③ 赞许;赞助:～人为善。

与₂　① 介词,跟:～困难做斗争。
　　　② 连词,和:工业～农业。

(2) 不成词语素同音同形

津₁　① 唾液:～液。
　　　② 汗:遍体生～。

津₂　渡口:～渡|要～。

剧₁　戏剧:演～|话～。

剧₂　猛烈:～烈|～痛。

乔₁　高:～木。

乔₂　假(扮):～装。

审₁　① 详细;周密:～慎。
　　　② 审查:～阅|～稿。
　　　③ 审讯:～案。

审$_2$　知道：～悉。

审$_3$　的确；果然：～如其言。

爽$_1$　① 明朗；清亮：秋高气～。
　　② （性格）率直；痛快：豪～。
　　③ 舒服：身体不～。

爽$_2$　违背；差失：毫厘不～｜屡试不～。

颐$_1$　颊；腮：支～｜解～。

颐$_2$　保养：～养。

婴$_1$　婴儿：妇～｜保～。

婴$_2$　触；缠绕：～疾。

2. 同音异形

(1) 形一同一异

会议—会意　　战事—战士　　事物—事务
工架—工价　　攻歼—攻坚　　归公—归功
保膘—保镖　　白话—白桦　　变幻—变换
天性—天幸　　冷汗—冷焊　　变异—变易
红晕—红运　　大力—大吏　　经心—精心
条理—调理　　家法—加法　　势力—视力
家境—佳境　　受命—寿命　　公议—公意—公益
地力—地利—地栗　　人氏—人世—人事—人士

(2) 形全异

按—岸—暗　　　八—扒—疤　　　尝—长—肠
汗—旱—焊　　　话—画—化　　　嫁—驾—架
斗—逗—豆　　　家—加—夹　　　填—田—甜
城—乘—呈—成　　失—师—诗—湿—狮
办—半—扮—绊　　十—石—时—实—拾
战友—占有　　匆匆—葱葱　　案件—暗箭
久经—酒精　　肃静—素净　　著名—注明
就是—旧式　　消瘦—销售　　规格—闺阁

吉利—极力　　密封—蜜蜂　　年夜—黏液
目的—墓地

附：
(1) 词和不成词语素同音异形

布—簿	残—惭	长—裳	答—达
刁—碉	富—馥	焦—蕉	流—旒
撕—澌	矿—圹	补—哺	船—椽
翻—藩	分—纷	皮—疲	删—姗

(2) 不成词语素同音异形

萎—伟	述—戍	涅—臬	欣—薪
煦—绪	迅—逊	易—益	幼—佑
岳—悦	展—斩	滋—资	茵—姻
酣—鼾	泂—徊	诲—秽	躯—祛

3. 派生同音词

派生同音词指原来读音不同，音变后读音相同的词，这以儿化派生同音词最为典型。

$$\begin{cases} 盘 \longrightarrow 盘儿 & [p'an^{35}] \longrightarrow [p'ar^{35}]① \\ 牌 \longrightarrow 牌儿 & [p'ai^{35}] \longrightarrow [p'ar^{35}] \end{cases}$$

$$\begin{cases} 坛 \longrightarrow 坛儿 & [t'an^{35}] \longrightarrow [t'ar^{35}] \\ 台 \longrightarrow 台儿 & [t'ai^{35}] \longrightarrow [t'ar^{35}] \end{cases}$$

$$\begin{cases} 柜 \longrightarrow 柜儿 & [kuəi^{51}] \longrightarrow [kuər^{51}] \\ 棍 \longrightarrow 棍儿 & [kuən^{51}] \longrightarrow [kuər^{51}] \end{cases}$$

$$\begin{cases} 对 \longrightarrow 对儿 & [tuəi^{51}] \longrightarrow [tur^{51}] \\ 顿 \longrightarrow 顿儿 & [tuən^{51}] \longrightarrow [tur^{51}] \end{cases}$$

---

① 右上角数码代表北京语音的调值。

$$\begin{cases} 蛙 \longrightarrow 蛙儿 \quad [ua^{55}] \longrightarrow [uar^{55}] \\ 弯 \longrightarrow 弯儿 \quad [uan^{55}] \longrightarrow [uar^{55}] \end{cases}$$

(二) 同音词和写别字

由于普通话中同音成分(包括同音不成词语素、词和不成词语素同音)相当丰富,增加了辨认的困难,这是写作中容易出现别字的重要原因之一。这有几种情况。

1. 音同(形义俱异)而误

再—在
我们一在劝告他不要一个人去游泳。
他爸爸再家。
杈—岔
树岔上有鸟窝。
三杈路口。
长—常
他常期住在叔叔家。
他长去图书馆借书。
公—工
这儿的公作不少。
要爱护工共财产。
汉—汗
河汗星光闪烁。
干活不怕流汉。
个—各
不同情况要个别对待。
他们各各都用功。
合—和
我合他一块去。
他们和计好了。

剧——巨

一阵巨烈的疼痛。
·
剧大的数目。
·

明——名

天名时刻。
·
明声很大。
·

含——函

函有各种成分。
·
请多包含。
·

下边加点的都是别字。这类字的意义相差很大,只要写时注意检查,就能发现纠正。

2. 音同形似而误

这种情况比前一种情况容易发生。弄清各字的意义、它们所代表的词或语素的性质,就能避免用错。如:

辨——辩

"辨"是词,意思是"分辨、辨别",除独用外(你辨不出味来),能构成"辨认""辨正"等词。"辩"也是词,意思是"辩解、辩说",除了能独用外(你辩不过他),能构成"辩护""辩解""辩论"等词。除"辨白——辩白""辨证(施治)——辩证(施治)"是异形词外,这两字不能互换。

班——斑

"斑"是不成词语素,有一义是"斑点、斑纹",这个意思存在于"斑斑""斑点""斑纹"等词中。"班"是词,没有这个意思。除"斑白——班白"是异形词外,不能通用。

反——返

"反""返"有一义是"回",但"返"的这个意思存在于合成词"返工""返照"和成语"返老还童""流连忘返"之中,"反"的这个意思存在于"反击""反攻""反问"之中,不能互换。"反照——返照"是异形词。

励—厉

"励"是不成词语素,义为"劝勉",存在于"勉励""奖励"等词中。"厉"也是不成词语素,有一义是"猛烈",存在于"厉害""雷厉风行"等词语中。

赳—纠

"纠"义为"纠正",如"有错必纠",一般不单用。"赳"单用无义,也不单用。"赳赳"才是"威武雄壮"的意思。

晃—幌

"晃"是词,有一义是"很快地闪过"。"幌"是不成词语素,义为"帷幔",不单说。

棵—颗

"棵"用于植物,"颗"用于颗粒状的东西。

辉—晖

"辉"是不成词语素,有一义为"闪耀的光彩",存在于"光辉""余辉"等词中。"晖"也是不成词语素,义为"阳光",存在于"春晖""朝晖"等词中。不能互换。"辉映—晖映"是异形词。

3. 音同义近而误

对这类容易误写的字,最好全面分析它们的意义及其代表的词、语素的性质、结合能力,弄清它们使用的场合。如:

做—作

在历史上,"作"先出现,"做"作为"作"的同义字后出现。但现在它们除某些意义用法相近有交叉外,已发展出不同的意义和用法。先看《现代汉语词典》的解释。

做　① 制造:～衣服|用这木头～张桌子。
　　② 写作:～诗|～文章。
　　③ 从事某种工作或活动:～工|～事|～买卖。
　　④ 举行家庭的庆祝或纪念活动:～寿|～生日。

⑤ 充当;担任:～母亲的|～哥哥的|～教员|～保育员|今天开会由他～主席。
⑥ 用作:树皮可以～造纸的原料|这篇文章可以～教材。
⑦ 结成(关系):～亲|～对头|～朋友。

作 zuò ① 起:振～|日出而～|一鼓～气|枪声大～。
② 从事某种活动:～孽|自～自受。
③ 写作:著～|～曲|～书(写信)。
④ 作品:佳～|杰～|成功之～。
⑤ 装:～态|装模～样。
⑥ 当作;作为:过期～废|认贼～父。
⑦ 发作:～呕|～怪。

作 zuō 作坊:石～|小器～。

分析"做""作"的各个意义和用法,在运用中可以注意这几点:

1)"作"各个意义作为语素构成的合成词"振作""著作""作曲""作书""佳作""作态""作呕""作揖""作孽""作弄""作死"(以上各词"作"读 zuò,以下各词"作"读 zuō)"石作""小器作"等,其中的"作"不能换成"做"。它构成的固定结构"日出而作""一鼓作气""成功之作""装模作样""过期作废""认贼作父""自作自受"等,其中的"作"不能换成"做"。"做"的各个意义构成的词和固定结构如"做东""做派"(戏曲中的动作、表演)"做手脚"(暗中进行安排)"做贼心虚"等,其中的"做"不能换成"作"。

2)"作"当作词用时一般在"写作"的意义上同"做"有交叉,如"作(做)诗""作(做)文章"("做文章"比喻抓住一件事发议论或在上面打主意时,"做"不能换成"作")。在"从事某种活动"的意义上"作"当作词来用,同"做"的这个意义的用法有些分工,一般是从事抽象活动用"作",从事具体活动用"做"。如:

(1) 中央的文件、中央领导同志的讲话,对开展反腐败斗争的意义、重点、原则,都作了明确的阐述。(《人民日报》)
(2) 只要我们的工作做好了,控制人口的目的是能够达到的。(胡耀邦《全面开创社会主义现代化建设的新局面》)

3)"做"在"制造"的意义上当词用时,不能换成"作",如"做衣服""做张桌子"中的"做"不能换成"作"。

4)"做""作"构成的一部分词可以当异形词处理。"作法"在"处理事情或制作物品的方法"的意义上同"做法",是异形词。"作法"表示"作文的方法""道士施行法术"的意义时,又不能写成"做法"。"做伴""做客""做梦"有人写成"作伴""作客""作梦",可当作异形词处理。

迭—叠

迭　① 轮流;替换:更～。

　　② 屡次:～挫强敌。

　　③ 及:忙不～。

叠　① 一层加上一层;重复:重～｜～石为山｜层见～出。

　　② 折叠(衣被、纸张等):～衣服｜把信～好装在信封里。

"迭"的三个意义都是语素义,"叠"的①义是语素义,②义是词义。它们意思不同,不能互换。"层见叠出"写成"层见迭出",意思有些不同:前一个"叠"义为"重复",后一个"迭"义为"屡次"。在它们构成的"迭次""迭起""叠韵""叠嶂""叠床架屋"中,"迭""叠"不能互换。

带$_2$—戴

带$_2$　① 随身拿着;携带:～行李｜～干粮。

　　② 捎带着做某事:上街～包茶叶来(捎带着买)｜你出去请把门～上(随手关上)。

　　③ 呈现;含有:面～笑容｜说话～刺儿。

　　④ 连着;附带:～叶的橘子｜连说～笑｜放牛～割草。

　　⑤ 引导;领:～队｜～徒弟。

　　⑥ 带动:以点～面｜他这样一来～得大家都勤快了。

戴　① 把东西放在头、面、胸、臂等处:～帽子｜～花｜～眼镜｜～红领巾｜披星～月｜不共～天之仇。

　　② 拥护尊敬:爱～｜感～。

"带"的②—⑥义,"戴"全无;"戴"的②义,"带"也无。这些意义的"带""戴"不能互换。"戴"的①义所表示的动作行为有身体部位的限制,"带"的①义没有这种限制。因此,"□眼镜"用哪个字,根据情况而定。

(三) 同音词的来源

上面我们说过,普通话使用的音节数量有限,这种情况除使多义词增多外,也是同音词增多的重要原因。每一种语言都有相当数量的同音词。但一个个具体的词是怎样同音的呢?就普通话来说,主要有三种情况。

1. 语音变化而同音

语音简单化是汉语语音发展的总的趋势。普通话的声母、韵母比古汉语都减少了。汉语在发展中产生了大量的双音词,这使汉语不再依靠复杂的语音系统来辨别词义。就单音词(包括语素)来说,由于音节的减少,普通话同音的要比古汉语多。双音词也有一定数量是同音的。下面现在读作"jiàn"的单音词或语素在中古是不同音的:

  监 见(声)鉴(韵)去(调)
  舰 匣槛上
  渐 从琰上
  剑 见酽去
  僭 精㮇去
  谏 见谏去
  箭 精线去
  践 从獮上
  贱 从线去
  件 群獮上

其中"舰""渐""剑""箭""贱""件"现在是词,其余是语素。

双音节的合成词是由原来的语言材料作为语素构成的,在组合中也会出现一定数量的同音合成词。例如在声母为"g-"的双音合成词中就有这些同音词：

　　公里—公理　　功力—功利　　工事—攻势
　　公用—功用　　归功—归公

2. 词义分化而成

一词多义中的几个意义，在历史发展中失掉联系，成为不同的词，构成了同音词。

例如"刻字"的"刻$_1$"和"一时一刻"的"刻$_2$"。"刻$_2$"是从"刻$_1$"来的，但现在已感觉不到二者的联系，应算同音词。"刻$_1$"原义就是雕刻，如《左传·庄公二十四年》："刻其桷。"古代用漏壶计时，一昼夜共一百刻（示时的立箭上有一百个刻度），刻度是刻出来的，"刻"就成为古时表时间的一个单位，成为"刻$_2$"。现在的"刻"义为1/4小时，是现在的时间单位，又表示一般的时间（此时此刻）。现代的"刻"义也是"刻$_2$"。"刻$_2$"和"刻$_1$"一般人已感觉不到有什么联系了。

又如动词的"把"和介词的"把"，现在是同音词，但后者是从前者发展出来的。"把"的本义为"握"，如《史记·周本纪》："周公旦把大钺，毕公把小钺。"又有"掌握、把守、拿、用"等义，都是动词。唐以后出现了"谁把长剑倚太行"（韩愈）、"应把清风遗子孙"（方干）这样的格式，其中的"把"仍是"用、拿"之义。这种用法的"把"，越用越虚，发展成表示对有关对象的处置，这在近代汉语中用得相当普遍，如"把林冲横推倒拽"（《水浒传》第七回），"把宝玉的袄儿往自己身上拉"（《红楼梦》第七十七回）。这两个"把"已不能解释为用或拿。① 而现代的用法"你把窗户关上""我们把敌人消灭了"中的"把"，更不能用相当的实词来解释它的意义，只能说，它表示一种处置的意义，它在句子中不是谓语的主要成分，完全是一个虚词，同动词的"把"成了同音词。

3. 音译外来词，同本族语的一些词同音。如：

　　米（粮食的一种）—米（长度单位）

---

① 参看王力《中国语法理论》第172—174页，中华书局，1954年。

俺—铵（铵离子）
鞍（鞍子）—氨（氨气）
波澜—波兰（Poland）
智力—智利（Chile）

（四）同音词和多义词的界限

区分同音词和多义词，最普遍采用的标准是看现时词义有无联系，词义有联系的是多义词，无联系的是同音词。但对这一点，各家的理解和实际处理是有分歧的。依我们看，词义有无联系可以从两个角度看：词源上有无联系，现时是否感觉意义有联系。这样就有四种可能：

1. 词源上有联系，现时感觉意义有联系；
2. 词源上有联系，现时感觉意义无联系；
3. 词源上无联系，现时感觉意义有联系；
4. 词源上无联系，现时感觉意义无联系。

其中，1是多义词，如上面讲过的"口""门""板书""笔杆子"等都是如此。4是同音词，如上面讲的"角$_1$"（牛羊头上长出的硬东西）和"角$_2$"（我国现时货币的辅助单位），"米$_1$"（粮食的一种）和"米$_2$"（长度单位），"风化$_1$"（风俗教化）和"风化$_2$"（物体在空气中受作用起变化）等都是。

困难的是如何处理2、3这两种情况。我们觉得，3"词源上无联系，现时感觉意义有联系"这一种情况以看作同音词为好。如：

站$_1$　直着身体，两脚着地或踏在物体上。
站$_2$　① 行进中停下来，停留。
　　　② 为乘客上下或货物装卸而设的停车的地方。
　　　③ 为某种业务而设立的机构：兵～｜保健～。

"站$_2$"表②义时是蒙古语借词，原指驿站，后又指车站。它又孳生出一些新词，如"粮站、兵站"等，其中的"站"，就是"站$_2$"的③义。因此，"站$_2$"的①义不宜同②③算一个词的不同义项，"站$_2$"之①可同

"站₁"合并,实际上这是从不同角度说明同一动作行为。

我们认为2"词源上有联系,现时感觉意义无联系"的应算同音词,如上面讲的"刻"的"雕刻"义和"时刻"义,应分为两个词(《现汉》算多义词)。否则,以"现时词义有无联系"作为区分多义词和同音词的标准就不能成立,也否认了词义分化会产生同音词。

这个问题要得到较好的解决,还需要作进一步的探讨。

三、多义词和同音词的作用

多义词和同音词的作用可以从积极方面和消极方面来谈。

先谈积极方面。多义词和同音词虽然是不同的语言现象,但二者也有共同点:一个语音形式联系多个不同的意义。这在各种语言中都是共同的。每种发达的语言都有十几万到几十万个词,每个词平均都有几个义项,义项总数将达到上百万个到几百万个。如果一个义项用一个语言形式来标记,则人的记忆将负担不了,而人的口舌也很难发出这么多音来区分它们。如果出现这种语言,学习起来一定非常困难。所以多义词和同音词的存在是语言符号简易经济的一种表现。这使人们易于掌握和运用。有人大谈多义词和同音词给语言造成的混乱,他们没有想到,如果真的使语言完全消除多义、同音现象,那所造成的混乱将不知要比现在大多少倍。因此,使语言符号简易经济、便于掌握和运用是多义词、同音词给语言带来的一个重要的积极作用。

多义词和同音词在表达上的作用是造成双关。

同音词的双关叫谐音双关。如民歌:

高山打鼓远闻声,三姐唱歌久闻名。
二十七钱摆三注,九文九文又九文。(歌剧《刘三姐》)

"九文"关联"久闻"。

一词多义的双关叫意义双关。如:

我从昆明到重庆是飞的。人们总是羡慕海阔天空,以为一片茫茫,无边无界,必然大有可观。因此以为坐海船坐飞机是"不亦

快哉"！（朱自清《飞》）

"不亦快哉"的"快"是"痛快、高兴"的意思，此处又关联到"速度快"的意思。

双关在日常交际和文艺创作中有广泛的运用。可以从双关的两个特性上利用它。

一是利用其音义联系的偶然性，巧妙地使在正常情况下不相干的音义结合起来，造成语言的风趣幽默。如歇后语"对着窗户吹喇叭——鸣（名）声在外""癞蛤蟆掉瓷缸——口口咬瓷（词）儿"。曲艺中的相声，大量运用这种语言艺术。如：

甲　我爸爸……说："先吃饭，吃完饭全家开个午会。"
乙　怎么，吃完饭要跳舞哇？
甲　没跳舞。就是开一个给我解决思想问题那么个会。
乙　怎么叫"舞会"呢？
甲　中午开的。（侯宝林《再生集·红状元》）

"舞会"（跳舞的会）关联"午会"（中午开的会）。

一是从双关的"含而不露"的特性上利用它。想把某种意思说出来，但又不直说，有时是由于情感难以明言，用语含蓄。如情歌：

郎做天平姐做针，
一头砝码一头银，
情哥不必闲敲打，
我也知道重和轻，
只要针心对针心。（安徽歌谣《只要针心对针心》）

"针心"关联"真心"。

有时由于形势不容，故作曲笔。如：

纪念碑前洒诗花，
诗刊不登报不发。
莫道谣文篇篇载，
此是人民心底花。（《天安门诗抄·神州正演捉鳖兵之十四》）

"谣文"关联四人帮头子之一"姚(文元)的反动文章"。
多义词和同音词的消极作用是有时容易造成歧义,语意不明。如:

她喜欢听越(粤)剧。
出口三万吨石(食)油。
这个人有骄(娇)气。
老一套公式(公事),令人生厌。

这增加了学习语文的困难。同音词是写别字的原因之一。

确定的语境和上下文能消除多义词和同音词造成的歧义。有时为了避免听觉的混淆,可以回避易引起其他意义联想的词语,如上面所举的"老一套公式"中的"公式",可换成"办法"。又如"用这种方法计算,简捷得多",其中的"简捷"同"简洁"易混,可改为"简便"。

附:异形词和同形词

由于汉字的形音义关系复杂,在发展中形音义有不同的变化,出现了同是一个词,读音一样(极少数微异),意义一样,书写形式不同的现象。这就是异形词。又出现了同一书写形式代表不同的词的现象,这就是同形词。同形词中有语音也相同的,这就是上面讲过的同音同形词。同形词中有读音不同的,是同形异音词。

异形词和同形词同汉字关系密切,在文字学中有较多的说明。从划分语言单位的角度看,异形词是同一个词,同一个语言单位,同形词是不同的词,属不同的语言单位。理解它们同意义有关系,它们的划分同意义有关系,在这里也作一个简要的说明。

(一) 异形词

异形词指同一个词的不同书写形式。如"自序—自叙""反照—返照""风姿—丰姿",它们读音也是相同的。有少数读音有差异,但仍是一个词的不同书写形式,如"跟头—跟斗""投生—托生"。异形词是在语言运用中用不同的字记录同一个词的全部或部分形体造成的。如：

制伏—制服	斑白—班白	转悠—转游
仔细—子细	起程—启程	辩白—辨白
辉映—晖映	图像—图象	情素—情愫
漂流—飘流	模拟—摹拟	模糊—模胡
详实—翔实	贤惠—贤慧	订婚—定婚

有一些异形词只是在表示部分意义上构成异形词。例如"伏帖—服帖"，二者在"驯服、顺从"义上构成异形词，"伏帖"另有"舒适"义（心里很伏帖），"服帖"另有"妥当"义（事情都弄得服服帖帖），不构成异形词。又如"申冤—伸冤"，在"洗雪冤屈"义上是异形词，"申冤"另有"自己申诉所受的冤枉，希望得到洗雪"义，这个意义不能写成"伸冤"，同"伸冤"不构成异形词。

异形词的整理一般可以通过三种办法。第一是通过废除异体字来整理。根据《第一批异体字整理表》，下列各组异形词中的前一个是合乎规范的："布告—佈告""雇工—僱工""脉搏—脈搏""灾荒—災荒"。第二是选用，例如可以考虑选用"模拟"，废"摹拟"，选用"漂流"，废"飘流"，选用"模糊"，废"模胡"。第三是分化。例如"利害"有两义：一义为利益和损害，读 lìhài；另一义是猛烈、激烈，读 lì·hai，后义也可以写作"厉害"。这就可以考虑，把后义和后一种读法，写作"厉害"，前义和前一种读法，写作"利害"，而不必在"猛烈、激烈"的意义上有两种写法。

关于异形词的选用，可以根据几个原则来进行。一是从俗，即选用大众多用的，如选"思维"，不用"思惟"，选"保姆"，不用"保母"。二是从简，即选用笔形简易的，如选"人才"不用"人材"，选"补丁"不用"补钉"。三是义明，即语素表义清楚，如选"耽搁"不用"担搁"，选"酒盅"不用"酒钟"，因为"耽"比"担"、"盅"比"钟"在这里表义更明白。四是音准，即字的读音同词的读音一致，如："吊儿郎当—吊儿浪荡"，这个词读 diào·erlángdāng，故选前一个。

(二) 同形词

同形词包括同形同音词、同形异音词,它们是不同的词。同形同音词上面已谈过了,下面简要说明同形异音词。

同形异音词从语音上看有不同的情况,主要有:

1. 声母、韵母相同,声调不同:

哄(hǒng)(哄孩子)—哄(hòng)(一哄而散)

凉(liáng)(水凉了)—凉(liàng)(凉一碗水)

好(hǎo)(看好书)—好(hào)(好唱戏)

种(zhǒng)(选好种)—种(zhòng)(种小麦)

2. 声母不同,或声母声调都不同,韵母相同:

折(zhé)(折树枝)—折(shé)(腿折了)

弹(tán)(弹棉花)—弹(dàn)(弹无虚发)

调(diào)(调走军队)—调(tiáo)(调好温度)

长(cháng)(竹竿太长)—长(zhǎng)(树都长了)

3. 韵母不同,或韵母声调都不同,声母相同:

还(huán)(书还了)—还(hái)(还没走)

落(luò)(叶子落了)—落(là)(落在后面)

称(chēng)(称一斤糖)—称(chèn)(称了心愿)

和(hé)(和为贵)—和(huó)(和白面)—和(hè)(一唱百和)—和(hú)(牌和了)

4. 第一音节同,第二音节有读不读轻音的分别:

精神(jīngshén)(思维意识)—精神(jīng·shen)(有活力)

对头(duìtóu)(正确)—对头(duì·tou)(仇敌)

合计(héjì)(合起来计算)—合计(hé·ji)(商量)

地道(dìdào)(地下通道)—地道(dì·dao)(真正的)

同形异音词虽然是不同的词,但有一部分在历史上、在意义上有联系。例如"种(zhǒng)"表示的是能长芽生长的植物果实,把这种果实放到地里让其发芽生长的行为就叫"种（zhòng）"。"长（zhǎng）"表示生长，是一种行为，生物生长就会变"长（cháng）"。"长（cháng）"表示的是"长（zhǎng）"所产生的性状。这是因为在历史上它们有同源的关系。先是意义有了变化，意义不同语音也不同了，就成为不同的语言单位。

在日常用语中有所谓"异读词"的说法。它指的是同一书写形式表示的词（或语素）具有不同的读音。它们实际上有三种情况：

1. 同一个词的同一个意义在不同的组合中（包括作为词来使用和组成合成词、固定语）的读音不同，例如（据《普通话异读词审音表》〔1985年12月修订〕）：

  虹 （一）hóng（文）
      ～彩 ～吸
   （二）jiàng（语）
      单说
  色 （一）sè（文）
      颜～ ～彩
   （二）shǎi（语）
  熟 （一）shú（文）
      ～悉 ～练
   （二）shóu（语）
      饭～了

2. 同形异音词中意义有联系的词，如：

  笼 （一）lóng（名物义）
      ～子 牢～
   （二）lǒng（动作义）
      ～络 ～括 ～统 ～罩
  倒 （一）dǎo
      颠～ 颠～是非 颠～黑白
      ～板 ～嚼 ～仓 ～嗓 ～戈 潦～

第四章 多义词和同音词

　　（二）dào
　　　　～粪（把粪弄碎）

3. 同形异音词中意义没有联系的词，如：

都　（一）dōu　～来了
　　（二）dū　～市　首～　大～（大多）
拗　（一）ào　～口
　　（二）niù　执～　脾气很～

　　汉字形音义关系的复杂，它们表示的词、语素在发展中形音义种种不同的变化，使语言中出现了情况多种多样的多义词、同音词、异形词、同形词。多义词、异形词在现代是一个词、一个语言单位；同音词、同形词是不同的词，不同的语言单位。词汇学主要是从意义上分析它们的同异、关系的远近，避免在认识上、应用中发生混淆。

练　习

一、根据词义、语素义义项的多少划分多义词的类型：

低　① 从下向上距离小；离地面近（跟"高"相对）：～空。
　　② 在一般标准或平均程度之下：～地｜声音太～。
　　③ 等级在下的：～年级学生｜我比哥哥～一班。
　　④ （头）向下垂：～着头。
穷　① 缺乏生产资料和生活资料；没有钱。
　　② 穷尽：无～无尽｜理屈辞～｜日暮途～。
　　③ 彻底（追究）：～究｜～追猛打。
　　④ 极端：～凶极恶｜～奢极侈。
留　① 停止在某一个处所或地位上不动；不离去：～校｜他～在农村工作了。
　　② 使留；不使离去：挽～｜拘～。
　　③ 注意力放在某方面：～心｜～神。

④ 保留:～底稿|～胡子。
⑤ (把别人送来的东西)收(下):礼物先～下来。
⑥ 遗留:旅客～言簿|他把书都～在我这里了。

警　① 戒备:～惕|～戒。
　　② (感觉)敏锐:机～|～觉。
　　③ 使人注意(情况严重):～报|～告。
　　④ 危险的紧急的情况或事情:火～|报～。
　　⑤ 指警察:民～|交通～。

二、分析下列各词义项的关系：

凿　① 凿子。
　　② 打孔;挖掘:～井|～个窟窿。

苹果　① 苹果树。
　　② 苹果树的果实。

安定　① (生活、形势等)平静正常。
　　② 使安定:～人心。

主考　① 主持考试。
　　② 主持考试的人。

记载　① 把事情写下来:忠实地～事实。
　　② 记载事情的文章:我读过一篇当时写下的～。

恶化　① 情况向坏的方面变:防止病情～。
　　② 使情况变坏。

星　① 夜晚天空中发光的天体。
　　③ (～儿)细碎或细小的东西。

配角　② 艺术表演中的次要角色。
　　③ 比喻做辅助工作或次要工作的人。

桥梁　① 架在水面上,把两岸接连的建筑物。
　　② 比喻能起沟通作用的人或事物。

三、下列有双关词的地方,哪些是利用同音词的联系,哪些是利用一词多义的联系？

1. 狗撕烂羊皮,东一口西一口。
2. 毛驴和牛顶架,豁出脸来干。

3. 这种办法叫蘑菇战术,将敌磨得精疲力尽,然后消灭之。

4. 清不清,江水混,遥江呼应桥横行。
   试问九州听不听？国际歌声山河震。

四、改正下列句子中音同而误的别字：

1. 人民须要你把工作坚持下去。
2. 快开学了,我准备好了学习用的必须品。
3. 我们必需出色地完成自己的工作。
4. 每个人都需知,农业是国民经济的基础。
5. 把木头料下,我们就休息了一会儿。
6. 他睡眼醒松地开了门。
7. 你应该震作精神,把学习搞好。
8. 他性情急燥,看问题片面。
9. 那葡萄颗颗光洁晶萤。
10. 人的认识是主观对客观的反应。
11. 孩子在地上玩一个柁螺。
12. 他最近作了两套西装。

五、举出两个读音有微异的异形词,举出两个部分意义相同的异形词。

六、举例解释同形词和异读词的关系。

第五章　同义词、反义词和词的层次关系

在第一章中我们说明了词汇的系统性问题。词汇中的词义关系是词汇系统性的重要表现。词汇成员的词义关系有构成层次关系的，也有不构成层次关系的。词义的上下位关系、整体和部分的关系是两种基本的层次关系。处在同一层次上的词有同义、反义、同位关系等。由于同义词、反义词在语言运用中有重要作用，学者对它们有较多的研究。词的上下位关系、整体和部分关系也越来越受到关注。本章说明同义词、反义词，也简要说明上下位词和整体部分关系的词。

从词汇中的词义系统来看，上下位词、整体部分关系词、同义词、反义词、同位词的相对关系可以用下列例子说明：

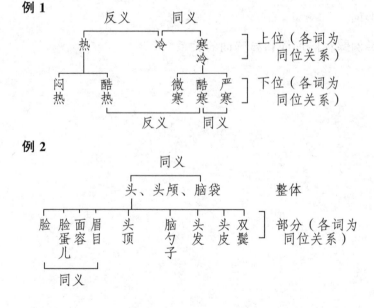

例3

吃 喝 饮 吸 吮 撮 嘬（非层次关系）
　└同义┘　└同义┘

一、同义词

(一) 同义词的产生和类别

同义词是怎么来的呢？

新旧词并存可以构成同义词，如"文法—语法、母音—元音、日（出东方）—太阳（升起来了）"。标准语和标准语吸收的方言词可以构成同义词，如"馒头—馍、玉米—棒子、犁—犁杖"。外来语词和本民族语词可以构成同义词，如"幽默—诙谐、海洛因—白面儿、拖拉机—铁牛"。外来语言的意译词和音译词也可构成同义词，如"公尺—米、连衣裙—布拉吉"。同义词产生的最主要的原因是，随着社会生产和生活的发展以及思想的发展，语言的词语也在不断丰富发展。如"地"原有"土地""田土"义，"地"现在单用，还可以表示这两个意义（他家地不多|他在家种地）。在语言发展中"地"又构成了"土地""田地"这样的词，这样，"地""土地""田地"就构成了同义词。"种"原有"种植""耕种"义，"种"加上别的语素，构成了"种植""耕种""栽种"这些词后，"种""种植""耕种""栽种"就构成了同义词。这样，人们就可以用语言更细致、灵活、完美地反映现实，表达思想感情。

现代汉语的同义词很丰富，这是我们日常运用和阅读中能充分感受到的。如陈增智等所写的相声《硬骨头六连》中，讲六连的英雄事迹又不许用"硬"字的一段：

甲　他的骨头……

乙　骨头……结实。

甲　结实?！结实是什么意思？

乙　结实就是不软。

　　……

乙　不软就是……（用手势示意甲，这是容易理解的）啊……嗯……

甲　（故作理解状）噢……

乙　（向观众）他明白了。

甲　（不让步）不软是什么意思？

乙　……"不软"，用山东话来说叫"不孬"，上海话叫"结棍"，河南话叫"老铁"……

这里提到的"硬"的同义词语是"结实、不软、不孬（山东话）、结棍（上海话）、老铁（河南话）"，属于普通话的同义词是"结实"，还可以加上"坚硬"。

同义词的类别，从意义相同的程度上分为：

1. 等义词

概念义完全相等。又有几种情况。

1）概念义、附属义完全相等，任何语境都可以替换：

　　公尺—米　　　　　青霉素—盘尼西林
　　吉他—六弦琴　　　维生素—维他命

2）概念义相等，但不是任何语境都能替换：

（1）普通话同吸收来的方言词同义，流行区域不同：

　　西红柿（北方）—番茄（南方）
　　暖壶（北方）—热水瓶（南方）
　　玉米（通用）—棒子（北京、济南、东北地区）

（2）旧名新名同义，旧名已很少使用（横线后为旧名）：

　　元音—母音　　　辅音—子音
　　语法—文法　　　激光—莱塞

(3) 概念义相等,附属义不同,使用的场合不同:

水泥—洋灰

"水泥"书面上用得多,如"这些防御工事全是钢筋水泥构造"中的"水泥"不能用"洋灰",厂名"××水泥厂"中的"水泥",也不能用"洋灰"。"洋灰"则活在工农群众的口语中,不能强迫他们改用"水泥"。

爸爸—爹—父亲

三个词都可以作同一亲属的名称。"我_____是工人"中,用哪一个都可以。但"爸爸""爹"是称呼语(儿女呼其父亲),"父亲"不是称呼语;同是称呼语,城市、知识分子多用"爸爸",农村、工农群众多用"爹",不能强求一致。

以上的1)可以说是绝对等义词,2)中的(2)类也是绝对等义词。绝对等义词在语言中是少数,在表达上也无积极作用。(2)类中的一个已消亡或正在消亡,1)类中有的也用得少了,如现在多用"维生素""青霉素",少用"维他命""盘尼西林"。

2. 同义词

概念义有同,概念义和附属义有异的词。如:

江—河	吞—咽	疼—痛
妨碍—妨害	尊重—尊敬	
消除—破除	表扬—表彰	
含糊—模糊	广大—宽广	
改进—改正	减弱—削弱	

同义词还可从语素异同上分类。

语素全异的:

| 叫—喊 | 投—扔 | 肥—胖 |
| 美丽—漂亮 | 笼罩—覆盖 | 毛病—缺点 |

憧憬—向往　　独裁—专制　　课堂—教室
讥讽—嘲笑　　道路—途径　　谨慎—小心
出色—卓越　　慢慢—渐渐　　怒吼—咆哮

语素一同一异的：

保卫—捍卫　　辩论—争论　　实行—施行
轻率—草率　　慈爱—慈祥　　闪烁—闪耀
处理—处置　　出现—涌现—呈现
包含—包括—包罗　　步伐—步调—步骤

语素颠倒的：

式样—样式　　力气—气力　　泉源—源泉
整齐—齐整

（二）同义词的分析

确定同义词意义用法的异同是个很细致的工作。我们准备对同义词的分析方法先作一般的说明，然后具体分析几组同义词。

我们在第三章说过，词有概念义、附属义。构成同义词必须概念义相同或相近，有同，才谈得上分析其异。

如何分析同义词的异同呢？一般应该进行词义对比、充当句子成分的对比和词语搭配对比。下面分别说明。

1. 词义对比

1) 从一个义项对一个义项来说。

（1）比较其概念义的异同。如（意义说明参考词典释义，根据语言的应用情况，下同）：

谰言—流言—谣言

谰言　诬赖的、没有根据的话。

流言　背后议论的、没有根据的诬蔑性的话。

谣言　没有事实根据的、关于人或事物情况的话。

这三个词都是表名物的词。本书第三章"概念义的分析"一节中我们说过，表名物词语义的分析主要看它表示的事物所属的类别，它表示的事物有什么特征。这三个词都可以用"话"作为它们的类词语，说明它们都属于人们所讲的"话语"。从特征看，它们都是没有事实根据的，这是同。"流言"一般是背后议论的，"谰言"是可以公开说的，"谰言""流言"都是诬蔑性的，"谣言"一般是关于人或事物的情况的，这是异。

颁布—公布

颁布　（政府）公布（法令、条例）。

公布　（政府、机关、团体）公开发布（法律、命令、文告、通知）。

这两个是表动作行为的词。这类词意义的同异主要看词义包含的动作行为的特点、动作行为的主体、动作行为的关系对象等。这两个词的动作行为都是"公开发布"，行为的主体都可以是"政府"，关系对象都可以是法令、法律、条例等，这是相同之处。"公布"的行为主体还可以是"机关、团体"，它的关系对象还可以是"通知、文告"等，"颁布"不能这样用，这是不同之处。

优良—优秀—优异

优良　（品种、质量、成绩、作风）十分好。

优秀　（品行、学问、成绩）非常好。

优异　（品种、成绩、贡献）特别好。

这三个词都是表性状的词。这类词意义的同异主要看适用对象和词所表示的性状特征。这三个词的相同之处在于，都表示超出一般的好的性状特征；它们也有相同的适用对象，都可以用于"成绩"。不同之处在于，"优异"表示的好的性状特征超过"优秀"和"优良"；它们有不同的适用对象，例如"优良"可以用于作风，"优秀""优异"都不行，"优异"可用于贡献，"优良""优秀"都不能，"优秀"可用于作品,"优良""优异"不能。

在分析词义异同时,语素分解法有一定作用。我们举"阻止"和"制止"为例。这两个词的构词差别在于一有语素"阻",一有语素"制"。"阻"义为阻拦,"制"义为用强力约束,因此这两个词可分别解释为:

  阻止 使停止行动。
  制止 强迫使停止。

"制止"有强迫义,"阻止"没有,这就是这两个词表示的行为动作特征的差别,两个词都有"使停止"义,这是它们的共同点。但很多词意义有整体性,其含义语素不能完全表示,要在语境中才能表现出来,用语素分解来说明异同就很困难了。

(2)比较其附属义的差别。如"摧残"有贬义,"摧毁"是中性词,二者感情色彩不同;"哆嗦"是口语,"颤抖"是书面语,二者语体色彩不同;"玉照"是敬辞,"相片"是一般运用的中性词,二者感情语体色彩都不同。

2)从一个词对另一个词来说,又有好几种情况。

(1)单义词对单义词,实际上是1)所谈的情况。

(2)单义词对多义词

a. 单义词只同多义词的一个义项同义,构成同义词。如:

  榜样 值得学习的人、事。
  样板 ①学习的榜样。②板状的样品。③板状工具(工业用)。

"榜样"只与"样板"①同义。

b. 两个单义词分别同多义词的不同义项同义构成同义词。如:

  料理 办理,处理。
  应酬 接待(客人)。
  张罗 ①办理。②应酬。

"料理"和"应酬"分别同"张罗"的①②同义,构成同义词。这个类型还可以代表多义词的更多的义项同更多的单义词同义构成同义词。

(3) 多义词对多义词

a. 两个多义词只有一个义项同义,构成同义词。如:

黑　①煤的颜色。②暗。③秘密的:～话。④恶毒的:～心。
暗　①不明。②不公开的;隐藏不露的:～杀|～号。

"黑"的②和"暗"的①同义,构成同义词。

b. 两个多义词有两个(或更多的)义项同义,构成同义词。如:

旧　①过去的;过时的:～经验|～时代。②长期使用变色变形:～书|～衣服。③老交情;老朋友:怀～。
老　①年岁大:～人。②老年人:扶～携幼。③〈口〉婉辞,死。④很久以前存在的:～厂|～朋友|～根据地。⑤陈旧:～机器|房子太～了。⑥原来的:～脾气|～地方。⑦长久:～没看见他了。

"旧"的②与"老"的⑤同义,"旧"的①与"老"的④同义。

c. 一个多义词的不同义项分别与另外两个(或更多)多义词的不同义项同义,构成同义词。如:

巧　①技巧。②灵巧:他很～。③虚浮不实:花言～语。④恰好:～极了,出门就遇到了他。
妙　①好;美妙:～不可言。②奇巧;神奇:～计。
好　①普遍使人满意的:～东西|～作品。②友爱;和睦:我跟他～。③易于;便于:～办。④完成:写～了。⑤很:～冷。

"巧"的②和"妙"的②同义,"好"的①和"妙"的①同义。

一般认为,词的基本义、常用义同义才构成同义词。和词的不常用义同义不算同义词,如"好"的③和"易于""便于"同义,"好"的⑤和"很"同义,但不构成同义词。

2. 充当句子成分的对比

比较各个词能否充当主、谓、宾、定、状、补，必要时，还可在更复杂的语法结构中，比较它们能否充当某个成分。设同义词为 A、B，这种比较可以表示如下：

主语(1) 谓语(2) 宾语(3) 定语(4) 状语(5) 补语(6)
A   ?   ?   ?   ?   ?   ?
B   ?   ?   ?   ?   ?   ?

这方面的对比可以显示词的语法特点（如所属词类、语法功能），也能显示词义特点。

3. 词语搭配对比

比较各个词同其他词结合的情况，要在不同的句法位置上都进行比较，可表示如下（1、2、3、4、5、6 代表主、谓、宾、定、状、补，x、y、z 代表加上去的词语）：

$$x,y,z + \begin{cases} (A,B) & 1 \\ (A,B) & 2 \\ (A,B) & 3 \\ (A,B) & 4 \\ (A,B) & 5 \\ (A,B) & 6 \end{cases} + x,y,z$$

这方面的对比可以显示词的语法特点，也可以显示词的语义特点。

在充当句子成分的对比和词语搭配的对比中，以下几点值得注意：

1. 互相替换的试验是主要方法。如：

　　　A　　　B
（商量　商榷）$_4$ 的问题提出来了。

　　　A　　　B
（商量　商榷）$_4$ 的钱给了。

上句"商量""商榷"皆可用,下句只能用"商量"。

2. 例句可自拟,也可以引用。

3. 公众的语感(自己语感要能反映它)是鉴定的标准。不以有争论的用例作根据。

有了上面所说的三方面的对比分析,然后综合起来,就可以下结论了。

同义词的分析大体上就是上面所说的内容。但是分析的步骤可以先进行充当句子成分的对比和词语搭配的对比,再进行词义对比。这是因为,词义的对比虽然可借助词典,但自己应该通过观察具体例句,再作一般的概括,有时还可以补充词典释义的不足。而充当句子成分和词语搭配的对比也可以显示词的语义特点,所以二者对比对具体例句的分析可以同词义对比对例句的分析一致起来。

至此,我们可以给同义词一个较完整的定义:除少数等义词外,从词的关系说,同义词是基本义、常用义有相同或相近义项(一项或多项)的一组词,从义项的关系说,同义词是概念义有很大的共同性,但又有某些差别,或者附属义有差别,或者语法特点有差别的一组词。

下面我们具体分析几组同义词。

商量—商榷

(一) 充当句子成分对比(√表示能说,×表示不能说,不加标记表示不确定是否能说)

主语:

商量是必要的√　商榷是必要的√
这种商量是必要的√　这种商榷是必要的√

谓语:

我们同他商量√　我们同他商榷√

我们商量了一会儿√　我们商榷了一会儿×

宾语：

办事要有商量√　办事要有商榷×
我们开始商量了√　我们开始商榷了
中美双方进行商量√　中美双方进行商榷√

定语：

商量的意见跟大家说了√　商榷的意见跟大家说了√
我们要商量的意见跟大家说了√　我们要商榷的意见跟大家说了√

状语：

———　———

补语：

———　———

(二) 词语配搭对比

谓语：

对这个问题,我们要同你商量√　对这个问题,我们要同你商榷√
对这个提法,我们要同你商量√　对这个提法,我们要同你商榷√
对这个观点,我们要同你商量√　对这个观点,我们要同你商榷√
对这个论断,我们要同你商量√　对这个论断,我们要同你商榷√
我们商量这个问题√　我们商榷这个问题√
我们商量这个提法√　我们商榷这个提法√
我们商量这个观点√　我们商榷这个观点√
我们商量这个论断√　我们商榷这个论断√
我们商量事情√　我们商榷事情×
我们商量借几块钱√　我们商榷借几块钱×

我们商量要几个人√　我们商榷要几个人×
我们商量买几本书√　我们商榷买几本书×

定语：

商量的问题提出来了√　商榷的问题提出来了√
商量的条件提出来了√　商榷的条件提出来了√
商量的钱给了√　商榷的钱给了×
商量的人给了√　商榷的人给了×

（三）词义对比

《现代汉语词典》：

商量　交换意见：遇事要多同群众～|这件事要跟他～一下。
商榷　商讨：这个问题尚待～|他的论点还有值得～的地方。

（四）分析

从（一）的对比看：1."商量""商榷"都是讨论协商的意思。2.两个词都能作主语、谓语，都能加"的"作定语，不能作状语、补语；"商量"作宾语较自由，"商榷"作宾语有限制，它不能作"有"的宾语。

从（二）之谓语的对比看：1."商榷"是对有不同看法的、有欠缺、错误的意见观点提出讨论，而"商量"除可用于有不同意见的问题的讨论外，多用于一般的协商讨论。2."商榷"的关系对象，一般只限于意见观点，"商量"的关系对象则广泛得多，可用于意见观点，也可用于各种事情（如要人、借钱等）的商讨。3."商量"的语体色彩是中性，"商榷"则有较浓的书面语色彩。

《现汉》的释义和例句同上述分析一致。

总结：

两个词相同之处：都有协商、讨论的意思，都能作主语、谓语、宾语、定语（带的），是动词。

两个词不同之处：1."商榷"着重指对有不同看法、有欠缺、错误的意见观点提出讨论，"商量"指一般的协商、讨论；2."商榷"多用于意见观点,"商量"除用于意见观点外,广泛用于解决各种具体问题;3."商量"可带表动作时间的词语(商量了一会儿),"商榷"不能,"商量"能作"有"的宾语,"商榷"不能。例句:

(1) 杜竹斋……说:"……——你们先把事情说清楚,回头我再和他商量吧。"(茅盾《子夜》)
(2) 对《评》文(指姚雪垠《评〈甲申三百年祭〉》)中提出的三个问题,我有不同看法,谨提出来与姚雪垠同志商榷。(谷斯范《应当全面评价〈甲申三百年祭〉》)

方法—方式

(一) 充当句子成分对比

主语:

方法要恰当√　方式要恰当√

方法简单√　方式简单√

科学的方法是重要的√　适当的方式是重要的√

谓语:

———　———

宾语:

做工作要讲究方法√　做思想工作要讲究方式√

采用正确的解决方法√　采用恰当的解决方式√

定语:

方法的正确与否关系重大√　方式的适当与否也要认真考虑√

状语:

———　———

补语:

———　———

(二)词语搭配对比
主语:

方法要正确√　方式要正确√
方法要恰当√　方式要恰当√
方法要科学√　方式要科学×
方法很先进√　方式很先进×
方法很复杂√　方式很复杂×
方法很简单√　方式很简单
方法简单√　方式简单√
方法很明确√　方式很明确×
(谈话的)方法粗暴×　(谈话的)方式粗暴√

宾语:

讲究方法√　讲究方式√
总结方法√　总结方式×
制订工作的方法√　制订工作的方式×
讨论工作的方法√　讨论工作的方式√

中心语:

工作的方法√　工作的方式√
斗争的方法√　斗争的方式√
调查的方法√　调查的方式√
谈话的方法√　谈话的方式√
读书的方法√　读书的方式
研究的方法√　研究的方式
分析的方法√　分析的方式
综合的方法√　综合的方式
新的方法√　新的方式√
老的方法√　老的方式√

过时的方法√　　过时的方式×

(三) 词义对比

《现代汉语词典》:

方法　关于解决思想、说话、行动等问题的门路、程序等:工作～|学习～|思想～。

方式　说话做事所采取的方法和形式:工作～|批评人要注意～。

(四) 分析

从(一)的对比看,这两个词都能作主语、宾语,加"的"作定语,不能作谓语、状语、补语,是名词。

从(二)中作主语的对比可知,"方法"能从科学程度、先进程度、复杂程度方面去衡量,"方式"不能。这反映出它们表示的特征有差异。从(二)之作中心语的"谈话的～"和(二)之作主语的"(谈话的)～粗暴"对比可以知道:"方式"有"形式"义,主要指谈话时注意态度,讲究措辞,考虑时间、地点、环境的因素等,谈话的方法主要指如何同对方谈话,不强调态度、措辞等因素,所以"谈话方式"可以说"粗暴","谈话方法"则不能。

《现汉》的释义和例句同上述分析一致。

总结:

两个词相同之处:都有"做事的门路、途径"的意义,都能作主语、宾语、定语,是名词。

两个词不同之处:1."方法"在"门路、途径"意义上运用范围比"方式"广,指示科学研究的门路、途径是其重要内容,可以有先进和落后、科学和不科学、复杂和不复杂的区分,"方式"不能这样用。2."方式"在其运用范围内有时指形式,"方法"不能这样用。例句:

(1) 可见救世的方法不对,要向西走向北了。(鲁迅《华盖集续编·我之节烈观》)

(2) 生活方式中有一些东西是同社会经济和文化水平的提高直接

联系的。一个社会居民的消费水平、消费构成、消费方式就是如此。穷有过穷日子的方式,富有过富日子的方式……。(于光远《社会主义建设与生活方式、价值观和人的成长》)

猛烈—激烈—剧烈

(一)充当句子成分对比

主语:
—— —— ——

谓语:

炮火猛烈√ 战斗激烈√ 疼痛剧烈√
进攻猛烈√ 壮怀激烈√ 反应剧烈√

宾语:
—— —— ——

定语:

猛烈的炮火√ 激烈的战斗√ 剧烈的疼痛√
猛烈的进攻√ 激烈的反应√ 剧烈的反应√

状语:

猛烈地轰击敌人√ 激烈地抨击他们√ ——
猛烈地抨击他们√
猛烈地进攻指挥所√

补语:

轰击得猛烈　 抨击得激烈×　痛得剧烈×
抨击得猛烈×   反应得剧烈×
进攻得猛烈×
轰击得很猛烈√ 抨击得很激烈√ 反应得很剧烈√
抨击得很猛烈√   痛得很剧烈√
进攻得很猛烈√

(二) 词语搭配对比

谓语：

炮火猛烈 √	炮火激烈 √	炮火剧烈 ×
进攻猛烈 √	进攻激烈 √	进攻剧烈 ×
轰击猛烈 √	轰击激烈 ×	轰击剧烈 ×
抨击猛烈 √	抨击激烈 √	抨击剧烈 ×
风势猛烈 √	风势激烈 ×	风势剧烈 ×
战斗猛烈 √	战斗激烈 √	战斗剧烈 ×
运动猛烈	运动激烈 √	运动剧烈 √
斗争猛烈	斗争激烈 √	斗争剧烈 ×
反应猛烈	反应激烈 √	反应剧烈 √
壮怀猛烈 ×	壮怀激烈 √	壮怀剧烈 ×
疼痛猛烈 ×	疼痛激烈 ×	疼痛剧烈 √
言词猛烈 ×	言词激烈 √	言词剧烈 ×
争论猛烈 ×	争论激烈 √	争论剧烈 ×

定语：以上面作谓语时其主语为中心语，替换试验结果同（一）之作谓语时一致。

(三) 词义对比

《现代汉语词典》：

猛烈　气势大，力量大：～的炮火｜这里气候寒冷，风势～。

激烈　（动作、言论等）剧烈：百米赛跑是一项很～的运动｜大家争论得很～。

剧烈　猛烈：饭后不宜做～运动。

(四) 分析

从（一）的对比看，三个词都有变化程度高的意思，可以作谓语、定语、状语、补语，都是形容词。

从（二）来看，三个词的适用对象有差异，"猛烈"可形容炮火、风、攻击等,"激烈"可形容战斗、运动、言辞等,"剧烈"只形容运动、疼痛等。它们表示的性状特征也有些差别,"猛烈"偏指外形的气势和力量,"激烈"可指气势、力量,又可指人的思想感情活动变化大,"剧烈"偏指身体的活动、人的感受强烈。

《现汉》的释义和例句同上述分析一致。

总结:

三个词相同之处:都有活动变化程度高的意思,都能作谓语、定语、状语、补语,是形容词。

不同之处:"猛烈"偏指气势和力量,适用范围广,但不用于人的思想感情活动,"激烈"既用于人的思想感情活动,也可用于形容气势和力量,"剧烈"用的范围小,一般形容身体的活动和人的感受。

例句:

(1) 他耳朵里灌满了轰,轰,轰!轧,轧,轧!啵,啵,啵!猛烈嘈杂的声音会叫人心跳出腔子似的。(茅盾《子夜》)

(2) 激烈得快,也平和得快,甚至于也颓废得快。……所以前年的主张十分激烈,以为凡非革命的文字,统得扫荡的人,去年却记得了列宁爱看冈却罗夫(I. A. Gontcharov)的作品的故事,觉得非革命文学,意义倒也十分深长……(鲁迅《上海文艺之一瞥》)

(3) 她(指林佩瑶)的脸色现在也飞红了,她的眼光迷乱,她的胸部很剧烈地一起一伏。(茅盾《子夜》)

(三) 同义词的作用

1. 增强语言的精确性

精确性主要是指意义。如:

油蛉在这里低唱,蟋蟀们在这里弹琴。翻开新砖来,有时会遇见蜈蚣,还有斑蝥,倘若用手指按住它的脊梁(初稿作"背脊"),便

会剥的一声,从后窍(初稿作"后身")喷出一阵(初稿作"股")烟雾。(鲁迅《从百草园到三味书屋》)

"背脊"指整个背部,"脊梁"指背的中间。"后身"所指部位较广,"后窍"指烟雾喷出之处。改笔更加准确。"一阵"表示烟雾出现后很快消失,比"一股"更精细。

  记得先已说过,这不过是我的生活中的一点陈迹(初稿作"遗迹")。(鲁迅《坟·写在〈坟〉后面》)

"遗迹"更多用于指古代或旧时代的事物遗留下来的痕迹,如历史遗迹、古代村落的遗迹。"陈迹"指过去的事情,用在这里最恰当。

  用词精确也包括有时要显示不同的语体感情色彩。挑选恰当的同义词有助于做到这一点。

  例如老舍在《龙须沟》中写街道积极分子老赵拿着刀要杀恶霸的狗腿子冯狗子时说:"我宰了这个王八旦!"这个"宰"不能换成"杀"。"宰"口语常用;更重要的是,用"宰"暗指对方是畜生,更传达出仇恨和鄙视的感情。

  又如丁玲在《太阳照在桑干河上》写知识分子文采对老乡的一段讲话:

    "老乡,"文采的北方话很好懂,他的嗓音也很清亮,"咱们今天是头一回见面,也许——"文采立刻感觉到这两个字不大众化,他在极力搜索另外的字眼,可是一时找不到,想不起,他只好仍旧接下去:"也许你们还有些觉得生疏……觉得不熟,不过,八路军老百姓是一家人,咱们慢慢就熟了,是不是?"

"也许""生疏"多用在书面,它们的同义词分别是"兴许"(口语词)"不熟"(中性词)。为了写出知识分子文采在接近农民时的情况,作者描述他在和老乡讲话中对不同语体色彩的同义词的挑选,显得很真实。

2. 增强语言的表现力

同义词这方面的作用主要通过变化和排列来表现。变化是指同一意思在不同的地方用不同的词,如:

我之一方是比较地确实的,敌之一方很不确实,但也有朕兆可寻,有端倪可察,有前后现象可供思索。(毛泽东《中国革命战争的战略问题》)

"朕兆""端倪"都指兆头、预兆。

这乐器正像我们全班战士,
——一排整齐的小伙;
听那音调,激越高亢,
呼山山应,唤水水和。(李瑛《给一个战士演奏者》)

"呼"和"唤","应"和"和"是同义词。

排列是指相近的意思在同一的地方用不同的词,如:

青松哟,
是小兴安岭的旺族。
小兴安岭哟,
是青松的故土。
咱们小兴安岭的人啊,
与青松亲如手足。
一样的志趣,
一样的风度,
一样的胸怀,
一样的抱负。
青松啊,
是咱们林业工人的形图!(郭小川《青松歌》)

诗中"志趣""胸怀""抱负"都有理想义,加以排比,意思和感情都更鲜明了。

二、反义词

(一) 什么是反义词

一般说反义词是意义相反的词。但什么叫意义相反呢？需要解释它的逻辑意义。

意义相反首先指所表达的概念意义在逻辑上有矛盾关系。什么叫矛盾关系？就是肯定一方必否定另一方，否定一方必肯定另一方的关系。如：

真—假　　　动—静
存—亡　　　男—女
白天—晚上　这—那

这些词是有矛盾关系的反义词。

其次指所表达的概念意义在逻辑上处于反对关系的两个极端。什么叫反对关系？即肯定一方必否定另一方，但否定一方不能肯定另一方的关系（因为有第三者的可能）。如：

黑—蓝—红—黄—白
大—中—小
上—中—下
优—良—中—差
开始—中间—结束
光明—黑暗
胜利—失败

反对关系的两个极端之间的中间状态有时用词表示，有时用词组表示，如"光明—黑暗"中间可以有"微明""暗淡""不黑不亮"，"胜利—失败"中间可以是"和局"，也可以说"不分胜负"。

什么叫反对关系的两个极端呢？指的是两个词所表示的是行为、变化、性质、状态、时空、位置等的两个极端的情况和位置。它们的特征是：第一，在意义上有鲜明的对照，如"大—小、上—下、胜利—失败"等，这是客观事物变化发展两种极端状态的反映；第二，它们有时连用可以代表变化、状况、时空的全部，如"上下"（上下一条心）、"大小"（大小都平安）、"左右"（左右都是得力的助手）、"古今"（古今中外）等。

哪些词代表两个极端，有时由于词具有不同的社会内容而不同，如"黑—白"，分别代表黑暗和光明，或错误和正确；"红—白"，分别代表政治上先进与落后。

反义词意义也有同的一面，它们从两个对立的方面去表示同一运动、变化、过程，同一方面的性质、状态，如"古—今"表时间，"头—尾"表过程，"黑—白"表颜色等。

(二) 反义词的类别

1. 从构词上分类

单音的：

冷—热	干—湿	高—低	厚—薄
深—浅	强—弱	疏—密	忙—闲
沉—浮	进—退	买—卖	攻—守
喜—怒	哀—乐	生—死	上—下

双音的：

结构相同，语素义相反：

坚强—脆弱	稀疏—稠密	狭窄—广阔
前进—后退	上升—下降	快乐—痛苦

结构相同，一个语素的意义相反，一个语素相同：

高级—低级	好看—难看	片面—全面

进步—退步　　出席—缺席　　开幕—闭幕
长处—短处　　正面—反面　　上游—下游

结构相同，语素皆不同：

公开—秘密　　平坦—崎岖　　干净—肮脏
先进—落后　　拥护—反对　　看重—忽视

多音的：

无产阶级—资产阶级　　社会主义—资本主义
唯物主义—唯心主义

2. 从词类上分类

名词中的反义词：

和平—战争　　主观—客观　　优点—缺点
天堂—地狱　　君子—小人　　支出—收入
男子—女子　　现象—本质　　高潮—低潮

形容词中的反义词：

伟大—渺小　　诚实—虚伪　　迅速—缓慢
勇敢—怯懦　　高尚—卑鄙　　正确—错误
单纯—复杂　　积极—消极

动词中的反义词：

团结—分裂　　服从—反抗　　积累—消费
拥护—反对　　破坏—建设　　集中—分散
进攻—撤退　　扩大—缩小　　呐喊—沉默

其他词类中的反义词：

来得及—来不及　　永远—暂时　　至少—至多

3. 从义项关系上分类

单义词对单义词：

- 稀疏　（物体、声音）在空间或时间上间隔远。
- 稠密　多而密。

- 自大　自以为了不起。
- 自卑　轻视自己，认为无法赶上别人。

单义词（或多义词的一个义项）对多义词的一个义项：

- 买　拿钱换东西。
- 卖　①拿东西换钱。②为自己的利益出卖祖国或朋友：～国｜～友。③尽量用出来：～劲儿｜～力。

"买"只跟"卖"①义构成反义。

- 真　①实在的。②清楚：字看不～。
- 假　①不真实，不是原来的。②借用，利用：～人之手。

"真"的①义和"假"的①义构成反义。

多义词多个义项对多义词多个义项：

冷		热
①温度低：～水。	⟷	②温度高：～水。
②使冷：～一下再吃。	⟷	③使热：～一下再吃。
③不热情：～心肠。	⟷	⑤情意深：～心肠。
⑥不受欢迎的：～货｜～门。	⟷	⑦受欢迎的：～货｜～门。

这类词常见的还有"上—下、深—浅、好—坏、长—短、光明—黑暗"等。

一个词的各个意义（分义项或未分），分别和不同的词构成反义词。如：

- 开（门）　开①　使关闭着的东西不再关闭。
- 关（门）　关①　使开着的物体合拢。

| 开(卷) | 开⑤ | 解除(封锁、限制)。
| 封(卷) | 封① | 封闭。

| (花)开 | 开③ | 舒张。
| (花)落 | 落① | 物体失去支持而下来。

| 开(灯) | 开①。
| 闭(灯) | 闭① | 关,合。

忽视(不注意,不重视) → 重视　对人的德才事物的作用认真对待。
　　　　　　　　　→ 注意　把思想放到某方面。
　　　　　　　　　→ 看重　看得起,看得很要紧。

4. 语言反义词和言语反义词

语言反义词指脱离上下文皆可成立的反义词,它们表示的是普遍对立的意义范畴。我们上面所举的例子都属语言反义词。

言语反义词是指在一定的上下文中,一定的条件下,所用的词表示了现实生活中非此即彼的对立,或两极性的对照,成了反义词。如:

　　不作风前的杨柳,要作岩上的青松。(程光锐《雷声万里》)

　　突出点选在左翼,恰当敌之弱点,容易取胜;选在右翼,碰在敌人的钉子上,不能奏效。(毛泽东《论持久战》)

　　我惭愧:我终于还不知道分别铜和银;还不知道分别布和绸;还不知道分别官和民;还不知道分别主和奴;还不知道……(鲁迅《野草·狗的驳诘》)

"杨柳"和"青松"一般不是反义词,上句它们分别比喻"懦弱的人"和"坚强的人",成为言语反义词。"弱点"和"钉子"更不是反义词,但在上句中,"钉子"比喻敌人防守坚固之处,同"弱点"表示"敌人防守薄弱之处"构成反义,形成了言语反义词。"铜"和"银"、"布"和"绸"也不是反义词,在这里通过词的借代用法,"铜"和"布"指代卑贱的(东西、人),"银"和"绸"指代高贵的(东西、人),分别构成了两组言语反义词。

相关的词反映了现实生活中尖锐对立的双方,也可以成为言语反义词。现实生活中许多矛盾着的事物现象,在一般情况下不一定都是尖锐对立的,但在一定的条件下,双方对抗激烈,就成为对抗的两个极端。反映这些事物现象的词,就有了非此即彼或反对关系的两个极端的关系,成了言语反义词。如:

妥协还是抗战?腐败还是进步?(毛泽东《论持久战》)

抗日战争时期,抗日战线内部,国民党的妥协势力和腐败现象同中国共产党和人民大众坚持抗战、坚持政治进步的革命潮流形成尖锐矛盾。在这种条件下,在一定的上下文中,"妥协"和"抗战"、"腐败"和"进步"成了言语反义词。

很多词离开上下文配成反义词不尽恰当,在作者用以表示现实生活中种种对立着的矛盾时,它们就构成了非常恰当的反义表述。如:

她在深夜中尽走,一直走到无边的荒野;……石像似的站在荒野的中央,于一刹那间照见过往的一切……又于一刹那间将一切并合:眷念与决绝,爱抚与报仇,养育与歼除,祝福与咒诅。(鲁迅《野草·颓败线的颤动》)

"眷念""爱抚""养育"都不易找到确定的反义词,在这里,在对种种对立矛盾的双方的表述中,它们分别同"决绝""报仇""歼除"配成了反义词。上面所引鲁迅《狗的驳诘》的一段中,"官"和"民"也属这种情况。

语言运用中的反义表述(不限于词)是很丰富的。可以用语言反义词(数量有限),可以用肯定否定式(革命—反革命,合法—非法,清楚—不清楚,"不清楚"是词组),而言语反义词的运用更是大量的。实际上,这些手段是穿插使用的。例如:

做这件事需要极大的主观努力,需要克服战争特性中的纷乱、黑暗和不确实性,而从中找出条理、光明和确实性来,方能实现指挥上的灵活性。(毛泽东《论持久战》)

这段文章中,"黑暗""光明"是语言反义词,"确实性"和"不确实性"是词和它的否定式(词组)构成反义表述,"纷乱"是形容词,"条理"是名词,孤立地说它们是反义词会有争议,但在这个上下文中,它们配成了很好的反义词。

(三) 反义词的作用

反义词的作用是表示事物、行为、性状等的对立。

1. 表示不同事物现象的对立。如:

墙上芦苇,头重脚轻根底浅,
山间竹笋,嘴尖皮厚腹中空。(毛泽东《改造我们的学习》)

要完整地反映整个事物,反映事物的本质……就必须经过思考作用,将丰富的感觉材料加以去粗取精,去伪存真,由此及彼,由表及里的改造制作工夫,造成概念和理论的系统,就必须从感性认识跃进到理性认识。(毛泽东《实践论》)

2. 表示同一事物现象在不同关系上的对立。如:

我们的山区是贫困的,
但最贫困的却是山区的母亲。
你知道,有什么属于她,
除了自己干枯的双手瘦瘠的腰身,
……
但我们倔强的母亲,
十分悭吝却又十分慷慨,
十分严峻却又十分温顺。

她在山洞——
用仅有的一粒盐,
为我们冲洗伤口;
用仅有的一把米,
为我们熬粥暖身,
而自己却煮着一锅草根。(李瑛《深山行进——致山区母亲》)

诗中用了"悭吝—慷慨""严峻—温顺"两对反义词。表面上似乎是不能并存的性质,同时用于一个人、一个地方,耐人咀嚼。它表现了山区母亲对待不同对象的不同感情:对自己,悭吝,对战士,慷慨;对敌,严峻,对己,温顺。

反义词还能帮助构成不少双音词、成语。

反义词构成的双音词的意义往往不是两个语素义简单的相加,有时是以两个部分代替整体。如:

动静　　以"动""静"代表变化的全部情况。
始终　　以"始""终"表示事情的全过程。
寒热　　代替整个气候变化。
方圆　　代替几何图形的整体。

其他如"是非、旦夕、得失"等皆如此。

有些反义词构成的词的意义是语素义的引申。如:

雌雄(一决雌雄)　　　　表胜负。
沉浮(与世沉浮)　　　　喻盛衰。
深浅(不知深浅)　　　　表困难、险恶情况。

反义词构成的成语如"水落石出、七上八下、朝秦暮楚、眼高手低"等。成语我们以后再讲。

三、上下位词

(一) 什么是上下位词

前面已经提到上下位词是有类(大)和种(小)关系的词。类和种的关系,本质是一般和个别的关系。一头头世上存在的牛是个别,把它们总称为"牛",这个"牛"的概念和词是一般。个别和一般也是相对的。"牛"这个概念对具体的一头头牛来说是一般,对于"动物"这个概念来说它又是个别。"动物"对于"牛"来说是一般,对于"生物"来说又是个别。它们的关系是:个别体现一般,一般存在于个别之中。

从词的概念义的适用对象和表示的对象特征来讲,上位词的适用对象大于下位词的适用对象,下位词表示的对象特征深于(包含的特征多于)上位词表示的对象特征。例如:

食品　能吃的东西。它表示的对象特征是"能吃的"。

面食　面制成的食品。它表示的对象特征是"能吃的""面制成的"。

饺子　一种小面食,用未发过的面擀成薄片,包肉菜馅制成。它表示的对象特征是"能吃的""面制成的""用未发过的面擀成薄片,包肉菜馅制成""小"。

可见,从适用对象讲,"食品>面食>饺子";从对象特征讲,"食品"少于"面食","面食"少于"饺子"。

不要把一般和个别的关系同整体和部分的关系相混淆。有两种整体和部分的关系,一种是整体和它的构件的关系,如:

房子 { 屋顶 / 门 / 窗户 / 墙壁

"房子"是整体,"屋顶、墙壁"等是组成整体的各个构成部分。这种部分和整体的关系是"部分＋部分＋部分＝整体"。单个部分不能体现整体。表示这种整体—部分关系的词,不构成上下位词。

另一种整体和部分的关系,就是整体和它的各个成员的关系,如:

学生 { 小学生 / 中学生 / 大学生   金属 { 金 / 银 / 铜 / 铁 / 锡

一方面,它们是整体和部分的关系,适用于"部分＋部分＋部分＝整体"的公式;另一方面,它们也有个别和一般的关系:个别体现一般,一般存在于个别之中。这类词,可以构成上下位词。

(二) 上下位词在语言中出现的情况

1. 有严格的科学分类中的上下位词,也有非严格的日常运用的上下位词。前者如:

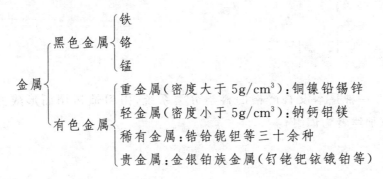

动物界
　　门　脊索动物门
　　　亚门　脊椎动物亚门
　　　　纲　哺乳纲
　　　　　亚纲　真兽亚纲
　　　　　　目　食肉目
　　　　　　　科　犬属
　　　　　　　　种　家犬

　　很多学科都有对研究对象的严格的科学分类，其分类系统就是一个严整的上下位概念关系的系统。在这些分类系统中，不少类别的名称是用词组来表示的，如上面的"脊索动物门""脊椎动物亚门"，但相当多的类别名称是用词表示的（如上面的"门、亚门、纲、亚纲、目、科、种"），因此包含着词的上下位关系。

　　非严格的日常运用的上下位词有几种情况：

　　一种是对学科中严格的科学分类作简缩和变通。如以前举过的例子：

$$\text{生物——动物——}\begin{cases}\text{人}\\\text{牛}\end{cases}$$

又如：

$$\text{果子}\begin{cases}\text{浆果}\begin{cases}\text{桃}\\\text{李}\\\text{杏}\end{cases}\\\text{硬果}\begin{cases}\text{核桃}\\\text{栗子}\end{cases}\end{cases}$$

　　一种是本没有严格的科学分类系统，由习惯运用而形成的。如（加线者为词组）：

第五章 同义词、反义词和词的层次关系

$$
方法\begin{cases}烹调方法——熬、炒、炖、红烧\\嫁接方法——枝接、芽接\\治疗方法——针灸、烤电、理疗\\记分方法——五分制、百分制\\画法——工笔、泼墨\\染法——卷染、轧染\\印法——影印、石印\end{cases}
$$

这一种情况最多，若以"布、符号、人（人员）、器物（器具）、仪器、工具、容器、事情、活动、变化、现象"等为上位词，其下位词的数量是相当可观的。

2. 有多级的上下位词，有两级的上下位词，在严格的科学分类中多级的多，两级的多出现在日常运用的分类系统中。多级的如上面举过的动物界的分类系统。两级的如：

$$
土\begin{cases}熟土\\生土\end{cases}\quad 井\begin{cases}苦井\\甜井\end{cases}\quad 沟\begin{cases}明沟\\暗沟\end{cases}
$$

3. 一个词在不同的联系上可以有不同的（多个）上位词。如：

$$
马\begin{cases}家畜\\力畜\\役畜——动物——物\\牲畜\\牲口\end{cases}\quad 红\begin{cases}色彩\\颜色\\光\end{cases}\quad 跑\begin{cases}动作\\行为\\行动\\运动\end{cases}
$$

表名物的词中普遍存在词的上下位关系，上面举的例子，绝大多数都是表名物的词。

表动作行为的词和表性状的词中，有一部分也存在上下位关系。如：

跑 { 小跑 / 快跑 / 飞跑 / 狂奔 }   洗 { 冲洗 / 刷洗 / 干洗 / 水洗 }   黄 { 嫩黄 / 鹅黄 / 昏黄 / 焦黄 }   香 { 清香 / 异香 }

(三) 上下位词的作用

上下位词常用来构成一种表达认识的重要方式,这个方式是:

|下位词| 是×××的 |上位词|

这种表达方式是根据客观实际,把个别同一般联系起来,使人认识某个个别属于何种一般,它在这种一般中又有何特征。例如:

小孩问:什么是象呢?

答:象是有长鼻子的动物。

"象"是下位词,"动物"是上位词,"有长鼻子的"表示象的特征。这种表达方式日常运用甚广,甚频繁。表述不要求精密,只要找到一定的上位词,指出一般的特征就可以成立。

如果对这个表达方式加以严格的限制,就成为科学的精确的定义。这个限制主要是:

1. 用来构成定义的类概念(上位概念,用词或词组表示)应该是被定义的种概念(下位概念,用词或词组表示)的最近的类。

2. 所说明的被定义概念的特征(叫种差),应该是本质属性。例如:

重金属　通常指密度大于 $5g/cm^3$ 的金属。

民族　在历史上形成的一个有共同语言、共同地域、共同经济生活,以及表现于共同文化上的共同心理素质的稳定的人们的共同体。

植物学　研究植物的形态、分类、生理、生态分布以及遗传进化的科学。

这个表达方式也是词典常用的释义方式,叫定义式释义,它的原理同定义相同,其精确程度有时等于定义,有时不及定义,但一般比日常表达准确。这种释义方式以后还要讲。

词的上下位关系在构词中有重要作用。语言中常看到利用表示某种事物现象的词作为词根,加上修饰限制它的语素,产生出这个词的许多下位词来。上面举的例子中许多属于这种情况。再如:

人——名人、要人、常人、盲人、病人、好人、坏人、穷人、富人、亲人、客人

船——木船、渡船、帆船、海船、轮船、渔船、邮船、油船、拖船

审——初审、复审、公审、会审、终审

唱——独唱、对唱、领唱、轮唱、吟唱

蓝——翠蓝、碧蓝、藏蓝、湛蓝

烂——腐烂、溃烂、霉烂

这种构词方法是词汇丰富发展的重要手段。

上下位词的存在是词汇系统的一个重要表现,如果对不同语言的上下位词进行比较,就会发现不同语言词汇的一些特点,例如汉语"红"的下位词有"桃红、橘红、猩红、金红、枣红、粉红、血红、朱红、鲜红、绯红、大红"等,而英语 red 的下位词是 crimson(深红)、scarlet(绯红、浅红、鲜红)、pink(桃红),枣红是 purplish red,血红是 blood red,后二者英语用词组表示。

四、整体-部分关系词

有整体-部分关系的词,如"手"和"手心","衣服"和"袖子","年"和"月","中国"和"北京",因其关系清楚,不会引起理解和应用上的麻烦,在语言知识的说明中较少涉及。在语言词汇系统、词义系统中它是一个重要的方面。

思维语言对事物空间、时间的分割,对组成物体的各个部分的

分割,都存在不同角度的、多层次的整体-部分的分割,其中有许多分割单位的名称是用词来表示的,这些词就构成整体-部分关系。这类词中有一部分是整体-成员关系(学生——小学生、中学生、大学生),它们同时也具有上下位关系;有一部分是整体-构件关系(如上面举的"手"和"手心"等例子),它们之间不存在上下位关系。下面我们着重说明含有整体-构件关系的词。

(一) 语言中存在的整体-部分关系词

语言中存在大量的整体-部分关系词。例如:

1. 地区、地域名称

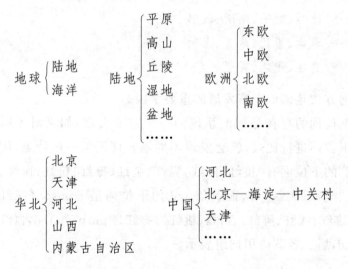

2. 时间、时段名称

3. 动物体部位名称(加括号的可看作词组,下同)

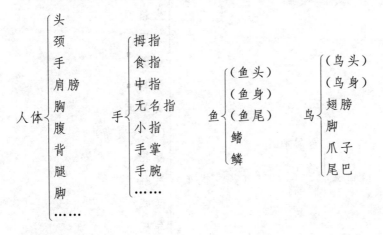

4. 植物体部位名称

5. 机械各部位的名称

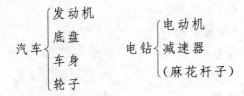

                      ┌煤水车
                      │火箱
                      │锅胴
                      │烟管
                      │烟箱
                      │火星网
                      │(乏汽喷嘴)
        ┌金属杆   │导轮
验电器 ┤绝缘体 (蒸汽机车)┤汽缸
        │圆筒   │活塞
        └金箔   │导板
                      │摇杆
                      │主动轮
                      │连杆
                      │他动轮
                      │炉床
                      └从轮

6. 用品用具各部位的名称

     ┌笔杆   ┌(熨斗芯子)
     │笔帽   │(金属底板)
笔 ┤笔尖   电熨斗 ┤压铁
     └笔胆   │罩壳
                        └手柄

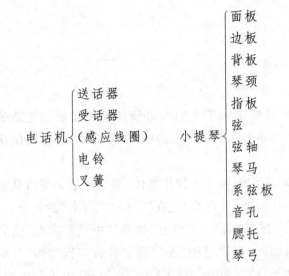

以上只是举例。各种各样的自然物、人工制造物的整体-部分的名称是不胜枚举的。

(二) 整体-部分关系词的意义关系

这类词意义的关系可以从两个角度来分析。

1. 从"整体"和"部分"间的关系来看,有分割层次多的,有分割层次少的。层次多的如对人体的分割:

身体—头—脸—眼睛—{眼皮, 眼眶, 眼球{眼白, 眼黑}}

如对广大的地区、地域的分割:

亚洲—中国—华北—北京—海淀—中关村

分割层次少的如对一般器物的分割:

```
          ┌ 镜片         ┌ 门框
眼镜 ┤            门 ┤ 门板
          └ 镜架         │ 门闩
                         └ 门槛
```

分割层次的多少显然依赖于人们对事物认识的需要。复杂的事物,需要深入认识的事物,分割产生的整体-部分关系的词层次就多;反之就少。

另外可注意的是,人们对同一事物作整体-部分分割是可以从多角度进行的。例如对于时间,可以有"现在""过去""将来"的划分,又可有"世纪""年""月""日"的划分,又可有"初期""中期""末期"的划分。对于"人体",可以有上面说过的"头""颈""肩膀""胸""腹"等的划分,又可有"上身""下身"的划分。对于"山",可以有"山顶""山腰""山脚"的划分,又可另有"山谷""山坡""山崖""山脊"等的划分。

2. 从"整体"之下同一层次的表"部分"的词的意义关系来看,它们可以有同义关系,如"头"之下的"脸、脸蛋儿、面容、眉目","手掌"之下的"掌心、手心、手掌心","脚"之下的"脚掌、脚板、脚底板","车"之下的"车轮、轮子、轮盘、轮、轱辘"等。也可以有反义关系,如"时间"之下的"过去—将来","河流"之下的"上游—下游","地区"之下的"本地—外地","方向"之下的"东方—西方"等。

有的同一层次的表部分的词,对有关对象的分割比较粗,如"河流"分为"上游""中游""下游","山"分为"山顶""山腰""山脚","草"分为"草根""草叶","刀"分为"刀刃""刀背""刀把"等。有的同一层次的表部分的词,对有关对象的分割很细。如"人体骨骼"分为大类十九个部分:颅骨、锁骨、肩胛骨、肱骨、桡骨、尺骨、腕骨、掌骨、指骨、脊椎、骶骨、髋骨、股骨、膑骨、腓骨、胫骨、跗骨、跖骨、趾骨。在专业的用语中,各部分还有更细密的划分,如"掌骨"下又分为"月骨、三角骨、豌豆骨、钩骨、头状骨、舟骨、大多角骨、小多角骨"八个部分。其中的名称有些是固定词组式的专门用语,而多数是用合成词表示的。分割的粗细也依赖于人们对事物认识的需要,复杂的事物,需要深入认识的事物,随着认识的进步、科学研究的发展，人们对有关对象各部分的分割越来越细密。

"整体"之下同一层次表"部分"的词意义关系另一值得注意的方面是，有些"部分"之间的界限是清楚的，有些"部分"之间的界限是模糊的。"星期"之下的"星期一、星期二、星期三、星期四、星期五、星期六、星期日"界限是清楚的，"一天"之下的"早上、中午、下午、晚上、夜间"界限不是那么清楚。"河流"之下的"上游、中游、下游"界限也不那么清楚，而"华北"之下的"北京、天津、河北、山西、内蒙古自治区"界限就是清楚的。

下面简要说明认识整体–部分关系的词的作用。

不同语言分割某一事物产生的整体－部分的词的系统往往有不同的地方。例如汉语的"眉毛"同英语的"brow"相当，汉语的"眉头"英语叫"brows"，"眉梢"英语叫"the tip of the brow"，"眉心"英语说成"between the eyebrow"；汉语的"眉头""眉梢""眉心"英语都无专门的词表示。由此可见两种语言对"眉毛"的分割构成的词汇系统的不同。

汉语中表示整体下各部分的词或语素在构词中有一定的作用，它们往往组合起来构成合成词（如"笔墨""手足"等），这种合成词的意义往往不是语素义的组合，而是借指，比喻其他意义。例如：

笔墨　指文章或诗文书画等。
手足　①指举动、动作：～无措。
　　　②比喻弟兄：情同～。
眉目　①眉毛和眼睛，泛指容貌：～清秀。
　　　②文章、文字的纲要；条理：～不清。
　　　（按：①义为借代义，②义为比喻义）
耳目　①指见闻：～所及|～一新|～不广。
　　　②指替人刺探消息的人：～众多。
　　　（按：①义为借代义，②义为比喻义）
枝叶　枝子和叶子，比喻琐碎的情节或话语。
肝胆　①比喻真诚的心：～相照。
　　　②比喻勇气、血性：～过人。

表整体下各部分的词往往出现在并列词语中,这时要注意意义是否相称,如常说"京津地区"不说"华北河北地区"。在精确地说明地区、时间时,表整体一部分的词排列有一定的次序,汉语是从整体到部分,英语是从部分到整体。

练 习

一、分析下列两组同义词:

  典范—范例 糟蹋—浪费

二、在下列空格中填入适当的反义词或同义词:

  1. 敌强我弱,我有灭亡的危险,但敌尚有其他缺点,我尚有其他优点。敌之优点可因我之努力而使之＿＿＿＿＿＿,其缺点亦可因我之努力而使之扩大。我方反是。我之优点可因我之努力而加强,缺点因我之努力而＿＿＿＿＿＿。所以我能最后胜利,避免灭亡,敌则将最后失败,而不能避免整个帝国主义制度的＿＿＿＿＿＿。

  2. 这些年,发生了多少令人眼花缭乱的事件……素日被崇敬的一切在一个早上突然统统踏在了脚下,而新的隆重仪式却被证明是完全的骗局。冲动变成了＿＿＿＿＿＿,＿＿＿＿＿＿变成实际上的推广;希望和＿＿＿＿＿＿,＿＿＿＿＿＿和呐喊,对政治的厌倦和前所未有的政治热情正在交织变化……啊! 光明而又＿＿＿＿＿＿的中国,庄严、动荡而又＿＿＿＿＿＿的岁月。

三、给下列各词找到适当的上位词,并用它对各词做定义式的释义:

  古玩 烧酒 白字

四、在建筑物、交通工具中各举一组包含有整体一部分关系的词,并且要求它们都各包含一组同义词。

五、举出一组上下位词,其中包含有一组同义词、一组反义词。

第六章 词义的发展

分析词义的发展,可以有不同的角度。一种是从词义的联系来分析,这种分析同多义词各个意义联系的分析是一致的。只不过讲词义发展,是从历时平面上说明;讲多义词意义的联系,是从共时平面上说明。这个内容,我们在第四章中"多义词义项意义的联系"一节中已作过讲述。另一种分析是将词义同它发展出的意义加以比较,看在内容上出现了什么样的结果。常见的情形是词义深化、词义扩大、词义缩小、词义转移、感情色彩变化等。各类型又有不同的情况。这一章就从这个角度来说明词义的发展。

一、词义发展的类型

(一) 词义深化

概念义适用对象不变,表示的对象特点深化。

这主要是一些表示最基本的自然现象、表示动物植物的词,它们的适用对象古今基本上是一样的,但词的概念义所表示的对象特点,则随着人的实践和认识的发展而深化。如:

土　　地之吐生物者也。(《说文》)
　　　①土壤;泥土。(《现汉》)
土壤　地球表面的一层疏松的物质,由各种颗粒状矿物质、有机物质、水分、空气、微生物等组成,能生长植物。(《现汉》)

《现汉》"土壤"的释义就是"土"的释义。"土"这个词的适用对象古今是一样的。《现汉》用类别词"物质"显示,《说文》用代词"者"(可释为"的东西")显示。《说文》的"地之吐生物"说的是"土"的特征("地"指存在处,"吐生物"指作用)。《现汉》说明的"土"的特征要丰富深入得多,不仅说明了其存在处"地球表面",说明其作用"能生长植物",还说明其构成"由各种颗粒状矿物质、有机物质、水分、空气、微生物等组成",其质地是"疏松"的。这反映了人们对"土"的性质特征的认识比《说文》时期有了很大的发展。

  人 天地之性最贵者也。(《说文》)
    能制造工具并使用工具进行劳动的高等动物。(《现汉》)
"人"这个词的适用对象古今也是一致的,《现汉》用类别词语"高等动物"显示,《说文》用代词"者"显示。《说文》说明的"人"的特征是"天地之性最贵"(天地之间本性最高贵的),《现汉》对"人"特征的说明抓住了本质特征:"能制造工具并使用工具进行劳动"。这说明近代科学对"人"本质的认识也表现在词义的发展中。

  牛 大牲也。(《说文》)
    哺乳动物,身体大,肢端有蹄,头上有一对角,尾巴尖端有长毛。是反刍类动物,力气大,供役使,乳用或乳肉两用,皮、毛、骨等都有用处。我国常见的有黄牛、水牛、牦牛等几种。(《现汉》)
"牛"这个词的适用对象古今也是一致的,《说文》用类别词"牲"显示,《现汉》除用类别词语"哺乳动物""反刍类动物"显示外,还分类列举说明:"黄牛、水牛、牦牛等"。"牛"的特征,《说文》只举一"大"字,《现汉》的说明,有外貌特点:"身体大,肢端有蹄,头上有一对角,尾巴尖端有长毛",有功用:"力气大,供役使,乳用或乳肉两用,皮、毛、骨等都有用处",类别词语中的"哺乳""反刍"又说明了牛的生物学特征。这表明人们对"牛"的认识的发展也反映在词义的发展中。

  词义发展的这种类型有些人不承认,他们认为这类词词义没有发展。但如果分别考察词义表示的适用对象和表示的对象特征，则很容易看到，这类词古今义相同的是适用对象，表示的对象特征则有很大发展。

(二) 词义扩大

常见的有六种不同的情况。

1. 表名物的词适用对象从部分发展到整体(指空间)，表示的对象特征也随着变化。如：

> 脸　目下颊上也。(《古今韵会举要》)
> 　　头的前部，从额到下巴。(《现汉》)

"脸"原指"目下颊上"的部分，今指"从额到下巴"的部分，指整个脸面，其适用对象在空间上扩大了，表示的对象特征(即对所指部位的限制)也随着变化。

> 腿　腿胫也。(《玉篇》)(按，"胫"指小腿。)
> 　　人或动物的腿的下端，接触地面支持身体的部分。(《现汉》)

"腿"原指"脚上膝下"的部位，今指"脚上臀下"的部位，其适用对象空间上扩大了，表示的对象特征(即对所指部位的限制)也随着变化。

2. 表名物的词适用对象从部分发展到整体(指成员)，表示的对象特征也随着变化。如：

> 妇人　古称士之妻曰妇人。《礼·曲礼下》："天子之妃曰后，诸侯曰夫人，大夫曰孺人，士曰妇人，庶人曰妻。"(《辞源》)
> 　　已婚女子。(《现汉》)

"妇人"原指"与士匹配的女子"，现指"已婚的女子"，词义的适用对象的成员从部分发展到了整体(原义的适用对象是发展出来的意义的适用对象的一部分)。"妇人"原有"与士匹配"这个特征，现在这个特征不明显了,现义的特征仅是"已婚的",所以说表示的对象特征也随着变化。

  火花　㊀指灯花。唐李商隐《为东川崔从事谢辟并聘钱启》之二:"陆贾方验于火花,郭况莫矜于金穴。"旧时迷信者以灯花为喜事之兆。(《辞源》)
    迸发的火焰:烟火冒出灿烂的～。(《现汉》)

"火花"由指灯所迸发的火焰,发展到指所有烟火迸发的火焰,其适用对象从部分成员发展到整体的成员,其表示的对象特征(即对所指成员的限制)也随着变化。

  3. 表名物的词其适用对象从单一的事物发展到一般的事物,其表示的对象特征也随着变化。如:

  河　水出焞煌,塞外昆仑山发原,注海。(《说文》)
  江　水出蜀湔氐徼外崏山,入海。(《说文》)

这两个词适用对象扩大了,表示的对象特征也变化了。"河"原指黄河这一条河,它的特征是"出焞煌,塞外昆仑山发原,注海",现指一切河流,其特征是"水量大或较大,流入其他河或海"。"江"原指一条江长江,它的特征是"出蜀湔氐徼外崏山,入海",现指一般的江河,其特征是"水量大,流入其他江河或海"。

  4. 表性状的词适用对象扩大。如:

  动听　言辞足以使人留心倾听。《文选》三国魏阮元瑜(瑀)《为曹公作书与孙权》:"夫似是之言,莫不动听,因形设象,易为变观。"(《辞源》)
    听起来使人感动或者感觉有兴趣。(《现汉》)

"动听"适用对象原是言辞,现在扩大了,还可用于声音、音乐。

  平衡　本指衡器两端所承受重量相等而处于水平状态。后泛指两种以上事物所处位置相当或得以均等。……《荀子·大略》:"平衡曰拜,下衡曰稽首,至地曰稽颡。"此指拜时头与腰相平。《汉书·律历志》上:"准正则平衡

而钧权矣。"此用本义。(《辞源》)

"平衡"的适用对象原是衡器的两端,后扩大为一般的事物。

这种类型的词义发展,后起义如果用得频繁,常常分出自成义项。这样,原义和后起义因适用对象不同,所表示的性状特征也有差异了。如:

平和　㈠宁静温和,不偏激。《礼·乐记》:"感条畅之气,而灭平和之德。"(《辞源》)
①(性情或言行)温和。②(药物)作用温和;不剧烈。(《现汉》)

《现汉》的①是本义,②是①的比喻用法,现在独立为一个义项了。

5. 表动作行为变化的词其行为变化的主体扩大。如:

瞎　㈠一目闭合。《十六国春秋·前秦·苻生》:"吾闻瞎儿一泪,信乎?"㈡目盲。唐孟郊……《寄张籍》诗:"西明寺后穷瞎张太祝,纵尔有眼谁尔珍?"(《辞源》)

"瞎"的行为变化的主体原是"一目",后扩大为也可用于双目。

缺　器破也。(《说文》)
②残破;残缺:～口｜完满无～｜这本书～了两页。(《现汉》)

"缺"的行为变化主体原是"器",后扩大到多种事物,如书、桌子(桌子缺了一个抽屉)、椅子(椅子缺了一条腿)等。

6. 表动作行为的词的关系对象扩大。

表动作行为的词,其动作行为所影响所涉及的对象是它的关系对象,一般是动作行为的受事者。一部分表动作行为的词的词义中包含有特定的关系对象,如"参谒"指"进见尊敬的人;瞻仰尊敬的人的遗像、陵墓"等,其中"尊敬的人""尊敬的人的遗像、陵墓"等都是"参谒"的关系对象。表动作行为的词词义的扩大,有其关系对象扩大这个类型。如:

洗　㈠洗脚。《礼·内则》:"足垢燂汤请洗。"《史记》九一《黥

布列传》:"淮南王至,上方踞床洗。"(《辞源》)

①用水或汽油、煤油等去掉物体上的脏东西。(《现汉》)

"洗"的关系对象本义只限于脚,后来扩大到一般的物体。

沉湎 谓沉溺于酒。《书·泰誓上》:"沉湎冒色,敢行暴虐。"注:"沉湎,嗜酒。"(《辞源》)

沉溺。(《现汉》)

"沉湎"的关系对象原只限于酒,现已扩大到其他不良嗜好,如沉湎声色。

表动作行为的词也有行为主体和关系对象都扩大的。如:

容纳 指人能宽容任用人才。《文选》晋干令升(宝)《晋纪总论》:"昔高祖宣皇帝(司马懿)……性深阻有如城府,而能宽绰以容纳。"(《辞源》)

在固定的空间或范围内接受(人或事物)。(《现汉》)

"容纳"原指人(行为主体)宽容任用人才(关系对象),现指人、容器、房屋等(行为主体)接受人、物(关系对象)。这个词的行为主体、关系对象都扩大了。

(三) 词义缩小

常见的有五种情况。

1. 表名物的词适用对象从整体变为部分(指空间),表示的对象特征也随着变化。如:

肌肉 ㊀皮肉的统称。汉王充《论衡·实知》:"泽有枯骨,发首陋亡,肌肉腐绝。"(《辞源》)

人体和动物体内的一种组织。(《现汉》)

"肌肉"原指皮肉,现在的意义只指肉。这个词的适用对象的变化是从整体到部分。皮肉的特征和肉的特征是有差别的,所以说词表示的对象特征也随着变化了。

脚 ㊀人和动物的行走器官。《墨子·明鬼下》:"羊起而触

之,折其脚。"(《辞源》)

①人或动物的腿的下端,接触地面支持身体的部分:～面｜～背。(《现汉》)

"脚"原指行走器官的整体,现在只指行走器官的下端,接触地面支持身体的部分,词的适用对象在空间上缩小了,对象特征也随着变化。

2. 表名物的词适用对象从整体变为部分(指成员),表示的对象特征也随着变化。如:

学者　㊀求学的人。《论语·宪问》:"子曰:'古之学者为己,今之学者为人。'"(《辞源》)
指在学术上有一定成就的人。(《现汉》)

"学者"原指"求学的人",后指"学术上有一定成就的人",后者是前者中的一部分,对象特征(即对所指成员的限制)随之改变。

烈士　㊀坚贞不屈的刚强之士。《庄子·秋水》:"白刃交于前,视死若生者,烈士之勇也。"(《辞源》)
①为正义事业(特指为人民革命事业)而牺牲的人。(《现汉》)

"烈士"原指坚贞不屈的刚强的人,后指为正义事业而牺牲的人,后者所指成员的范围,比前者狭小得多,仅是其中的一部分,表示的对象特征(即对所指成员的限制)随之改变。

3. 表性状的词适用对象缩小。如:

皎洁　光白貌。唐张九龄……《感遇》诗之一:"兰叶春葳蕤,桂华秋皎洁。"……顾况《悲歌》之五:"我心皎洁君不知,辘轳一转一惆怅。"(《辞源》)
(月亮)明亮而洁白。(《现汉》)

"皎洁"的适用对象原来较宽,可以是花、心等,现在一般只用于月亮。

皑皑　白貌。《太公金匮·书刀》:"刀利皑皑,无为汝开。"《文

>选》汉班叔皮(彪)《北征赋》:"飞云雾之杳杳,涉积雪之皑皑。"(《辞源》)
>
>形容霜雪洁白。(《现汉》)

"皑皑"的适用对象原来可以是刀,也可以是霜雪,现在只用于霜雪了。

4. 表动作行为的词行为主体缩小。如:

>结婚　结为婚姻之好,结亲。《汉书·张骞传》:"其后,乌孙竟与汉结婚。"也称男女结成夫妇。《三国志·魏书·桓阶传》:"刘表辟为从事祭酒,欲妻以妻妹蔡氏,阶自陈已结婚,拒而不受。"(《辞源》)
>
>男子和女子经过合法手续结合成为夫妇。(《现汉》)

这个词原来可用于国与国之间,也可用于男子和女子之间,现在只用于男子和女子之间了。

>休养　《史记·匈奴列传》:"休养息士马,习射猎。"《汉书》作"休养士马"。休,指士兵休整;养,指军马繁殖。后因称病老静养为休养。(《辞源》)
>
>①休息调养:暑假他去青岛～了半个月。(《现汉》)

"休养"的行为主体原有士兵和马,现只用于人了。如果只比较士兵和人,则行为主体有扩大,但从整体说,行为主体从多类变为一类更为显著。

5. 表动作行为的词关系对象缩小。如:

>报复　报答恩怨。《汉书·朱买臣传》:"上拜买臣会稽太守,……买臣到郡……悉召见故人,与饮食,诸尝有恩者,皆报复焉。"《三国志·蜀书·法正传》:"一飡(餐)之德,睚眦之怨,无不报复。"(《辞源》)
>
>对批评自己或损害自己利益的人进行反击。(《现汉》)

"报复"原是报答恩和怨,现缩小为报怨。

>营业　经营生计。《三国志·吴书·骆统传》上疏:"百姓虚

竭,嗷然愁扰,愁扰则不营业,不营业则致穷困。"(《辞源》)

(商业、服务业、交通运输业等)经营业务。(《现汉》)

"营业"的关系对象原是一般百姓的生计,现缩小为商业等行业经营的业务。

表动作行为的词,其行为主体和关系对象可以同时缩小。如"营业",除关系对象缩小外,其行为主体也从一般的百姓缩小为商业、服务业、交通运输业等的人员。再如:

> 生育　生长养育。《诗·大雅·生民》:"载震载夙,载生载育。"《淮南子·原道》:"是故春风生而甘雨降,生育万物。"(《辞源》)
> 生孩子。(《现汉》)

"生育"的行为主体从动植物等缩小为人,其关系对象从动植物等的后代,缩小为人的后代(孩子)。又,原义"生长养育"并重,现义重在"育"。

(四) 词义转移

词义转移有两类。

1. 词性不变,原义和后起义的适用对象之间没有整体和部分、类和种、多类对象和其中一类对象(如"动听"的适用对象本义是"言辞",现在是"言辞、声音、音乐",后同前的关系就是多类对象同其中一类对象的关系)的关系,表示的对象特征也不同;或者是虽可有同样的适用对象,但表示的对象特征迥异。如:

> 主人公　主人。《汉书·武五子传》:"主人公遂格斗死。"(《辞源》)
> 指文艺作品的中心人物。(《现汉》)

"主人公"是名词,本义和后起义的适用对象不同类,表示的对象特征也不同。

> 热烈　喻权势极盛。《抱朴子·刺骄》:"生乎世贵之门,居乎热烈之势,率多不与骄期而骄自来矣。"今指情绪兴奋激动。(《辞源》)

"热烈"是形容词,本义和后起义的适用对象不同类,表示的性状特征也有差异。

> 发行　犹启程。《汉书·匈奴传》:"搜谐单于立八岁,元延元年,为朝二年发行。"注:"欲会二年岁首之朝礼,故豫发其国而行。"今指批发、发售。(《辞源》)

"发行"是动词,本义和后起义的行为主体虽然都可以是人,但表示的行为动作特征完全不同。

2. 词性转换所造成的词义转移。

　　动——→名

> 布告　对众宣告,公告。《史记·吕后本纪》:"刘氏所立九王,吕氏所立三王,皆大臣之议,事已布告诸侯。"(《辞源》)(机关、团体)张贴出来通告群众的文件。(《现汉》)

"布告"原义是动词,发展出来的意义是名词。

> 环境　环绕全境。《元史》一四三《余阙传》:"乃集有司与众将议屯田战守计,环境筑堡寨,选精甲外扞,而耕稼于中。"今指周围的自然条件和社会条件。(《辞源》)

"环境"原义是动词,发展出来的意义是名词。

　　形——→名

> 细软　㈠纤细柔软。……《百喻经》三《估客驼死喻》:"驼上所载,多有珍宝、细软、上氎种种杂物。"㈡轻便而易于携带的贵重物品。《古今杂剧》元贾仲明《荆楚臣重对玉梳》三:"嗨,谁想顾玉香夜来收拾了房中细软,共梅香走失,不知何往。"(《辞源》)

"细软"原义是形容词,发展出来的意义是名词。

秀才　意谓才能优秀。《管子·小匡》："农之子常为农,朴野而不愿,其秀才之能为士者,则足赖也。"注："有秀异之才,可为士者。"秀才之称始见此。至汉始为举士之科目。(《辞源》)
①明清两代生员的通称。②泛指读书人。(《现汉》)

"秀才"原义是形容词,发展出来的意义是名词。

名──→动
交游　㈠往来的朋友。《庄子·山木》："辞其交游,去其弟子,逃于大泽。"(《辞源》)
结交朋友。(《现汉》)

"交游"原义是名词,发展出来的意义是动词。

珍藏　谓所藏的珍宝。《文选》汉班孟坚(固)《西都赋》："其阳则崇山隐天,幽林穹谷,陆海珍藏,蓝田美玉。"(《辞源》)
认为有价值而妥善地收藏。(《现汉》)

"珍藏"原义是名词,发展出来的意义是动词。

形──→动
修理　㈠完善有条理。《汉书·薛宣传》谷永疏："窃见少府宣,……为左冯翊崇教养善,威德并行,众职修理,奸轨绝息。"㈡整治。《后汉书·光武帝纪下》："修理长安高庙。"(《辞源》)
使损坏的东西恢复原来的形状或作用。(《现汉》)

"修理"原义是形容词,发展出来的意义是动词。

冲淡　谓平和淡泊。《晋书·杜夷传》王敦荐夷疏："夷清虚冲淡,与俗异轨,考槃空谷,肥遁匿迹。"(《辞源》)
①加进别的液体,使原来的液体在同一个单位内所含成分相对减少。②使某种气氛、效果、感情等减弱。(《现汉》)

"冲淡"原义是形容词,发展出来的意义是动词。

名──→形

粗　同"麤"。㊀稷类粗粮,粗米。《左传·哀公十三年》:"粱则无矣,麤则有之。"《诗·大雅·召旻》:"彼疏斯粺。"汉郑玄笺:"疏,麤也,谓粝米也。"(《辞源》)

①(条状物)横剖面较大。(《现汉》)

"粗"原义是名词,发展出来的意义是形容词。

俊秀　㊀才智出众的人。《三国志·吴书·孙权传》:"招延俊秀,聘求名士。"(《辞源》)

(容貌)清秀美丽。(《现汉》)

"俊秀"原义是名词,发展出来的意义是形容词。

动──→形

勤劳　㊀辛勤劳作。《书·无逸》:"厥父母勤劳稼穑。"(《辞源》)

努力劳动,不怕辛苦。(《现汉》)

"勤劳"原义是动词,发展出来的意义是形容词。

墨黑　㊀指画眉毛。《战国策·楚》三:"彼周、郑之女,粉白墨黑。"㊁阴晦如墨,形容极黑。宋蔡绦《铁围山丛谈》:"俄日暮,风益急,灯烛不得张,坐上墨黑,不辨眉目矣。"(《辞源》)

"墨黑"原义是动词,发展出来的意义是形容词。

(五) 感情色彩变化

感情色彩变化的词,词的概念义往往也有变化。现在是从这种变化最明显的特征上命名。如:

爪牙　原指鸟兽用于攻击和防卫的"爪"和"牙",引申指武臣。《诗·小雅·祈父》:"祈父,予王之爪牙。"现在用来比喻坏人的党羽。

复辟　辟,君主。失位的君主复位叫～～。《书·咸有一德》:"伊尹既复政厥辟。"《明史·王骥传》:"石亨、徐有贞等奉英宗复辟。"(《辞源》)

失位的君主复位,泛指被推翻的反动统治者恢复原有的地位或被消灭的反动制度复活。(《现汉》)

勾当　㊀办理。《北史·序传》:"事无大小,(梁)士彦一委(李)仲举,推寻勾当,丝发无遗。"(《辞源》)

事情,今常指坏事情。(《现汉》)

这三个词最明显的变化是感情色彩变了。"爪牙"从中性或褒变为贬,词义的变化是:原指"武臣",发展出来的意义指"坏人的党羽",词义转移了。"复辟"的感情色彩从中性变为贬,原义的行为主体是"君主",发展出来的意义行为主体可以是"反动统治者""反动制度",词义有扩大。"勾当"的感情色彩从中性变为贬,词义原指"办理",是动词,发展出来的意义指"坏事情",是名词,词义转移了。

上面讲的是词义发展的主要类型。词义发展是曲折的。一个词在历史上可以产生出多个意义,各个意义发展的类型可以不同。如:

珠　㊀蚌壳内所生的珍珠。《书·禹贡》:"淮夷蠙珠暨鱼。"㊁玉珠。汉王充《论衡·率性》:"璆琳琅玕者,此则土地所生,……兼鱼蚌之珠,与《禹贡》璆琳皆真玉珠也。"㊂珠状的小颗粒。唐李白《李太白诗》七《金陵城西楼月下吟》:"白云映水摇空城,白露垂珠滴秋月。"㊃喻优美的事物。《礼·乐记》:"累累乎端如贯珠。"注:"言歌声之著动人心。"南朝梁刘勰《文心雕龙·时序》:"茂先(张华)摇笔而散珠,太冲(左思)动墨而横锦。"(《辞源》)

①珠子:～宝|夜明～。②(～儿)小的珠形的东西:眼～儿|泪～儿|水～儿。(《现汉》)

词义的发展可表示为:

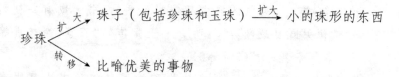

充实 ㈠增加扩大。《孟子·尽心下》:"充实之谓美,充实而光辉之谓大。"㈡充足饱满。汉班孟坚《公孙弘传赞》:"是时汉兴六十余载,海内乂安,府库充实。"(《辞源》)
①丰富;充足(多指内容或人员物力的配备)。②使充足;加强:选拔干部～基层。(《现汉》)

词义的发展可表示为:

[增加扩大]动 —转移→ [(物)充足饱满]形 —扩大→ [(物、内容等)丰富充足]形 —转移→ [使充足加强]动

二、词义发展的原因

社会生活的发展,包括新事物出现,旧事物消亡,阶级斗争的发展;人的思想认识的发展;语言内部各个因素的相互作用。这三方面是词义发展的主要根源。这三个方面是相互影响、相互联系的,但有时词义的发展,又显出某个因素占主导地位。

"钱"一词意义的变化,着重说明了新事物出现、旧事物消亡所引起的词义变化。"钱"原为一种除草铲土的农具,前阔后窄,像钟的剖面形,古时农器也用作交易的媒介。后来有一种钱币模仿这种农具的形状铸成,就用"钱"来表示这种货币。古以贝为钱。秦废贝行钱后,钱成为货币的通名。后来作为农具的"钱"不用了,在生活中消失了,它的本义跟着消失,而货币之义则沿用下来。

又如"火箭"一词,原指引火物燃烧以攻敌的战具。《三国志·魏书·明帝纪》"诸葛亮围陈仓"注引《魏略》:"(亮)起云梯冲车以临城。(郝)昭于是以火箭逆射其云梯。""火箭"现在指"利用反推力推进的飞行装置,速度很快,目前主要用来运载人造卫星、人造

行星、宇宙飞船等,也可以装上弹头制成导弹"(见《现汉》)。"火箭"古今所指的两种事物是不相同的,旧火箭早已消失,新火箭方兴未艾。"火箭"一词旧义也不为一般人所知,新义成为唯一的意义。

又如"飞"一词,原指鸟、虫等鼓动翅膀在空中活动。出现了飞艇、飞机以后,"飞"有了新义:利用动力机械在空中行动。

在阶级社会中,各个阶级,特别是统治阶级,常把本阶级的思想意识输入语词之中,使词义发生变化。如"崩",原指山塌,后专指皇帝死。"忠",原义为敬,后专指对君王专一。"节",原指竹节,后用来指妇女对丈夫专一,丈夫死后不改嫁。这些词都表达了封建统治阶级的思想意识。中华人民共和国成立后,工人阶级劳动人民取得了政权。在社会主义革命建设中,不少词有了新的意义,反映了新的概念,它们迅速成为词的基本义。如"地主",过去指"土地之所有者",后指"占有土地,不劳动,以剥削为生的人",后义成为基本义。"贫农",过去指一般的穷苦农民,后指占有部分生产资料,主要靠租人土地,或以出卖劳力为生的穷苦农民,后义迅速成为基本义。

人的思想认识的发展引起词义的发展可以从两方面说明:

第一,思想认识的发展。许多古今都用到的词,主要是一些反映自然现象、动物、植物的词,古今词义适用对象大体相当,但表示的对象特征有了很大的发展。如上面讲过的"土""人""牛"三个词。又如:

天　颠也,至高无上。从一大。(《说文》)
　　天空。日月星辰罗列的广大空间。(《现汉》)
云　山川气也。(《说文》)
气　云气也。(《说文》)
云　由水滴、冰晶聚集形成的在空中悬浮的物体。(《现汉》)

《说文》释"天",用了声训[天,颠也(颠,头顶)],但释义中仍包含对天特征的理解:天指顶上的至高无上的地方。《现汉》的释义反映了现代的认识,抓住了天最主要的特征:它是"广大"的,"日月星辰罗列"。《说文》释"云"为"山川气","气"又同"云气",反映了当时人们对云的认识。《现汉》的释义讲到云的成分、构成("水滴、冰晶聚集形成"),反映了今天人们对云的科学认识。

第二,思维联想规律的作用。这就是我们讲过的思维顺着相似性、关联性产生联想,会使人把一个指甲事物现象的词用到指乙事物现象上去,使词产生新义,巩固下来,就成为词的固定义项。如"包袱",原指用布包衣物的包儿,后用来比喻思想上的负担。"尖端"原指尖锐的末梢,我国掀起向科学进军的高潮后,用来指最先进的科学技术。"红旗",原指红色的旗子,后可以用来指代无产阶级革命。"红领巾",原指红色的领巾,后用来指代少先队员。前两词是相似性联想产生新义,后两词是关联性联想产生新义。

语言内部诸因素的作用对词义发展的影响研究得不够,下面作一个大概的说明。

语法、语音、词汇、词义的发展变化是互相作用的。汉字字形的变化对词汇、词义的发展也有相当的作用。

词在句子中位置和作用的变化常常引起词义的变化。我们以动—名之间的变化为例。"恩典"原指"帝王对臣民的恩惠",宋韩琦《谢除使相判相州表》:"被恩典之特优,顾人言而甚愧。"后泛指"恩惠",《红楼梦》三七回:"凭他给谁剩的,到底是太太的恩典。"这两个意义都是名词义。"恩惠"是"恩典"的基本义。现在"恩典"能作动词用,如可以说:"你就恩典了他吧。""老爷恩典了他。"这样就生出动词义"给予恩惠"。再如"标点",原指"标记句读的符号",《宋史·何基传》:"凡所读,无不加标点……义显意明,有不待论说而自见者。"这是名词义,这个意义现在仍是"标点"的基本义,但现在它能作动词用,例如可以说"标点古书""标点二十四史",这样它又生出动词义"加上标点"来。以上两个词是名变动发展出动词义的例子。下面两个词是动变名,发展出名词义的例子。一个是"流毒",本义是"流传毒害",《书·泰誓》:"而夏桀弗克若天,流毒下国。"这是动词义。后来可用作名词,生出"流传的毒害"的意义,汉王充《论衡·言毒》:"则知边者阳气所为,流毒所加也。"这两种意义一直用到现在。另一个是"流言",原来可用作动词,义为"散布没有根据的话",《书·金縢》:"武王既丧,管叔及其群弟乃流言于国,曰,(周)公将不利于孺子。"又可用作名词,义为"带有诽谤性的话",《荀子·大略》:"流丸止于瓯臾,流言止于智者。"现在"流言"已不能作动词用,动词义也丧失了,只能作名词用,名词义就保留下来。

词义变化不一定以语音变化为条件。但语音变化可以产生或巩固词义的变化,有可能分化出另一个词来。如古汉语中出现过词性变化伴随声调变化的现象,名、动、形可以互相转化,转化出来的一般读去声。这种以声调区别词义词性保留到今天的,如:

好 hǎo,形容词,美,善。《诗·郑风·叔于田》:"不如叔也,洵美且好。"|这个人真好。

hào,动词,喜爱。《诗·小雅·彤弓》:"我有嘉宾,中心好之。"|他不好动。

种 zhǒng,名词,植物的种子。《诗·大雅·生民》:"诞降嘉种。"|买稻种。

zhòng,动词,栽种。《诗·大雅·生民》:"种之黄茂,实方实苞。"|种庄稼。

又如"利害"有"利益与损害"和"剧烈凶猛"的意思。后义同"厉害","害"已读轻声。"利害(lìhài)"和"厉害(lì·hai)"已可能分为两个词了。"画"有"图画"(名词)、"绘画,作图"(动词)义,名词义现在在口语中已儿化,动词义则必不儿化,语音的变化使"画"的这两个意义区分得更清楚了。

汉字字形的变化往往能使新发展出来的词义分出来,成为一个新词。如"益—溢",《说文》:"益,饶也。从水皿,皿益之意也。"本义就是水漫出来,《吕氏春秋·察今》:"澭水暴益。"本义引申为"增加"(《韩非子·定法》"五年而秦不益一尺之地"),引申为"利益"(《左传·僖公三十年》"若亡郑而益于君")等义。后来造"溢"字表示其本义,其他意义仍用"益"字表示,"益""溢"成为不同的词,现在是词(溢)和语素(益)同音。

再如"文—纹","文"有"彩色交错"(《易·系辞》下"物相杂,故曰文")、"纹理,花纹"(《左传·隐公元年》"仲子生而有文在其手")、"文字,文辞"(《孟子·万章上》"故说诗者不以文害辞";《说文·叙》"仓颉之初作书,盖依类象形,故谓之文")等义。后为"纹理,花纹"这个意义造"纹"字,其他义仍以"文"字表示,"文""纹"成为不同的词。

这里谈一谈假借对词义、词汇发展的影响,无本字的假借如"然(燃)"假借为"然(对)","师(众)"假借为"师(狮)"。在未用同一字表示这两个意义之前,它们是同音词。用同一字表示这两个词之后,它们是同音同形词,不应该看作是一词发展出新义。后来往往给其中一义造出新字,如"然"的"燃"义写成"燃","师"的"狮"义写成"狮",它们就是同音异形词了。现在"狮""师"仍是同音词,"燃""然"是词和语素同音。有本字的假借如"厶(奸邪)"写成"私(原义为'禾')","册(书简)"写成"策(原义为马箠)",与其看作"私""策"增加了新义,不如看作"私""策"各代表两个同音词。后来"私"的原义消失,"厶"字也消失,"厶"的本义及后起义("属于个人的,为个人"等)占据了"私"这个字形。这里,假借是造成词形更换的一个条件。"册"同假借它的意义的"策"各自独立,各自发展出新义。这里,假借是分化出新词的一个条件。现在"册"是词,"策"是语素。

词义在发展中有时也表现出互相影响、互相制约的关系。如"洋"原有一义指大海,文天祥《过零丁洋》:"零丁洋里叹零丁。"19世纪中晚期海禁打开,外国事物涌入中国以后,"洋"用来标志外来的事物,如洋枪、洋炮、洋纱、洋油,这是社会变化逐步使词义按照关联性联想而发生变化。"洋"的变化相应引起反义词"土"的变化。"土"原有乡里义,《后汉书·班超传》:"超自以久在绝域,年老思土。""洋"有"外来的"意义后,"土"就有了"本国的,中国的"意义。后来"洋"又有"现代化的,水平较高的"意义。"土"就有"水平较低的,较粗糙的"意义。"土"的词义变化,很明显是受"洋"的影响。

三、现代汉语词义的发展

现代汉语有很长的历史。现代汉语词义的发展不同时期有不同的情况。我们这里主要说明中华人民共和国成立以后,特别是改革开放以后现代汉语词义发展的一些特点。

上面讲述了词义发展的主要根源有三个方面:社会生活的发展,人的思想认识的发展,语言内部各因素的相互作用。这三个方面是互相影响、互相联系的,有时词义的发展又显示出某个方面占主导地位。我们根据这种认识,讨论现代汉语词义发展的一些特点。

中华人民共和国成立以后,中国的政治、经济、文化各方面产生了巨大的变化。这种社会生活的发展变化,以及引起的思想认识的发展变化成为支配现代汉语发展,包括现代汉语词义发展变化的强大力量和主要根源。

一大批原用的政治、经济、文化、社会生活各方面的词语都融入了新的认识,或者有了新的含义。例如"国家",原来的认识一般是指"在一定历史时期中由固定的土地、人民组成的有一个进行管理的组织的共同实体",现在认识到它的本质是"由军队、警察、法庭、监狱等组成的阶级统治的工具",它是"专政的暴力组织"。"资本",原来的认识是指"经营工商业的本钱",现在认识到它是"资本家占有并用作剥削手段的生产资料和货币"。"富农",原指"拥有大量田产的人",在土地改革运动中它特指"自己虽参加劳动,但以剥削农民(放高利贷或出租土地)为主要生活来源的人"。"工人",原指"从事各种非农业的体力劳动的人",现认识到他们"在资本主义社会中是不占有生产资料,依靠出卖劳动力为生,受资产阶级剥削的人;在社会主义社会中,他们成为生产资料的主人,是社会主义革命建设的领导阶级"。反映社会生活、社会认识的变化,一些日常用语也改变了意义。例如"爱人",原指"恋爱中的一方",现在特指丈夫或妻子,词义缩小了。"同志"原指为共同理想、共同事业而奋斗的人,政党成员之间都可称同志,现用作新社会普通人民之间的称呼,词义扩大了。

新产品、新事物的出现常常使新词语大量涌现,也诱发一些词语生出新义。如"网"原指"用绳线等结成的捕鱼捉鸟的器具",它后来发展出"形状像网的东西"(网袋、球网)、"像网一样纵横交错的组织或系统"(交通网、通信网)。随着计算机网络系统的产生和发展,"网"又可特指"计算机网络",这个意义不仅可以作为词来运用(学会在网上购物|这个信息在网上发布了),还构成了一大批词语,如"网民、网迷、网页、网址、因特网、互联网"等。"绿色"原指大地植物的颜色,它使人联想起纯真、自然、不受污染。这样,当出现了符合环保要求、无有害物质污染的用品、食品等时,人们就以"绿色"来形容,如"绿色食品""绿色包装""绿色建筑",这样"绿色"就有了"不污染生态环境,不危害人的,健康的"这样的含义。"垃圾"原指"灰土,生活消耗产生的废物",在"垃圾邮件""垃圾股""垃圾债券"中,它有了"无用的,使用价值、收益低的"意义。在"蓝色农业""蓝色国土"中,"蓝色"指海洋、海水,都属于这种情况。

词义发展出新义以比喻义居多。如"东风"原指"春风","西风"原指秋风。但在"东风压倒西风"的常用语中,"东风"指革命的力量和气势,"西风"指日趋没落的腐朽势力。这显然是从春风吹醒万物、大地欣欣向荣,西风肃杀寒冷、草木枯落凋零生起联想而产生的比喻义。"出台"原指"演员上场",发展出新义"(政策措施等)公布或予以实施";"接轨"原指"连接铁路路轨",发展出新义"不同体制、措施调整贯通起来"(中国经济要和国际经济接轨);"充电"原义是"使蓄电池连接电源,使获得电能",新产生的比喻义是"通过学习补充知识、提高技能"。有些词的比喻义是从港台词语吸收过来的。如"包装"原指"用装饰性的纸、盒包或装商品",比喻义指"对人或事的形象装扮美化,使其更具吸引力或商业价值"。"锁定"的"使固定不动"义(锁定中央1台电视频道)、"紧紧跟定"义(这种电子系统能同时锁定多个来犯的目标)都是比喻用法。

词性转换引起词义转移也令人注目。它一般是由于表达的灵活经济产生的。在运用中,人们使某一词有了非常规的功能(这里是词性转换),无须创造新词,在一定的上下文中、一定的语境中使原来的一个词表示了新的含义。"端正""丰富""巩固"等原是形容词，五六十年代这些词带上宾语（端正态度、丰富内容、巩固国防）的用法很普遍，它们就有"使……端正""使……丰富""使……巩固"等动词的意义。原来有一些名词可用作形容词，如"科学"（这种做法不科学）、"机械"（这种规定太机械）、"困难"（他们家很困难），这些词于是有了相应的表性状的意义，"科学"义为"认识做事合乎科学"，"机械"义为"拘泥死板，没有变化"，"困难"义为"（生活）不好过"。近年来，名词用作形容词因而具有表性状的意义的情况较多。如"经典"原指"各种具有权威性的著作"，现在有了"经典影片""经典唱片"的说法，因而它有了"具有典型性而影响较大"的意义；"时尚"原指"当时的风尚"，现在有了"这种衣服很时尚""这种做法很时尚"的用法，因而它具有了"合乎当前流行潮流"的意义。

一些原是外来词中的译音音节用来构成新词，因而变成有意义的构词语素，是词义发展中的一个现象。例如"啤"原是"啤酒"这个词中的译音音节（beer），"酒"是译义的语素。现在"啤"可以构成"扎啤""罐啤""瓶啤""散啤"等词，"啤"就有了指示啤酒的意义。"的"原是译音词"的士"（taxi）中的一个音节，它现在可以构成"面的""摩的""打的"等词，"的"在这里就有了指示出租车的意义。

"软件"原是计算机系统运行所需的各种程序、数据和文档的统称，后用来指示地区、团体、单位的人员素质、管理水平和服务质量等。"软件"意义的发展也使"硬件"的意义有了相应的发展。"硬件"原是组成计算机的运算器、控制器、存储器等固定装置的统称，又用来指地区、团体、单位在生产、经营、工作过程中的资金、机器设备、物质材料等。这是词义发展相互影响的结果。"白色收入""黑色收入""灰色收入"的意义差别、对立和联系，也是词义发展相互影响造成的。"白色收入"指按规定获得的工资、津贴等劳动报酬，"黑色收入"指用违法手段（贪污、受贿、盗窃等）掠取的财物，"灰色收入"指在工资以外通过其他途径（如兼职等）取得的收入，它不很公开，也不怎么隐蔽。"白色""黑色"原就表示对立的意义，"灰色"则不黑不白，因而可以用它们作修饰成分表示意义有对立区别又有联系的三种不同收入的词语。

在社会政治经济发展的不同阶段,人们所处的社会地位、对事物的认识评价有很大的不同。中华人民共和国成立初期,广大人民从旧社会中挣脱出来,认识到帝王、贵族、富豪等是属于剥削阶级的,因而这些原来带有崇高评价的词语随着人们对这些词语所表示的人的憎恨、厌恶、否定而带上被否定的评价。到了改革开放年代,社会经济有了很大的发展,社会生活有了很大的改变。一部分人占有了较多的社会财富,开始追求更高的生活享受。人们开始借用"帝王、贵族、富豪"这些词来形容、表示生活享受超过常人,豪华富贵的居住、娱乐、休闲场所(如"富豪酒家""贵族别墅"等),这些词的词义变为"像帝王(贵族、富豪)一样的",又带有欣赏、赞许的色彩了。改革开放以后,社会容纳私人经济的发展,大量吸收国外资本,因而中华人民共和国成立初期带有否定评价的"老板""业主""经纪人"这样的词,其否定评价也消失了。

练 习

一、利用工具书,查出下列各词的古义(最早的一个义项)和今义(基本义),指出其发展类型:

口诀　思量　挑拨　粉饰　管辖
硕士　水产　佳人　固执　守节

二、分析"电""草"词义的发展过程。

三、在现代汉语中举出一个因词性转换发展出新义的例子,举出一个因词义互相影响而发展出新义的例子。

四、在现代汉语中举出一个由音节变为有实义的语素并构成合成词的例子。

第七章 几种重要的词汇划分

  人们对现代汉语词汇有不同角度的划分,它反映了指导语言应用的需要和对词汇认识的深度。本章说明三种类型的词汇划分:1. 20世纪50年代以来我国学者对词汇所作的划分;2. 非语义词群划分;3. 主题词群划分。重点说明第一种划分。

  20世纪50年代以来我国学者对现代汉语词汇所作的划分是:

  1. 从词在语言词汇构成的地位作用上所作的划分,即基本词汇和一般词汇。

  2. 从词出现的时间上所作的划分,即古语词和新词。

  3. 从词在两种最重要的交际领域的运用上所作的划分,即口语词汇和书面语词汇。

  4. 从词的运用的区域上所作的划分,即标准语词汇和方言词汇;从词在不同社会阶层的运用上所作的划分,即社会习惯语,附入这一类。

  5. 本族语词汇和外来语词汇的划分。

  这些划分,反映了人们对各种词汇地位作用的认识,各种词汇在应用上也各有特点和限制。下面阐述这五种划分,说明各类词的特点和运用。

一、基本词汇和其他词汇

(一) 基本词汇和一般词汇

1. 基本词汇

语言中存在基本词汇,是斯大林《马克思主义和语言学问题》一书的基本观点之一。他说:"语言的词汇中的主要东西就是基本词汇,其中就包括成为它的核心的全部根词。基本词汇比语言的词汇少得多,可是它的生命却长久得多,它在千百年的长时期中生存着,并且为构成新词提供基础。"[1]20 世纪 50 年代以来,我国学者运用这种观点来分析汉语词汇。一般认为:基本词汇是从古代到现代,在实际运用中必不可少的词,它们表达的是人们交际最不能缺少的概念。基本词汇包括下列八种词:

(1) 表示人们最熟悉的自然界现象和事物的一些词:

天象名　天、星、雷、电、云
地象名　地、山、水、江、河、海
动物名　牛、羊、猪、狗、鱼、鸟
植物名　草、树、花、果、麦、稻

(2) 表示生产和生活资料的一些词:

刀、斧、锄、犁、房、屋、碗、盆

(3) 表示时令和方位概念的一些词:

年、月、日、春、夏、秋、冬、东、西、南、北、上、下、左、右

(4) 表示最基本的性质状态的一些词:

大、小、长、短、粗、细、轻、重、红、白

(5) 表示最基本的动作变化的一些词:

---

[1] 《斯大林选集》下卷第 515 页。

出、入、走、生、死、开、关、问、答

(6) 表示人体部位器官的一些词：

头、心、手、脚

(7) 表示数量的一些词：

一、二、三、十、千、万

(8) 表示人称和指代关系的一些词：

我、你、这、那

属于基本词汇的词的特点是：

(1) 普遍性　这是从共时角度说的。即，它是普遍使用的、常用的。

(2) 稳固性　这是从历时角度说的。稳固性不能理解为它的语音形式和意义没有变化。它的语音形式从上古音变为今音，它的概念义有不少也随着人们的认识发展而深化。所谓稳固性是指它存在很长时间，在长时间中它的指示范围是稳固的。上古的山、水、牛、人，今天还是指示着山、水、牛、人。

(3) 是构成新词的基础　就是说它可以用来构造新词，那些能够构成新词的属于基本词汇的词就是根词。例如以"天"作根词构成的词语：

天边、天兵、天禀、天波、天才、天车、天窗、天道、天敌、天底下、天地、天地头、天电、天鹅、天鹅绒、天分、天赋、天干、天罡、天公、天官、天沟、天光、天国、天河、天候、天花、天花板、天皇、天火、天机、天际、天骄、天井、天空、天籁、天蓝、天狼星、天老儿、天理、天良、天灵盖、天伦、天命、天幕、天年、天牛、天棚、天平、天气、天堑、天桥、天青、天青石、天穹、天球、天球仪、天趣、天然、天然气、天壤、天日、天色、天神、天时、天使、天授、天书、天数、天堂、天梯、天体、天条、天庭、天王、天王星、天文、天文学、天文钟、天下、天仙、天险、天线、天象、天象仪、天晓得、天性、天幸、天涯、天阉、天意、天鹰座、天牢、天渊、天灾、天葬、天真、天职、天轴、天竹、天竺、天主教、天资、天子、天足、天尊、苍天、云天、蓝天、今天、春天、青天、霜天、冲天、江天、飞天、遮天、呼天、怨天、九重天、海天、滔天、连天、补天、换新天、杏花天、艳阳天、不夜天、天差地远、天长地久、天长日久、天翻地覆、天高地厚、天公地道、天花乱坠、天荒地老、天昏地暗、天经地义、天罗地网、天马行空、天南地北、天怒人怨、天网恢恢、天悬地隔、天旋地转、天涯海角、天衣无缝、天造地设、天诛地灭、天字第一号、别有洞天、一步登天、不共戴天、女祸补天、杞人忧天、锣鼓喧天、天外有天、坐井观天

如何运用普遍性、稳固性、构词基础这三个标准确定语言中哪些词属于基本词汇呢？不同学者有不同的意见，有不同的侧重方面，下面说明的是一种分析和考虑。

单用普遍性这个标准，很难把基本词汇和常用词划开。下面是表示天象的几个常用词（见《普通话三千常用词表（初稿）》）："天、天空、太阳、阳光、日蚀、月亮、卫星、月蚀、星、地球、空气"。

从普遍性上看，除"卫星、日蚀、月蚀"外，其他都不能说不是普遍使用的，不是常用的，那它们是否都属于基本词汇呢？显然不能这样说。

根据稳固性这个标准，上述那些词的情况就很不相同。

天　　早在甲骨文中多次出现。《说文》："天，颠也。至高无上，从一大。"《释名》："天，显也，在上高显也。"《论衡·谈天》："天，气也。"《史记·太史公自序》："昔在颛顼，命南正重以司天，北正黎以司地。"

天空　　谓天之空旷也。五代贯休《送郑准赴举》："海静三山出，天空一鹗高。"

这里"天空"是词组，还不是词。

太阳　　《汉书·律历志上》："大（通太）阳者，南方。南，任也，阳气任养物，于时为夏。"《后汉书·桓帝纪》："太阳亏光。"

阳光　　阳气之光，又太阳光也。《礼·月令·仲春之月》"始

电"疏:"云始电者,电是阳光,阳微则光不见。此月阳气渐盛,以击于阴,其光乃见,故云始电。"《后汉书·桓帝纪》五月乙亥诏曰:"间者,日食毁缺,阳光晦暗。"

日蚀　又作"日食"。《左传·昭公七年》:"晋侯问于士文伯曰:'谁将当日食?'"《史记·天官书》:"春秋二百四十二年之间,日蚀三十六。"

月亮　唐李益《奉酬崔员外副使携琴宿使院见示》:"庭木已衰空月亮,城砧自急对霜繁。"

这里"月亮"是词组,还不是词。

卫星　satellite,天空中环绕行星而行之星也。

月蚀　又作"月食"。《礼·昏义》:"月食则后素服,而修六官之职。"《汉书·韩延寿传》:"候月蚀铸作刀剑钩镡。"

星　甲骨文中已见。《说文》:"万物之精,上为列星。"《诗·召南·小星》:"嘒彼小星,三五在东。"

地球　《新法历书·地球》:"地球仿地之原形,必为圆面仪……"

这里"地球"指地球仪,后才用以指地球本身。

空气　《周礼政要·冶金》:"钢……中多含空气与各种气质,锤炼不精,则往往有细孔……"

上述各词出现的时间可以列如下:

先秦	汉代	魏晋南北朝	唐宋元明	近代
天	太阳		(月亮)①	卫星
星	阳光		(天空)	地球
日蚀				空气
月蚀				

再看构词基础这个标准。

一般地说,属于基本词汇的词应有构词能力。构词能力强的

---

① 加括号表示出现时间未能确定。

成为所谓根词,构词能力差的应不算根词。如:

地球　地球化学　地球物理学　地球仪
月亮　月亮门儿

"地球""月亮"这两个词应不算根词。

又,根词和词根不相等。根词必定现时也是词。有很多语素有很强的构词能力,过去是词,现时不是词。如:

童　童蒙　童工　童年　童仆　童山　童生　童声　童心
童养　童谣　童贞　童子

但"童"不是词,在它构成的词中它是一个词根。

这里特别关系到这样一些词:在历史上曾经是词,构成了一大批词,它所表示的事物概念,又是最重要的一些东西,而今天,它们的词的地位已受到了新起形式的排挤,但在某些格式中,它们还算是词。如"月",能构成"月亮、月晕、明月、残月"等 60 多个词;"月亮"只能构成"月亮门儿"一个词。现在普通话中"月亮"是词,"天上一轮月亮""月亮升起来了"不能说成"天上一轮月""月升起来了",但在"月如钩,天如水"中,"月"仍算词。

在这种情况下,宁可把"月"看作属于基本词汇的词。因为"月亮"的稳固性不如"月","月亮"构词能力差。

但又有另一种情况:同一词的新旧形式都有构词能力,老的更强一些,而新的也表现出越来越旺的势头,如"日"能构成"日光、日照、白日、天日"等 60 多个词,"太阳"构成的词有"太阳灯、太阳能、太阳系、太阳黑子、太阳年、太阳穴、太阳历、太阳日、太阳时、太阳炉、太阳鸟、太阳宫、太阳光谱、太阳草(草名)、太阳虫(虫名)"等。"日"在现时也未完全失去词的身份,"日出东方""日落西山"中它都是词。可以把"日""太阳"都看作属于基本词汇的词。

可以认为,在三个标准中,构词能力是最重要的一个标准。有很强的构词能力,说明它是稳固的,因为它构成那么多词,要在一个长时期中才能陆续完成。构词能力强,有稳固性,往往又能显示它的普遍性。

对代词(人称代词"你、我",指示代词"这、那")、虚词("于、对、在"等)不能以构词能力作为确定其是否属于基本词汇的标准。

根据以上几个标准综合考察,上述表天象的常用词当中,属于基本词汇的词有:

天　先秦出现,能构成"天边、天兵"等160多个词语,现时有普遍性。

星　先秦出现,能构成"星辰、星斗"等30多个词,现时有普遍性。

太阳　汉代出现,能构成"太阳灯、太阳能"等18个词,现时有普遍性。

日　先秦出现,能构成"日光、日暑、日照"等60多个词,现时还能以词的身份存在。

月　先秦出现,能构成"月宫、月光、月华"等60多个词,现时还能以词的身份存在。

"阳光、日蚀、月蚀"虽出现较早,但无构词能力,不是基本词汇中的词,"天空、卫星、空气"出现晚,构词能力不强,不是基本词汇中的词。

"月亮"虽代表重要事物,但出现晚,构词能力差,不是基本词汇中的词。"地球"虽代表重要事物,但出现晚,构词能力不强,同"月亮"一样,不应算基本词汇中的词。

2. 一般词汇

词汇中基本词汇以外的词汇就叫一般词汇。

一般词汇和基本词汇的关系是:

第一,基本词汇中的词派生的词、构成的新词,绝大多数是一般词汇,如上面所举"天"一词所构成的合成词,都是一般词汇。

第二,一般词汇中有些词,随着社会生活的发展,它们所表示的事物和概念在长的历史时期中同人们的生活关系密切,具有了基本词汇中的词的三个特点,它就进入基本词汇的行列。如"党",古代原有这些意义:① 古代地方组织,五百家为党(《周礼·地官·大司徒》:"五族为党。"郑玄注:"党,五百家。")。② 亲族(《礼记·

坊记》:"睦于父母之党。"郑玄注:"党,犹亲也。")。③ 朋辈(《离骚》:"惟夫党人之偷乐兮。")。在汉代,"党"已可指集团,是贬义。如《盐铁论·禁耕》:"私门成党。"后来"党"发展成指政治党派、政治组织,无贬义,这个意思成了基本义。在发展中,"党"构成了"党人、党羽、党祸、党禁、党员、党同伐异、同党、朋党、政党、乡党、入党、共产党"等词语。而"党"这个事物在我国现当代政治生活中对人民有很大影响,随着无产阶级革命在我国的胜利,共产党(常简称"党")成为领导我国社会主义事业的核心力量,"党"成了人们运用的基本概念。这样,从普遍性、稳固性、构词能力三方面看,"党"已进入基本词汇。又如"原子",是 atom 的意译。随着近代科技的发展,原子的知识已得到普及,原子对人们的生活有了巨大的影响,原子已构成了"原子能、原子笔、原子尘、原子弹、原子核、原子价、原子量"等词,"原子"有可能进入基本词汇之列。

  第三,随着社会生活的发展,某个属于基本词汇的词所表示的某些事物、某些概念,在人们的社会生活中已显得不甚重要,甚或成了过时的东西,这个词就退出基本词汇,变为一般词汇中的词。如"君",《仪礼·丧服》:"君,至尊也。"郑玄注:"天子、诸侯及卿、大夫有地者皆曰君。"在长期的封建社会中它又特指最高统治者,"君"构成了"君王、君主、君侯、君侧、君临"等词。"君"在封建社会中可以说是属于基本词汇的。但现在它显然已退出基本词汇。"神"也是同样的情况。"神"指神灵、鬼神,楚辞《九歌·国殇》:"身既死兮神以灵。"它指示的是人们幻想的产物。在近代科学发达以前,这个幻想物对人们的精神生活产生巨大影响,"神"这个词也构成了"神人、神仙、神女、神物、神明、神采"等词。以前它无疑也应属于基本词汇的,而现在,它已没有这个资格了。

  在探讨确定基本词汇和一般词汇的划分标准的研究中,也有学者强调普遍性或稳固性这两个标准。多年来这方面的论述有较大的分歧,难以得到科学的结论。

  不少学者认真思考基本词汇和一般词汇划分的不同意见,认识到,不能机械地应用这两个概念来说明现代汉语词汇的构成。汉语的发展有很长的历史,汉语词的形式从以单音节为主发展到以双音节为主，并且产生了许多三音节及三音节以上的词语。汉语的发展经历了社会文明的不同阶段，在各个阶段中新事物不断出现，新概念新观念不断产生。就一个时期来说，人们普遍使用的词语，反映最重要的事物、最重要的概念的词语有很大差异。有许多单音节的词，在后代用双音节的词来代替，但在构词时，人们往往不用双音节的词作为构词成分构词，而继续用同双音节词同义、近义的不成词语素或活动力减弱的语言单位构词。如"机械"代替了"机"，但仍用"机"构成"发动机、柴油机、留声机、内燃机、拖拉机、打火机、抽水机、计算机"等许多词，其中"机"义即广义上所说的"机械"。上面说过，"童"在现代汉语中已不能作为词来用，与它同义的词是"儿童""小孩儿"，但"童"仍有强大的构词能力，构成数量可观的词，其中"童"的意义就是"儿童"。因此机械地应用稳固性、普遍性、构词能力三个标准来确定不同时期的基本词汇和一般词汇，必然产生种种矛盾。

可以吸收基本词汇这个概念提出的重要特征来分析汉语词汇。根据汉语的实际和应用的需要，提出一些理论上应用上都有价值的词汇划分。下面简要说明学者在这方面的研究。

(二) 几种词汇的统计研究

1. 常用词

常用词就是当代社会生活中最常用的词。常用词的研究同基本词汇所说的"普遍性"特征是相通的。为了普及教育，提高语文教学的质量，我国学者在20世纪二三十年代就对常用字、常用词作过研究。中华人民共和国建立以后，常用词的研究更加细致、科学，取得了很大的成绩。

常用词的确定完全根据词在最流行的书刊上运用的频率。1962年中国文字改革委员会研究推广处出版了《普通话三千常用词表(初稿)》。这个词表按词类编排，分名、动、形、数、量、代、副、介、连、助、叹十一类，每类再根据意义划分次类，如名词部分为：

(1) 天象　天，天空，太阳，阳光，月亮，卫星……

(2) 地理　　地,土地,平原,草地,森林,田地……
(3) 时间　　时间,时候,工夫,时代,现在,过去……
(4) 理化现象　　物质,原子,原子能,分子,光,影子……
(5) 矿物及其他无生自然物　　矿,矿物,金子,银子,铜,铁,锡……
(6) 动物　　动物,野兽,老虎,狮子,象,熊,狼……
(7) 植物　　植物,树,草,竹子,松树,柏树,槐树……
(8) 粮菜果品　　庄稼,麦子,豆子,花生,青菜,萝卜……
(9) 食品　　粮食,面粉,饭,烧饼,糕,肉,糖,茶……
(10) 服装　　衣服,布,背心,皮带,帽子,靴子……
(11) 房屋公共场所　　住处,院子,教室,礼堂,广场,公园……
(12) 家具生活用品　　物件,东西,床,书架,肥皂,灯,笔……
(13) 生产工具材料　　工具,锯子,车床,原料,木头,玻璃
(14) 人的身体生理　　身体,模样,脸,眼睛,肝,肺,神经
(15) 体育卫生医药　　健康,体操,卫生,伤风,门诊,药……
(16) 人的长幼家族关系　　男人,青年,老人,妈妈,丈夫,亲戚……
(17) 人的社会关系称谓　　同志,先生,干部,英雄,县长,会计……
(18) 职业行业　　职业,社员,司机,技师,铁匠,演员……
(19) 工农商业生产　　农业,企业,车间,农场,百货公司……
(20) 社会团体宗教　　社会,人民,阶级,党派,佛,庙,塔……
(21) 政治法律经济　　政策,革命,政府,生产,义务,纪律……

20世纪八九十年代,常用词的研究有了更大的成绩。为了给语文教学、语言研究、中文信息处理、机器翻译等多门学科提供重要的基础材料,北京语言学院语言教学研究所同中国社会科学院语言研究所、邮电科学院数据通信技术研究所等单位合作,利用电子计算机,从1979—1985年完成了现代汉语词汇的统计分析研究。统计运用的语料达200万字,有131万词次,包括不同的词条3.1万多个。利用研究成果编成出版《现代汉语频率词典》(北京语言

学院出版社,1986 年)等书。据统计,现代汉语的高频词有 8000 个,出现频率占语料总量的 95% 以上。低频词 2300 个。常用词划分为两个层次,第一层次 3000 个,以"的"字为头,中间有"用""打"等,最后是"农""批准"。第二层次 2000 个。下面是第一层次常用 3000 个词的前 10 个词的统计情况(摘要):

	频率级次	词次	频率	使用度①
的 de	1	73835	5.6174	69080
了 le	2	28881	2.1973	26342
是 shì	3	21831	1.6609	20401
一(数)yī	4	20672	1.5727	19589
不 bù	5	18107	1.3776	15757
我 wǒ	6	16970	1.2911	11699
在(介)zài	7	14656	1.1150	13438
有 yǒu	8	12591	0.9579	12238
他 tā	9	12206	0.9286	10017
个(量)gè	10	11042	0.8401	10303

常用词比常用字作用大。常用字有 1000 多个,一部分是常用的单音节词,一部分是用来构成多音节词的语素。脱离开活的语言,孤立地硬记 1000 多个汉字,较难收到识字教育的效果。

常用词表对推广普通话有很大意义,可以让方言区的人花较短的时间掌握普通话词汇中最有用的部分。它对儿童教育和外国人学习汉语的好处也是很明显的,可以据以编写课文,安排教学。它对于电信技术发展也有用处,电信用语和略号研究,可以参考这个词表。此外,速记的略写符号、旗语灯语上的略号等,都可以用这个词表作基础来进一步研究。

随着计算机技术的发展和普遍应用,随着语言文字信息处理研究的发展和普遍应用,常用词以及各类词的频率的研究必将取得更大的成绩。

---

① "使用度"是综合反映词的频率和它的分布情况的概念。

2. 现代汉语词汇地域分布的定量研究

由于众所周知的历史、政治原因，我国大陆、台湾、香港三区域政治、经济、社会生活存在明显的差异。这反映到语言运用中，词语的差异一般人也感受得到。但台湾、香港同大陆一样使用的是汉语，三个地区语言中词语的共同之处和差异之处究竟是什么样的呢？有学者借助于电子计算机作了调查研究。陈瑞端、汤志祥1991—1997年完成了《九十年代汉语词汇地域分布的定量研究》[①]。他们从1990—1992年大陆、台湾和香港的报刊中选取600万字语料，共60811个汉语词条，进行词频、覆盖率、使用度的统计分析。他们把词语分为三类："三区域共用词语""双区域通用词语""单区域独用词语"。下面是三类词语举例：

(1) 三区域共用词语

的、在、一、是、有、不、了、十、和、人……

经济、公司、政府、问题、表示、他们、国家、我们、发展、市场……

委员会、共和国、电视台、发言人、一方面、候选人、大多数、负责人、青少年、运动员……

卡拉OK、经济学家、引人注目、平方公里、前所未有、大专院校、管弦乐队、供不应求、众所周知、成千上万……

(2) 双区域通用词语

A. 京、台通用词语

栋、坑、县府、额度、违章、组建、摊贩、违规、片子、酱油……

废弃物、被害人、复印机、电信局、海洛因、合作社、冰淇淋、社会化、政策性、阶段性……

B. 台、港通用词语

民运、飞弹、疲弱、私校、同业、权证、私家、藉着、相较、房车……

嘉年华、六合彩、精神科、大陆客、争议性、剧情片、生育率、同

[①] 参看陈瑞端、汤志祥《九十年代汉语词汇地域分布的定量研究》，《语言文字应用》1999年第3期。

意权……

C. 京、港通用词语

靓、碟、通胀、船民、展销、楼宇、的士、物业、软件、弱智……
录像带、录像机、游戏机、公积金、打印机、商品房、大排档、赞助商、国庆节、集团化……

(3) 单区域独用词语

A. 大陆独用词语

案犯、团伙、民警、房改、荧屏、粮店、解困、民办、公房、老伴……
居委会、文化站、粮食局、离退休、群众性、小商品、面包车、煤气灶、特困户、人贩子……

B. 台湾独用词语

国中、国小、安打、职棒、联考、行库、国代、课征、窃盗、国协……
证交税、公权力、国中生、立法院、歌仔戏、交流道、督察室、原委会、双年展……

C. 香港独用词语

公屋、求证、轻铁、经已、若然、规例、加幅、失车、收生、学额……
大律师、开幕礼、保护令、临屋区、区局节、律师行、音统处、反黑组……

他们分析统计的结果是：三区域共用词语数量占 90% 以上，使用频度集中于高频段、中频段，覆盖率达到 95%。双区域通用词语和单区域独用词语不到总数的 10%，大都集中于低频段。在这个基础上，他们又把三区域共用词语作了分级，甲级词（即最常用词）1200 个，乙级词（即次常用词）2500 个，丙级词（也属常用词）2500 个，丁级词（又称通用词）6500 个。

这种分析是根据普遍性的特征对词语地域分布进行的研究。所得结论有力地证明作为民族共同语的汉语常用词语的普遍性，证明了汉语强大的生命力和稳固的历史地位。这种研究对发展大陆、台湾、香港三地区的交际交流也有相当的作用。

3. 语素的定量研究

学者从不同角度对语素作各种定量研究。这里主要说明关涉到语素构词能力的研究。构词能力强是基本词汇的主要特征,在现代汉语中许多构词能力强的语素已是不成词语素,以这个特征研究语素,有助于认识汉语的词汇特征以至于认识汉语的特征。汉语中许多语素都用一个汉字来书写,所以这种研究又称为汉字构词能力分析。

1982年出版的《常用构词字典》(傅兴岭、陈章焕主编,中国人民大学出版社)就按字收集了各字所构成的词语,各字所构成的合成词一般就称为同族词,在本书第一章我们介绍过"网"所构成的同族词,在本章中又介绍过"天"所构成的同族词。

《现代汉语频率词典》中包含有"汉字构词能力分析",列出了4574个汉字构词能力的说明。其中前10个字的构词能力如下(摘录):

序号	汉字	构词条数总计	单音词	多音词		
				词首	词间	词末
1	子	668	1	11	32	624
2	不	500	1	227	266	6
3	大	296	2	202	53	39
4	心	287	1	88	55	143
5	人	278	1	68	51	158
6	一	275	2	192	65	16
7	头	263	4	31	41	187
8	气	237	3	58	25	151
9	无	216	1	133	79	3
10	水	209	1	121	20	67

又有学者以国家语委和国家教委1988年公布的《现代汉语常用字表》中的3500个汉字为基础,从《现代汉语词典》等词典中找到

这些字构成的词 70343 条,对每个字的构词次数及位置进行统计分析,根据构词率的大小把 3500 个常用汉字划分为 5 个等级,确定其中的 1056 个字为汉语的构词基本字。① 与此相似,有学者提出"基本语素"的研究②,以语素为单位,不以字为单位,认为基本语素是语言词汇的基础,它的特点是:全民常用,历史稳固,构词能力强,大多数语素有比较多的义项。这些研究显然是用基本词汇这个概念所提出的特征,深入汉语语素的层面作分析统计,有明显的理论价值和应用价值。

二、古语词和新词语

汉语词汇从时间上可以划分为现代汉语词汇、古代汉语词汇;古代汉语词汇还可以再划分为上古汉语词汇、中古汉语词汇和近代汉语词汇。现代汉语词汇是历代积累传承下来的大量词语和不断产生的大量词语组合起来的整体。在这个整体中,有两种词语在性质上、应用上引起人们的关注,这就是古语词和新词语。从词语存在的时间长河来审视,古语词存在于河流的源头、上游,新词语处于不断往前延伸的下游。这个下游不是固定的,它在不断地延伸中。经过一段时间,原来处于下游的东西现在离下游越来越远了。

下面分别说明古语词和新词语。

(一) 古语词

古语词有两类:

1. 历史词语

历史词语指示历史上曾经存在过、现在已不存在的事物现象行为,有一部分历史词语所表示的事物现象现在成了遗迹、文物。历史词语也包括一些历史上出现过的神话传说中的事物的名称。

---

① 参看张凯《汉语构词基本字的统计分析》,《语言教学与研究》1997 年第 1 期。
② 参看周行《关于"基本词汇"的再探讨》,《汉字文化》2002 年第 1 期。

这种词语在日常交际中很少应用,只是在说明解释历史现象、事物、事件、人物时要用到,特别是在历史的学术著作中运用。它们主要有这几类:

(1) 古器物的名称:埙(古乐器)、圭(上尖下方之玉器)、鼐(大鼎)、韔(弓套)、鞲(臂衣)、阙(古宫门外之望楼)。

(2) 古典章制度的名称:门阀、科举、九宾(一种隆重的典礼)、膑(去膝盖骨的刑罚)。

(3) 古官职的名称:宰相、太尉、御史、刺史、司马、亭长。

(4) 古人名(包括神话传说中出现的):契(商始祖)、后稷(周始祖)、共工(上古部族领袖)、精卫(传说中炎帝之女)、刑天(神话传说中人名)、望舒(神话传说中为月神驾车的神)。

(5) 古地名(包括神话传说中出现的):邾(周时国名,在今山东邹县)、北邙(山名,在河南洛阳东北,古贵族墓所)、邗沟(古水名,今江苏境内运河,自江都西北至淮安三百七十里为古邗沟水)、西海(神话中的海,在最西方)。

下面是出现在学术著作、历史小说中的历史词语的例子:

商朝有侯、伯、子等爵位,有侯、甸、男、采、卫等五服名称。周制分公、侯、伯、子、男五等爵位。侯、甸、男、卫称外服,封在外服的是正式的国家。采称内服,封在内服的是卿大夫食邑。服定贡赋的轻重,爵定位次的尊卑。(范文澜《中国通史简编》)

为着文书太多,怕的省览不及,漏掉了重要的,他(指崇祯皇帝)采取了宋朝用过的方法,叫通政司收到文书时用黄纸把事由写出,贴在前边,叫做引黄,再用黄纸把内容摘要写出,贴在后边,叫做贴黄。这样,他可以先看看引黄和贴黄,不太重要的就不必详阅全文。(姚雪垠《李自成》)

2. 文言词语

历史词语所指示的事物,现实生活中已不存在,有些只是作为遗迹文物存在,因此,现代汉语中也没有同它对应的词语存在。文言词语是指古汉语中用过的特别是它的书面语中使用,但现代一般已不再使用的词语,它所表示的事物现象和观念,现实中还存在,只不过用现代汉语的词语来称呼。所以文言词语一般有其对应的现代汉语词语存在。文言词语中有很多是单音的,到现代许多已成为不成词语素,如"首(头)""卒(士兵)""忤(违背)""缄(封闭)""倦(疲劳)""巨(大)"。文言词语还包括一批双音词,如"畏葸(害怕)""昂藏(气宇轩昂)""傲岸(高傲)""懊侬(烦恼)""安澜(河流平静)"等。此外还包括一些文言虚词,如"之(的)""尚(还)""乎(吗)""矧(况且)"等。

下面这句话的文言词语都可以找到相对应的现代汉语词语:

倘有逃逸情事,必以纵匪论处,决不姑宽,勿谓言之不预也。(毛泽东《中共发言人关于命令国民党反动政府重新逮捕前日本侵华军总司令冈村宁次和逮捕国民党内战罪犯的谈话》)

倘—如果,要是　　逃逸—逃走　　　情事—情况
必—一定　　　　　纵—放走　　　　论—评定
处—处理　　　　　姑宽—姑息宽容　勿—别
谓—说　　　　　　言之不预—不预先说明

文言词语有以下作用:

(1) 用于贺电、唁电、重要声明等文件中,表示庄严严肃的感情态度。如:

获悉埃德加·斯诺先生不幸病逝,我谨向你表示沉痛的哀悼。(毛泽东《致斯诺夫人唁电》)

凡此十端,皆救国之大计,抗日之要图。当此敌人谋我愈急,汪逆极端猖獗之时,心所谓危,不敢不告。倘蒙采纳施行,抗战幸甚,中华民族解放事业幸甚。迫切陈词,愿闻明教。(毛泽东《向国民党的十点要求》)

(2) 有些政论杂文,恰到好处地运用一些文言词语,可以表示激愤、讥讽:

大好河山,沦于敌手,你们不急,你们不忙,而却急于进攻

边区,忙于打倒共产党,可痛也夫!可耻也夫!(毛泽东《质问国民党》)

美国人在北平,在天津,在上海,都洒了些救济粉,看一看什么人愿意弯腰拾起来。太公钓鱼,愿者上钩。嗟来之食,吃下去肚子要痛的。(毛泽东《别了,司徒雷登》)

(3) 在文艺作品中有时同白话穿插,也有诙谐幽默的效果。如:

甲　听说你们相声演员,都是博学多闻,才华出众。

乙　您太夸奖了。

甲　鄙人有一事不明,要在您台前领教一下,不知肯赐教否?

乙　说着说着转上了,有话请讲当面,何言领教二字。

甲　小弟今日郊游,行在公路上,偶见一物,头如麦斗,尾似垂鞭,额生二角,足分八瓣,套车耕地,性情缓慢,其色黄,其毛短,其肉肥,其味鲜,或蒸、或烤、或涮,取肥瘦肉爆之,其滋味特美,此何物也?

乙　此乃黄牛也。

甲　想不到您连黄牛都知道。(王长友等相声《牵牛记》)

不要不管是否需要,是否协调,滥用文言词语。如:

(1) * 我们过去对外语不重视,现在看原版外文书,只好瞪眼视之。

(2) * 走进美丽的校园,我像傻孩子一样贪婪地看着周围的一切,乃至停下了脚步。

(3) * 他定做了许多盒子,将好橘子置上,将小的、有斑点的橘子置下,整盒出卖。

(1)的"瞪眼视之"可以改为"瞪着眼睛发愣"。(2)"乃至"可改为"不觉"。(3)中的"置上""置下"也是文言说法,可改为平常所说的"放在上面""放在下面"。

(二) 新词语

新词语就是新创造的词语。它或者指示的对象是新的，或者代表的概念是新的，同时它的形式也是新的。上面说过，新词语处于语言词语发展长河的下游，这个下游是不断延伸的；一个时期的新词语过了一段时间，它离开下游就会越来越远。这里我们一般地说明新词语的性质，也说明当前被认作是现代汉语的新词语，也就是我国改革开放以来出现的新词语。

新词语的产生主要是利用原有的语言材料，按照原有的构词方法、词语组合方法构成。它的创造是以固有的语言传统为根据的。下面是改革开放以来产生的新词语举例：

并列式	打拼	点击	封杀	查控	拥堵
偏正式	股民	歌厅	黑客	罚单	芯片
支配式	炒股	撤资	打黑	瘦身	上网
补充式	锁定	搞定	胜出	趋同	录入
陈述式	双赢	情变
附加式	老总	老外

新词语中有一部分是外来词，如"托福、作秀、艾滋病、厄尔尼诺现象"等。外来词我们后面还要说明。

值得注意的是，有些外来词中用汉字书写的音译音节，有了一定的构词能力，可能成为具有实义的语素。如"吧"在"酒吧"中只是译音音节（英语 bar），现在出现了新词"网吧""氧吧"，"吧"可指"（除经营……外,）兼出售酒水的商店"。"的"在"的士"中也是译音音节（英语 taxi），但在新词"打的""面的"中，"的"可指出租小汽车。

新词语中还有一些带字母的词语，如"B 超""BP 机""卡拉 OK"等，这我们在本书第二章中已作过说明。

回溯历史长河，新词语又是相对的。下面是"五四"以来各个时期出现的一些新词语举例。[①]

"五四"至 1949 年出现的新词语：

多数党	青年团	儿童团	先锋队	第三党
红区	边区	解放区	白区	蒋管区
供给制	容共	清党	号召	考验
左倾	右倾	互助组	变工队	工贼
血债	降落伞	空降	抗日	清乡

1949 年后出现的新词语：

鸣放	交心	红专	统购	统销
赎买	劳动日	工分	自留地	试验田
套种	密植	超额	公路网	红领巾
突击队	下放干部	基层	尖端	协作
教研室	辅导员	生产队	人民公社	

  各时期产生的新词语有一部分能长期流传，丰富原有的词汇。这是因为它指示的事物现象长时期在社会生活中起作用，或者是表示的概念观念为大众所接受，为交际交流所必需。上面列举的"五四"以来产生的词语中，"青年团""号召""考验""尖端""协作""教研室"等，就属于这一类。有一部分只能流行一时，随即消失不用了。这是因为它指示的事物现象在社会生活中消失了，或者表示的概念观念不适合社会生活的需要。"文化大革命"中出现的词语"党阀""学阀""走资派""工宣队""红海洋""忠字舞"等就属于这一类。也有一些新词出现了几个同义的形式，在大众长期运用的挑选中有的被淘汰了。如 20 世纪初期、中期出现的"母音—元音、子音—辅音、德律风—电话、麦克风—扩音器"，其中"母音""子音""德律风""麦克风"后来完全不用了。

  科学技术领域出现的新词语比一般领域的新词语要多得多。当今科技突飞猛进，日新月异，表示新产品、新技术、新思想的词语

[①] 参看北京师范学院中文系汉语教研组编著《五四以来汉语书面语言的变迁和发展》第 95—98 页，商务印书馆，1959 年。

层出不穷。其中有一部分也进入社会生活的日常交流之中。下面举出几个这方面的新词语。

电子眼　　用于监控、摄像的电子装置。
电子防御　在电子对抗中，为保护己方电子设备和系统正常发挥效能而采取的措施和行动。主要包括反电子侦察、反电子干扰和反辐射武器摧毁等。
核磁共振　核磁共振成像的通称。医学上用来进行脑部疾病、肿瘤等的检查和诊断。
激光视盘　视频压缩光盘。采用视频压缩技术记录存储电影、电视等视频信息的光盘。

（《新华新词语词典》，商务印书馆，2003）

　　语言不断产生新词，原有的词有一部分会产生出新义，因为词的形式是旧的，新义和旧义有明显的联系，这样的词就不叫新词。如"检讨"，旧义为学术上的检查探讨，后来的意义是自我批评。后一个意义仍有检查之义，是从旧义发展过来的，不是新产生的词。又如"菜单"原指开列各种菜肴名称的单子，现在用来指"计算机屏幕上为使用者提供的用来选择项目的表"，是"选单"的俗称。这是词通过比喻用法产生的新义。再如"夕阳"原义为"傍晚的太阳"，现发展出新义"传统的、因缺乏竞争力而日渐衰落、没有发展前途的"（夕阳产业）。旧词产生新义同新词语有相同的作用，但它是词汇、词义发展的另一种形式。

　　还应该指出另一种情况：有些词代表新概念，在形式上同历史上曾出现的词相同，但意义毫无联系，这种词应算新产生的词。如"经济"原义为"经国济世"（如"经济之道"，见《文中子·礼乐篇》），现义很多，常用的有："①〈经〉以社会生产关系为研究对象的科学。②有关物质资料的生产管理的事。③收支情况。"哪一个意义同原义都无联系。这是日本人从古汉语中借去翻译①义，又传入中国，成为一个新产生的词。

　　又如"仪表"，原指法则或指人的容态。如《淮南子·主术训》"行为仪表于天下"，高诱注云："为天下人所法则也。"又《诗·国风·硕人》"硕人其颀",郑玄笺云:"硕,大也。言庄姜仪表长丽俊好颀颀然。"现指机器仪器上所用的测量装置。原义和新义毫无联系,算新产生的词。

(三) 生造词问题①

新词是适应社会的需要而创造出来,经过运用的鉴定,为语言所接受的。但人们不能随意造词,对语言中原有的词,也不能任意改变它的形式。随意造出的词或任意改变原有词的形式所成的词叫生造词。对生造词应加以规范。

生造词有几种情况:

1. 任意用简称,或简缩复合词

简称由于形式简短、运用经济,得到广泛的运用。简称要注意构成是否合理,如"体育学校"可简称为"体校","外语学校"不能简称为"外校",因为它同"本校—外校"的"外校"相混。"参加试验"也不好简缩为"参试",因为"参试"也可以理解为"参加考试"。运用简称要注意范围,在北京大学校内,用"校党委"这一简称所指明确,但在社会上谈及同一对象,就要用"北大党委"这一简称。社会各界运用的不少简称,在一定范围中可以被人们接受。下列句子中的简称有毛病:

(1) 在那个时期,冬天能有一套军大穿就算是好的了。
(2) 她演的电影不少,但多数是当女配。
(3) 粮食市场放开,供应充足,黑大米价格陡落。
(4) 到了武汉,你不要找湖北省委的人,你就直接去找长办。

(1)的"军大"指"军大衣",但它易同指"军政大学"之类的简称相混,"大"这个语素也难以代表所指事物,可直说"军大衣"。(2)的"女配"指"女配角",简称难以达意,可直用"女配角"。(3)中的"黑"本意是用作"黑龙江"的代表,但放在一般的语境中,"黑"可以理解

---

① 参看郑奠《现代汉语词汇规范问题》,见《现代汉语规范问题学术会议文件汇编》第72页,科学出版社,1956年。

为"黑色的""黑市的"。这里可改为"黑龙江产"。(4)中的"长办"指的是"长江流域规划办公室"。这个简称从事有关工作的人可能了解,但在一般的语境中,应该用更明确的说法,或用全称。

也不能根据简称的形式普遍类推,要看是否需要,意义是否明确。下列简称不当:

教质——教学质量　　二课——基础课、专业课
生救——生产自救　　三诗——史诗、叙事诗、抒情诗

任意简缩复合词的例子如:

＊毙获(击毙＋捕获)　经过一场激烈的战斗,敌舰艇被我毙获,我舰队胜利返航。

＊检析(检查＋分析)　药品已送化验室检析。

2. 破词问题

动宾格式不少词允许隔开用,如:

鞠躬——鞠了一个躬　出勤——出了一夜勤
帮忙——帮他个忙　　理发——理了发了

并列格式、动补格式、偏正格式的词隔开用就是破词,一般应排斥,如:

矛盾——＊矛了一回盾　改良——＊改了良了
后悔——＊后了悔了

3. 生硬造词问题

又有几种情况:

(1) 硬凑,改换复合词。如:

＊揍打　我把他揍打了一顿。
＊腾冒　火烟直向天空腾冒上去。

以上两句分别用"揍""冒"就可以了,"打""腾"为硬凑上去的。

＊精绝　他的发言很精绝。
＊古久　这学派的渊源很古久。

"精绝"应作"精彩","古久"应作"久远"。这是改换了原有词的语素。

(2) 颠倒语素。古汉语中有一部分并列结构的双音词,语素次序不很固定,如:

介绍—绍介

介绍而传命。(《礼·聘义》)

东国有鲁连先生,其人在此,胜请为绍介而见之于将军。(《战国策·赵策》)

安慰—慰安

时时为安慰,久久莫相忘。(《古诗为焦仲卿妻作》)

思欲宽广上意,尉安众庶。(《汉书·车千秋传》)

雕刻—刻雕

工匠雕刻,连累日月。(《后汉书·王充传》)

覆载天地,刻雕众形。(《庄子·大宗师》)

它们的发展,有不同的情况,应分别处理。

a. 现已固定的,过去虽可颠倒,取固定式(下列各组词中,前一个是固定式):

蔓延—延蔓　　次序—序次　　安慰—慰安
辩论—论辩　　增加—加增

b. 颠倒式与原式词义不同,是两个词,应并存:

算计—计算　　和平—平和　　斗争—争斗
发挥—挥发　　生产—产生

c. 颠倒式与原式意义用法相同,用普遍性大的(下列各组词中,前一个普遍性较大):

热闹—闹热　　蛮横—横蛮　　见识—识见
地道—道地　　命运—运命

d. 颠倒式与原式口语书面语运用都普遍,让其并存,听其自然发展:

整齐—齐整　　讲演—演讲　　阻拦—拦阻

离别—别离　　和缓—缓和

三、口语词汇和书面语词汇

在很多情况下,口头能说的词也能书面运用,能书面运用的口头也能说;这样,口语用词和书面语用词应该是没有什么区别的。实际上大部分词口语和书面语确实是通用的,如"山、水、河、读书、生产、跑、跳、高、低"等。

但语言发展中出现了口语词汇和书面语词汇有明显差别的现象,有一部分词常用于口语(口说),有一部分词常用于写作(供阅读)。它们有的有对应关系,是同义词或近义词。如:

美—美丽　　心眼儿—心　　搁—安放
估摸—估计　　吓唬—恫吓　　压根儿—根本
溜达—散步　　要不—否则

有的无对应关系,一般能找到一个语体上的中性词(也叫通用词,口语、书面语都能用的),作为它们的对应物。如:

空当〈口〉＝空隙　　　　　　匮乏〈书〉＝缺乏、穷乏
拉扯〈口〉＝提拔、抚养、牵涉　黧黑〈书〉＝黑
浪头〈口〉＝波浪、潮流　　　料峭〈书〉＝微寒
礼数〈口〉＝礼貌、礼节　　　凌虐〈书〉＝欺侮、虐待
聊天儿〈口〉＝谈天　　　　　蜷局〈书〉＝蜷曲
　　　　　　　　　　　　　　思忖〈书〉＝思量
　　　　　　　　　　　　　　提挈〈书〉＝提携

有一些不仅二者无对应关系,也无中性词(通用词)同它们对应,要用其他词语去解释它们的意义。如:

联袂〈书〉＝手拉着手　　拉下脸〈口〉＝打破情面
敛衽〈书〉＝整衣襟　　　邋遢〈口〉＝不整洁
敛容〈书〉＝收起笑容　　老好人〈口〉＝随声附和的人
寥廓〈书〉＝高远空旷　　偏疼〈口〉＝对晚辈中某个(或某

阑干〈书〉=纵横交错、
参差错落
些)人特别疼爱

口语词是人们生活工作中最习用的部分,为群众所熟悉,显得亲切,又有丰富的形象生动的表达,显得很活泼。除了口头运用外,通讯、文艺作品多用口语词。如:

刚一修沟的时候,工程处就想得很周到,下边用板子顶住沟帮子,上边用柱子戗住了墙,省得下面的土一松,屋子跟墙就许垮架;咱们这溜儿的房子都不大结实。这个,大家也知道。(老舍《龙须沟》)

这时太平村的公所里出来两个人,一个拖着文明棍,一个光着秃脑袋。这两个人看见逃难的人们过来了,那个拖文明棍的一个斜楞三角眼,那个秃脑袋的老家伙咧了咧三瓣嘴,两个就得意地哈哈大笑起来,两个几乎同时说道:"好了,好了,皇军一来,这就好了。"(高玉宝《高玉宝》)

书面语词有不同的运用情况:

1. 有一部分是为了特种目的用于特定的程式中的。为了简明和得到某种特定的修辞色彩,在特定的文体中常常有特殊的用词,如公文用语"呈报、批示、事由、审阅",外交文件用语"谨、致意、阁下、奉告、拜会、回访"等。

2. 有一部分是政论和学术用语,为说明政治问题和学术问题所必需,如"民意、舆论、因果、绝对性、偶然性、具体劳动、抽象劳动、聚变、裂变"等。

3. 有一大批书面语是历代文学创作积累下来的丰富的词汇遗产,后代文艺创作,常常根据需要,吸收运用不同风格不同表现力的词汇,使文艺写作的书面语显得很有表现力。如下面一段描写中曹禺对书面词汇的运用:

阴山下面是一片清澄见底的大湖,匈奴人把它叫"海子"。这是一个风景优美、水草肥沃的地方。宽阔的黑河、茂盛的草原和眼前一片湖光山色,使匈奴人祖祖代代都聚集在这里,放羊牧马。盛暑夏天,此地却十分凉爽。

这是夏天傍晚的草原,天山云霞似火,红紫蓝黄,一时像千军万马,一时像苍龙在天,一时像巉岩断壁,一时像火海烈焰,变化奇幻,说不出的绚丽多彩。(话剧《王昭君》第三幕)

不少作家,叙述语言较多用书面语词汇,对话则多用口语词汇。如(加点者为书面词语,加△者为口语词语):

"我是张腊月。"那个勇敢的女人自豪地说,"闯将张腊月。听说过吧?"

"知道,知道!"举止文静的吴淑兰,被"张腊月"这个她曾说过多少次的名字,被眼前看到的这个真实的女人,以及她那赤裸裸的对人的态度所感染,也情不自禁地活泼起来。……

"我是个火炮性子,一点就响,不爱磨蹭。"张腊月高喉咙大嗓子说,"头回生,二回熟,今天见了面,就是亲姐妹啦。……我都打听过了,咱俩同岁,都是属羊的,对吧?"(王汶石《新结识的伙伴》)

现代汉语的书面语词和口语词相当多并无形式的标志,辨认困难。要在长期的语言学习语言运用中去感受,增强这方面的语感。一部分双音书面语合成词多带生僻的语素,如上面举的例子"匮乏、黧黑、联袂、敛衽、寥廓、巉岩、绚丽",再如"笑靥、教诲、悦耳、颀长、头颅"等。一部分口语词则带弱化语素"子""儿""头"及其他单音多音的弱化语素,如"脑瓜子、小子、脑瓜儿、爷们儿、挤咕、泥巴、油不渍、猛孤丁、黑不溜秋、酸不唧唧"等。

在语言运用中,有一种不问需要而使用书面语词语的倾向。在需要自然地说明问题、叙述事实时,应避免用书面语词汇。下几例都有毛病:

(1)＊他就是我们区供销社的老彭同志,我忙问:"彭同志是否也要到县城去?"
(2)＊他一个寒假阅读了三本新小说。
(3)＊你既然没错,何必惧怕人家批评呢?

(1)去"是否",末了加"吗",(2)"阅读"改为"读",(3)"惧怕"改为"怕"。

四、标准语词汇和方言词汇,社会习惯语

标准语即一个民族的共同语,在汉语来说,就是指普通话。它以北京语音为标准音,以北方话为基础方言,以典范的现代白话文著作为语法规范。一般所说的方言词,有时指普通话以外的各个方言的词语以及作为普通话基础方言的北方话中一些地区性的词语;有时则指被普通话吸收的方言词。这里所说的方言词,用的是前一个意义。被普通话吸收的方言词,是普通话中的方言成分,但既已被普通话吸收,就有理由把它们看作普通话词汇系统中的成员了。

(一) 普通话词汇同方言词汇的差别

它们的差别主要有:

1. 意义相同,说法不同(语素不同,反映在书写上是字不同,语音不同是显然的)。如:

	上衣		小偷
北京	褂子	北京	小偷儿
西安	衫子	济南	小偷
成都	上装	西安	贼娃子
苏州	上身	成都	偷儿
温州	短衫	昆明	毛贼
梅县	(短)衫	合肥	贼
厦门	外衫	苏州	贼骨头
福州	面衫	梅县	贼
		广州	鼠摸
		阳江	(鼠)贼
		厦门	贼仔
		潮州	鼠贼仔

2. 同一个词（语素同，书面形式同），含义不同。如：

面　普通话：面粉、面条
　　江浙话：面条
话　普通话：讲出来的言辞
　　广东话：说
肥　普通话：动物脂肪多
　　闽南话：人、动物脂肪多
行　普通话：可以
　　广东话：走
麦　闽南指玉米
饺子　湖北、闽西、客家话称馄饨
豆油　成都、厦门指酱油
客厅　梅县指正房
床　潮州指桌子

3. 表示同一方面意思的词汇构成不同。这指的是表示同一方面事物现象时所用的词不同。如人摄食不同食物，普通话和苏州话比较：

普通话	苏州话
吃饭	吃饭
喝汤（水，茶，酒）	喝汤（水，茶，酒）
吸烟	吃烟

表示"坏"的意思，普通话和闽南话比较：

普通话	闽南方言文昌话
人坏	人[hiap₂⁴⁴]
坏人	[hiap₂⁴⁴]人
床坏了	床[ɓai³⁴]了嘞
车坏了	车[ɓai³⁴]了嘞
肉坏了	肉[ɓai³⁴]了嘞

（"Б"是双唇吸气浊塞音）

普通话和闽南方言文昌话所用人称代词比较：

普通话	闽南方言文昌话
我	我（侪）
——	侬（表小，表亲爱）
你	你
您（尊称）	——
他	伊
我们	侪人
咱们（包括对方）	——
你们	你人
他们	伊人

（二）普通话对方言词的吸收

普通话以北方话为基础方言，它的词汇以北方话的一般词汇为基础，舍弃基础方言中过于土的词，吸收其他方言中一些富有表现力的词，作为普通话词汇的一个构成部分。这方面的原则是：

1. 基础方言中方言色彩很浓的词，只在某些个别地区运用，有完全同义而比较普通的词代替，这种词可不看作普通话词汇。如：

东北的　　　　非……不解（不行，不能算完）
　　　　　　　牤子（牡牛，公牛）

山西、陕西的　地板（地）、婆姨（老婆）

北京的　　　　格涩（与人不同）、嚼谷儿（日常生活费用）、洋剌子（玻璃瓶）、老爷儿（太阳）

2. 北方话中说法不一致的，用比较普通的作为标准（下面各例中第一个）：

蚜虫—腻虫—蚁虫—蜜虫—油虫—旱虫—油旱
玉米—老玉米—苞米—棒子—包米—包谷—玉蜀黍
南瓜—北瓜—倭瓜—香瓜
火柴—取灯儿—洋火—亮子—自来火—洋取灯

母鸡—草鸡—鸡婆

3. 基础方言中同名异实的,意义以北京话为准。如:

北京话	在某些地区的含义
白薯	芋头
爷爷	爹
媳妇	女人
老爷	公公

4. 吸收适用和需要的方言词。如:

西南官话	晓得	打摆子	耗子	搞	名堂
吴语	蹩脚	把戏	货色	识相	亭子间
	瘪三	尴尬			
粤语	雪糕	冰淇淋	靓	生猛	
闽语	马铃薯	葵花	龙眼		
湘语	过细	过硬			

不吸收在基础方言中易找到习用的同义词的方言词。如:

 晨光(时候)   白相(溜达,玩儿)
 小娃子(小孩儿) 水门汀(洋灰)

在文章和文艺写作中,根据需要,适当运用方言词可以丰富表现力。如:

  "生宝!"任老四曾经弯着水蛇腰,嘴里溅着唾沫星子,感激地对他说,"宝娃子!你这回领着大伙试办成功了,可就把俺一亩地变成二亩罗!说句心里话,我和你四婶念你一辈子好!你说呢?娃们有馍吃了嘛!青稞,娃们吃了肚里难受,楞闹哄哩。……"(柳青《创业史》)

但不能不问需要,滥用方言词,如下面几例:

(1) 韩老六的小点子江秀英来这大院,站在当院。(周立波《暴风骤雨》)(小点子,小老婆)

(2) 一只灰色的跳猫子慌里慌张往外窜。(同上)(跳猫子,兔子)

(3) 有几人从屋里出来,便圪溜着想走。(马烽、西戎《吕梁英雄传》)(圪溜,本指偏斜,这里指找托辞)

下面是一般报刊发表的文艺作品中的例子,作者将一般的名词、动词、形容词也换成了方言词,这是不妥当的:

(1) 我知道这部机器不是你们公司制造的,机身上有铭牌嘛。
(2) 从此,小两口没明没夜地下苦,创立家业。
(3) 谁知王大嫂听了这话,很不悦意。
(4) 老人戳根拐棍,颤颤波波,走了进来。

(1)中的"铭牌"可改为一般所说的"商标"。(2)中的"下苦"可改为普通话说的"苦做"或"辛苦劳动"。(3)中的"悦意"应换为通用的"高兴"。(4)中的"颤颤波波",可换用普通话的"摇摇晃晃"或"颤巍巍地"。

(三) 社会习惯语

社会习惯语是各种社会集团和职业集团内部使用的词语。可以分为:

1. 专门术语　各科学部门运用的术语。如:

数学术语	质数、分数、立方、平方、微分
物理术语	比热、力矩、伏特、共振、赫兹
化学术语	化合、混合、无机物、原子价
哲学术语	存在、物质、质、同一性、必然
政治经济学术语	商品、劳动、资本、剩余价值、地租
文艺术语	形象、现实主义、蒙太奇、旋律、交响乐
语言学术语	音素、爆破音、主语、动词、复句

2. 行业语(行话)　社会中某一职业集团(即"行")所用的词语,它表示有关某行业的特殊事物现象。如:

商业用语　　采购、盘货、亏损、盈利、税率、高档货
农业用语　　嫁接、压碱、定浆、茬口、保墒、免耕法
交通用语　　晚点、快车道、吨位、调度、超载、航空港
戏曲用语　　小生、花旦、水袖、髯口、脸谱、西皮

3. 隐语　社会秘密集团内部成员间使用的特殊词语。如：

　　大麻子得到了座山雕的眼色，突然，他像恶狼咬人一样一声吼叫："天王盖地虎！"（土匪黑话，意为"你好大的胆，敢来气你祖宗"）

　　杨子荣懂得这句话，迅速反转回身，把右襟一翻，答道："宝塔镇河妖！"（土匪黑话，意为"要是那样，叫我从山上摔死，掉河里淹死"）

　　杨子荣刚答完这句话，八金刚站起来威吓地问道："野鸡闷头钻，哪能上天山？"（土匪黑话，意为"因为你不是正牌的"）

　　杨子荣把大皮帽一摘，在头顶上画画圈，不慌不忙地答道："地上有的是米，唔呀有根底。"（土匪黑话，意为"老子是正牌的，老牌的"）

　　　　　　（电影文学剧本《林海雪原》，曲波原著，刘沛然等改编）

普通话也吸收社会习惯语（主要是术语和行业语）中的词语来丰富自己的词汇，主要吸收同全民生活密切相关，或随着生产文化的发展为全民所熟悉的词语。例如：

数学的　　　比例、百分比、倍数、平均、平行
物理学的　　反射、折射、电流、电表、原子、辐射
医学的　　　近视、流产、解剖、动手术、歇斯底里
文艺的　　　主人公、镜头、上台、脸谱、腔调
宗教的　　　神通、衣钵、化身、圣地、地狱

专门术语和行业语词汇的词成为普通词汇的词后，有很多既有术语义，又有普通义。如：

价值　〈经〉指商品中凝聚的社会必要劳动。
　　　工作的意义作用。

摩擦 〈物〉一个物体在另一物体上运动时,两个物体表面之间所产生的阻碍运动的作用。
(个人或党派团体间)因彼此利害矛盾而引起的冲突。
亮相 〈艺〉人物在舞台上由动的身段变为短时的静止姿势。
比喻公开表示态度,亮明观点。
近视 〈医〉视力缺陷的一种,能看清近处的东西,看不清远处的东西。
比喻眼光短浅。
软件 〈计算机〉计算机系统的组成部分,是指挥计算机进行计算、判断、处理信息的程序系统和设备。
借指生产、科研、经营过程中的人员素质、管理水平、服务质量等。

各学科的专门术语有一部分往往不统一。例如语言学中的"前缀—前附加成分—词头""后缀—后附加成分—词尾",同一个东西有三个名称。关于事物大类和小类的名称,逻辑学用的是"种"(大)和"属"(小),生物学用的是"属"(大)和"种"(小)。"继电器"又译"替续器""电驿","共振"又译"谐振"。再如"计算机—电脑—电算机""激光—镭射—莱塞"。科技术语的歧异是常见的,这就要求进行术语的统一和规范。术语的统一和规范是语言规范工作的一个重要方面,它比一般语言应用的规范更有特殊的作用。这个工作要由研究机关编制名词术语表,经过认真讨论研究,逐步达到规范和统一。20世纪80年代以来,我国术语学工作有了很大的发展。国家设立全国术语标准化技术委员会,积极开展各专业术语标准的制定工作,已制定为数众多的术语国家标准,有力地促进了有关专业工作的发展。

五、本族语词汇和外来语词汇

本民族语言的词汇叫本族语词汇。从外国语言和本国其他民族语言中连音带义吸收来的词叫外来词。

外来词不包括意译词,意译词是根据原词的意义,用汉语自己的词汇材料和构词方式创造的新词,这种词也叫译词,如"科学、民主、火车、电话、青霉素"等。译词只用其义,不用其音,是吸收别的语言词语的一种形式。外来词也叫借词,它不仅用别的语言词语的义,也借用其音,例如"吉普、尼龙、苏维埃、冬不拉、糌粑"等。这是吸收别的语言词语的另一形式。一般所说的外来语词汇专指后一种。

(一) 汉语对外来词的吸收

我国是一个多民族的大国,又是一个文明古国。在长期的历史发展中,在和国内兄弟民族长期相处、和各国人民长期交往的过程中,汉语吸收了不少外来词语。从汉代开始,汉语中就有了匈奴和西域的借词,如"骆驼、猩猩、琵琶"(匈奴借词)"葡萄、石榴、琉璃"(西域借词)等。佛教传入中国后,汉语中又有了一批梵语的借词,如"佛、菩萨、沙门、忏悔"等。近代我国在积极学习西方的文化、科学、知识、技术的过程中,更是吸收了一大批外来词(以从日语和英语借来的为最多)。

下面是汉语吸收的外来词举例①:

拉丁语	阿斯匹林、引得、鸦片、乌托邦
英语	乒乓、吉普、尼龙、雷达、白兰地
法语	芭蕾、咖啡、香槟、幽默、蒙太奇
德语	康采恩、海洛因、纳粹、马克
俄语	苏维埃、卢布、布拉吉、伏特加
蒙古语	戈壁、哈巴、站、浩特
藏语	糌粑、喇嘛、氆氇、哈达
维吾尔语	阿訇、冬不拉、镶、袷袢

汉语吸收外来词有三种形式:

---

① 参看高名凯、刘正埮《现代汉语外来词研究》,文字改革出版社,1958年。

译音

雷达	radar(英)	拷贝	copy(英)
坦克	tank(英)	吉普	jeep(英)
苏维埃	совет(俄)	布尔什维克	большевик(俄)

这些词在音译时按汉语的语音特点对原词的语音形式作了改造。例如外语词的音节原来没有声调，音译词每个音节都有了声调。音节数目也有改变，例如"吉普(jeep)"，原词是一个音节，音译词是两个音节；"布尔什维克(большевик)"，原词是三个音节，音译词是五个音节。辅音、元音方面的调整更是多种多样，如"jeep"的"j"读[dʒ]，是浊音，舌尖后塞擦音，"吉普"的"吉"的声母是"j"，读[tɕ]，是清音，舌面前塞擦音；"большевик"中的"о"读[o]，是后半高圆唇元音，"布尔什维克"中"布"的元音是"u"，读[u]，为后高圆唇元音。因此音译词只是近似于原词的发音。

译音赋义

俱乐部(club)(英)　　引得(index)(英)
基因(gene)(英)　　　绷带(bandage)(英)
乌托邦(Utopia)(英)　维他命(vitamin)(英)

这些词声音同原词相近，各个音节也有意义，是人们赋予的同原词意义相关、多少有些联系的意义。如"基因"，原词指生物体遗传的基本单位，存在于细胞的染色体上。"基因"发音既同原词近似，而"基"有"基础"义，"因"有"原因"义，同原词义有关。再如"乌托邦"，原词指理想中最美好的社会，是空想社会主义者理想中不能实现的幸福社会，后来泛指不能实现的理想、计划等。"乌托邦"同原词发音相近，"乌"义为无，"托"有寄托义，"邦"指地方、区域。这些音节也表示出同原词义有联系的意义。

半译音半译义

卡车 car(英)　　　啤酒 beer(英)
霓虹灯 neon(英)　　摩托车 motorbike(英)
芭蕾舞 ballet(法)　马克思主义 Marxism(英)

这些词的前一半是译音,如"卡车"的"卡"、"啤酒"的"啤"、"马克思主义"的"马克思",后一半或是说明原词表示的事物的类,如"卡车"的"车"、"啤酒"的"酒",或是意译原词后一部分的意义,如"马克思主义"的"主义"。

近年来,西文字母加汉语语素组成的外来词语增加了。早期的"X光""α射线"就是这种词语。这以科技方面的词语为多。近年出现的如"B超""BP机""CD盘""N型半导体"等。这类词语西文字母按西方语言的读法发音。大多是西方语言的缩略语。它的意义要通过了解它表示的西文语词的意义才能了解。在第二章我们说明过"BP机"之"BP"为英语"beeper"的缩写,指发嘟嘟信号的装置。再如"CD盘"的"CD"为英语"Compact Disc"的缩写,指紧密(因用激光刻画信号,使有紧密刻痕)的盘。

吸收别的语言的词语,是用音译,还是意译?音译译名常常有分歧,如何统一?一般认为,应遵循下列原则:

1. 关于音译

(1) 以北京语音为标准。例如列宁在1897年曾流放在叶尼塞省米努辛斯克的Шушенское村,这个村名有十一种译法:舒辛斯科野村、舒申斯科野村、舒旋斯科野村、舒申斯科耶村、寿山斯科耶村、寿沙斯克村、寿山斯克村、苏辛斯科伊村、苏舍斯克村、苏新斯考野村、舒申斯克村。应取"舒申斯克村"。

(2) 按名从主人(语词源出的语言)的原则译音,但习用已久的人名、地名,即使在语音上有些出入也不另译。如意大利地名Napoli译"那波利",不从英语Naplos译"那波勒斯"。

习用已久的不另译。例如:埃及自称Misr(米色尔),但"埃及"运用已久,国际上也通用,照旧不改;"莫斯科"俄文叫莫斯克瓦(Москва),但"莫斯科"沿用已久,照旧不改。

(3) 人名按同名同译、同姓同译、同音同译的原则译音。如"斯大林、果戈里"不另译作"史大林、郭哥里"。

(4) 译音用字采用常见易懂的字,不用冷僻字,如"尼采、拜伦、易卜生",不译作"尼佉、裴伦、易孛生"。

2. 对基础方言和其他方言中吸收别的语言的词语所产生的同

义词,一般去音译,取意译。如:

民主—德谟克拉西　　　独裁—狄克推多
科学—赛因斯　　　　　保险—燕梳
维生素—维他命

音译普遍性较大,或意译不确切的,可保留音译。如:

歇斯底里—癔病　　　　吉他—六弦琴
逻辑—伦理学

3. 同为意译,用确切和普遍性较大的。如:

劳动日—劳动时间　　　电车—磨电
金融寡头—财政寡头　　生产力—生产能力
经济危机—经济恐慌

汉语吸收别的语言的词语,音译词起相当的作用,但在历史发展过程中,意译词逐渐占优势。其原因是:汉语词的音节短,大部分是单音双音,多音节的少,音译词往往是多音节的,不合汉语的习惯;汉语用的是表意文字,人们习惯于文字本身多少表示一点意义,音译词不合这个要求。

(二) 汉语对日语词的吸收

自古以来,中日两国在政治、经济、文化、社会生活各个方面相互都有很大的影响。一般说来,19世纪中晚期以前,中国古籍流传日本,日本学习中国文化,较多地表现为中国对日本的影响。19世纪中晚期以后,日本却对中国有很大影响。大批留学生派往日本求学,大批欧美书籍从日文转译过来。在这个过程中,吸收了很多日本的自然科学、社会科学以至于一般用语的语词。这些日语词可以分为下列几类[①]:

1. 日本音译外来语,但用汉字书写(日本人叫嵌字):

gas(英)　　　　瓦斯

[①] 参看王立达《现代汉语中从日语借来的词汇》,《中国语文》1958年第2期。

concrete（英）　　　　混凝土
romantic（英）　　　　浪漫
metro（法）　　　　　米（米突）

2. 日本意译外来语，用汉字书写，只有训读（日本语固有的词读法），没有音读（日译汉字音的读法）。这一部分词在日译外来语中是少数。如：

入口　　　　　　广场
出口　　　　　　手续
立场　　　　　　憧憬
市场　　　　　　引渡

3. 日本意译外来语，用汉字书写，用音读，不用训读。这一部分词在日译外来语中是多数。如：

绝对—相对　　　积极—消极　　　高潮—低潮
直接—间接　　　广义—狭义　　　主动—被动
主体—客体　　　主观—客观　　　肯定—否定
时间—空间　　　理性—感性　　　优点—缺点
动脉—静脉　　　动产—不动产　　火成岩—水成岩
民主　民族　方针　方案　政党　政策　保证　系统
传统　斗争　社会　批判　原子　分子　电子　细胞
电流　科学　哲学　心理学　伦理学　化学　冶金学
一元化　一般化　方程式　恒等式　腺炎　胸炎
生产力　消费力　可能性　现实性　文学界　艺术界
新型　流线型　生命线　战线　一元论　宿命论
辩证法　归纳法　美感　好感

4. 原为日语词汇，借为汉语词汇后，意义与原义不同：

　　　　　　日语意义　　　汉语意义

劳动者　　产业工人　　　劳动人民
辩护士　　律师　　　　　辩护者

物语　　　演义小说　　　动物童话

5. 本为古汉语词汇,日文借用意译外来语,又为汉语吸收,古今义不同。如:

组织　本为"纺织"的意思。《辽史·食货志》:"树桑麻,习组织。"现代汉语中它的意思是"组织机构""政治组织",这是从日语中借来的。

杂志　本为读书札记的意思,如王念孙《读书杂志》。今义为期刊,从日语借用。

劳动　本为"运动"的意思。《三国志·华佗传》:"人体欲得劳动。"今义从日语借用。

社会　原指古代社日的集会。《世说新语·德行上》:"邻里修社会。"今义从日语借用。

6. 汉字字形词义为日本人所造,为汉语吸收:

腺　　癌　　吋　　吨

有人认为上面所说的第 5 类和第 3 类,不应算日语借词。因为 5 是"完璧归赵",3 用的是汉语语素构词,而且用的是音读。有人认为对这两类词,应确定创制使用权,然后判定是谁借用谁的。关于这个问题,我们基本同意郑奠先生的观点①:创制使用权不易确定。例如"权利"一词,一般认为是日语借词,实则原词见于《荀子》《史记》《汉书》《论衡》。京师同文馆(1862—1902)刊行的《万国公法》有"人民通行之权利"语,以"权利"译 right,于同治三年(1864)开始使用。日明治初年(1868)也接受了这个词,所以这个词最早创制运用权在我而不在日。又如"文法"一词,汉籍原义为文书法令(《史记》"舞文法"),后也指文章作法,用来指西语的 grammar,一般也认为是日译。但明末中外学人合译的《名理探》(西洋傅汎际译义,李之藻达辞)中有这样的话:"制言语者二:一论语言,一论文法。"可见"文法"最早的创制使用权也在我而不在日。但更多的是

---

① 郑奠《谈现代汉语中的"日语词汇"》,《中国语文》1958 年第 2 期。

上面 5 类举例所说的情况,词原属汉语,但现义是日人意译西语时赋予的,古今义常常毫无联系。试问,这种情况如何确定创制使用权呢?

这一部分词可以看作是民族性和国际性相结合的产物,中外古今学人的业绩①。我们一方面要看到甲午战争后汉语翻译中吸收很多日语词的事实,另一方面又要看到,中国历代古籍和汉译佛经流传日本,给日本学者使用汉语汉字不少的凭借和启发,而同文馆和江南制造局翻译馆(1870—1897)的各种译著,对于日译新词也有一定的作用。如果没有大量的古汉语词汇(固有的和翻译佛经出现的)作为依据,如果这批词汇得不到中外学者继续不断的发掘和利用,这批新词是不会出现的。

我们认为,一般所说的日语借词大部分是日本学者利用汉字所表示的语素造出新的词语,或给原来汉语的语词注入新义,来翻译西方语言的语词。外来词的特征是连音带义吸收,汉语从日语吸收的语词是连形带义采用。因为形是汉字,汉字标记的是汉语的语素,这个语素的义也是汉语的,只不过这些词的词义同语素的原义有或近或远的联系罢了。音则无须吸收,因为标记这些词的汉字个个都有现成的汉语读音。因此可以说这一部分词是特殊的历史、语言条件下的产物。

六、非语义词群和主题词群

(一) 非语义词群

1. 按首字母分的词群。如:

a- 啊、哎、埃(长度单位)、挨、唉、癌、挨(ái)、嗳、矮、碍、爱、暖、鞍、氨、按、暗、岸、凹、熬、拗

以及以它们为头一个语素构成的大批多音节词。按音序排列的词典,实际上用这个办法编排词和语素。

---

① 郑奠《谈现代汉语中的"日语词汇"》,《中国语文》1958 年第 2 期。

2. 按韵分的词群。如：

-a 差　相差、岁差、时差
　　叉　夜叉、鱼叉、交叉
　　瓜　西瓜、木瓜、冬瓜、倭瓜、苦瓜、甜瓜、香瓜、地瓜、黄瓜、傻瓜
　　花　火花、窗花、棉花、雪花、烟花、风花、天花、泪花、眼花、昏花
　　家　国家、田家、农家、画家、大家、出家、自家、人家、身家、娘家、老家、亲家、东家、冤家、船家、行家、酒家、杂家、专家、当家、成家、发家

实际上，韵书就用这个办法来编排词语和语素。

3. 按出现的频率分的词群。这样分的词群可以服务于各种目的。例如：《普通话三千常用词表（初稿）》就把最常用的（在一般报刊、交际中出现频率最高的）各类词汇集在一起（参看本书"绪论"所引该表"主要用胳膊、手的动作"项下所收的词）；《现代汉语频率词典》中的各个词表（如《前 300 个高频词分布情况分析》《文学作品中前 4000 个高频词词表》等）都是按频率将词划分排列的。

4. 形态词群，即根据词的结构特征分的词群。从结构类型上划分为：

单纯词（其下可按音节特征分类，例词略）
合成词（其下可按各种结构分类，例词略）

从构词成分上划分（同族词）参看第七章"一、基本词汇和其他词汇"所引语素"天"所构成的词。

5. 语法词群

词类（词的语法分类）
词类下的次类（例词略）

（二）主题词群

意义上有共同的关系对象、关系范围的词组成一个词群。

表亲属关系的词的词群,如:

爸爸、父亲、爹、妈妈、母亲、娘、爷爷、祖父、奶奶、祖母、哥哥、嫂嫂、嫂子、弟弟、弟兄、兄弟、姐姐、妹妹、姐妹、儿子、女儿、闺女、孙子、孙女、丈夫、妻子、老婆、夫妻、爱人、公公、婆婆、媳妇

表颜色的词的词群,如:

黑、黑不溜秋、黑沉沉、黑洞洞、黑漆漆、玄青(深黑色)、天青(深黑而微红)、白、白皑皑、白花花、白蒙蒙、白茫茫、雪白、洁白、苍白、花白、银白、鱼肚白、红、红扑扑、红彤彤、红艳艳、大红、朱红、嫣红、通红、殷红、猩红、橘红、血红、品红、潮红、绯红、粉红、鲜红、枣红、桃红、红青(黑里透红)、肉红

主题(或题目)词群中存在层次关系词群和非层次关系词群,它们是词汇系统性的重要表现。我们在第一章"绪论"、第五章"同义词、反义词和词的层次关系"等章节中已作过说明。

练 习

一、谈谈你对用"基本词汇"概念分析现代汉语词汇的看法。

二、在下列作品引文中画出历史词语(用＿＿)、书面语词(用﹏﹏)、口语词(用△):

高秀才 听见你们刚才说的那些话,我全明白了!洋人洋教怎么霸道,我亲眼得见,所以我才跟师兄们到北京来。进了城,我们住的是小庙,睡的是土地,吃的是棒子面,不动老百姓一草一木。我本想,有这么纯正忠勇的义民,上边必然受到感动,上下就可以一条心,一个劲儿,齐心对外,转危为安。可是,我把你们这上边的人看得太高了,太大了。你们另有打算,看团民不好惹,就天天叫师兄,赶到风头不对了,你们赶紧想逃跑,又要打白旗投降,作汉奸,杀义民!你们只知有己,不知有民,只知有家,不知有国!洋人猖狂,因为你们胆小如鼠,百姓无衣无食,因为你们吸尽民脂民膏!你们吃里爬外,欺软怕硬!义和团比你们胜强十倍百倍!师兄们

有股真心,你们浑身连一根骨头也没有!我不再多说了,看你把我怎么办吧,明大人!(老舍《神拳》)

三、在下列各段文字的空格中,填入适当的口语词或书面语词:

1. 小姑娘们,多么有劲,多么聪明!就是凌云软点,_____(四字)也必得能行!

2. 她一定不是像她奶奶、妈妈那样委委屈屈地活着,_____(四字)地死去!姑娘们,你们算是遇上好时候了。

3. 她给街道上去服务是好事,是说得出口的事。人家一问我,卫科员,你的爱人搞街道工作哪?好哇!我能不亲切地点头微笑吗?_____(二字),假若人家问我,卫科员,昨天我看见了大嫂,卖豆腐白菜呢,你是怎么搞的!我有_____(二字)答对呢?

4. 淡淡的朝阳刚把树梢照亮。顺了石柱_____(二字)到三层楼上来的老藤树比来时茂盛了,有些_____(二字)的枝蔓伸展开来,带着绿叶,向人_____(二字),似在表达它的欣快之感。在露珠晶莹的树丛中,一个小蝉用_____(二字)的嗓门,轻轻嘶叫。

四、改正下列句子中不规范的词语,并说明理由:

1. 这篇文章把我们的意见充畅地表达了出来。

2. 九点钟,病人送来了,顷间,值班人员快速跑到急诊室。

3. 他们对待产品的质量问题,并不是隐隐盖盖,而是公开讲出来。

4. 那些精心制作的画品,都锁在潮湿的贮藏室中。

5. 要写出又有深度,又有新度的感人文章。

6. 关于这个问题,我们讲的是真理,反动派讲的是谬论,何以为证,试以小析。

7. 这个戏校的学生若学会二十出戏,即为多者。

8. 王婆卖瓜,稍有政治觉悟的,走过而不闻。

9. 高大的法国梧桐耸立在两边,月光从枝隙间筛下来,使景物变得迷离。

10. 风吹着法桐的枝叶,哗哗的呼啸更增加了他语言的激昂和情绪的热烈。
11. "上哪去?"我追上前。
    "鹦鹉山。"小李刹慢了车,兴致匆忙地问我:"你上哪?"
12. 汗水满脸流,也顾不上擦,小王那张肥墩墩的脸蛋,这时显得更可爱了。
13. 老人戳根拐棍,颤颤波波,走了进来。
14. 园里的菜长得很好,生机勃勃,葱葱笼笼。

第八章 熟 语

在"绪论"中我们说明了词汇包括词和固定语。熟语是固定语中重要的一类。熟语又有成语、谚语、歇后语、惯用语等多种。它们都是词汇的重要组成部分。

我国古代把来源于古籍或民间的广为流传的言简意赅的固定语称为谚(《国语·越语下》:"谚有之。"韦昭注:"谚,俗之善语。")、野谚(《史记·秦始皇本纪》:"野谚曰:前事之不忘,后事之师也。")、鄙语(《汉书·薛宣传》:"鄙语曰:苛政不亲,烦苦伤恩。")等。后来学者使用的成语、谚语等名称所指范围也不一致。用熟语统称成语、谚语、歇后语、惯用语,把对这些固定语的研究称为熟语学是在 20 世纪 80 年代以后才为多数学者所接受的。但划分各类熟语的标准并不一致。

熟语一般的特点是:1. 结构比较复杂,许多有词组或句子的结构。如"水落石出(两个并列的主谓结构)、打蛇要打七寸(无主语的紧缩复合句)、横挑鼻子竖挑眼(两个并列的述宾结构,各带状语)、猪八戒喝磨刀水——内锈(秀)(一个主谓句和一个独词句)"。2. 这些结构的成分和格式是语言应用中长期形成的,一般不容变更。3. 它们的意义往往有整体性。下面我们分别对成语、谚语、歇后语、惯用语的性质、结构、意义和应用等作具体的说明。

一、成　语

成语是熟语中最重要的一种。人们对成语性质的认识有一个发展的过程。清钱大昕《恒言录》的"成语"一类中,既包括今天说的成语,也包括一些双音词、歇后语。1915年出版的《辞源》说成语是"古语也。凡流行于社会,可征引表示己意者皆是"。这代表当时对成语的一般看法,偏指习用、通行的古语。中华人民共和国成立以后,学术界对熟语中不同的类别进行了深入的研究,对各类熟语的内容、形式有了更确切的认识。《现代汉语词典》对成语的说明代表了现代人对成语的认识,成语是"人们长期以来习用的、简洁精辟的定型词组或短句。汉语的成语大多由四个字组成,一般都有出处"。①

(一) 成语的组织结构

成语绝大多数是四音节的,有一部分后来成为成语的词语,原来就是四音节的。如"一衣带水",出自《南史·陈本纪下》:"隋文帝谓仆射高颎曰:'我为百姓父母,岂可限一衣带水不拯之乎?'""一衣带水"形容水面狭窄。因隋将伐陈,陈在长江之南,所以这样说。以后用来表示江河湖海不足为隔。又如"一息尚存",出自《朱子全书·论语》:"一息尚存,此志不容少懈,可谓远矣。""一息尚存"指生命的最后阶段。但大多数成语成为四音节,有一个逐渐发展的过程。这同汉语语言片断双音节化有相当关系。双音同双音结合,是现代汉语的一个主要节奏倾向②,而绝大多数成语都用了这种节奏。各种长短不同的词语是如何组织成四音节的成语的呢?

1. 选取原句中最能概括全句或全段意义的成分组成成语。如:

折冲樽俎　　夫不出尊俎之间,而折冲于千里之外,晏子之谓也。(《晏子春秋·杂上》)

折冲樽俎间,制胜在两楹。(张协《杂诗》之七)

"樽俎",古代盛酒肉的器皿;"折冲",折退敌方的战车,意谓击退敌

---

① 参看马国凡《成语》"一、成语的性质",内蒙古人民出版社,1983年。
② 吕叔湘《现代汉语单双音节问题初探》,《中国语文》1963年第1期。

人。"折冲樽俎",意思是在会盟的席上制胜对方。后泛称外交谈判。

乘风破浪　愿乘长风,破万里浪。(《宋书·宗悫传》)

"乘风破浪"原比喻志向远大,排除困难,奋勇向前。现在多指在原有成绩基础上继续努力。

凄风苦雨　春无凄风,秋无苦雨。(《左传·昭公四年》)

"凄风苦雨"形容天气恶劣,也用来比喻处境悲惨凄凉。

2. 用四字概括事情、故事、寓言等的主要内容。如:

歧路亡羊　杨子之邻人亡羊,既率其党,又请杨子之竖追之。杨子曰:"嘻!亡一羊,何追者之众?"邻人曰:"多歧路。"既反,问:"获羊乎?"曰:"亡之矣!"曰:"奚亡之?"曰:"歧路之中,又有歧焉。我不知所之,所以反也。"(《列子·说符》)

狐假虎威　虎求百兽而食之,得狐。狐曰:"子无敢食我也,天帝使我长百兽。今子食我,是逆天帝命也。子以我为不信,吾为子先行,子随我后,观百兽之见我而敢不走乎?"虎以为然,故遂与之行。兽见之皆走。虎不知兽畏己而走也,以为畏狐也。(《战国策·楚策》)

3. 省略句中虚词而成。如:

后来居上　陛下用群臣如积薪耳,后来者居上。(《史记·汲郑列传》)

投鼠忌器　里谚曰:"欲投鼠而忌器。"此善喻也。(《汉书·贾谊传》)

少见多怪　少所见,多所怪,睹橐驼,言马肿背。(《牟子》)

4. 增加成分(多为虚词或重义成分)于原句而成。如:

短兵相接　车错毂兮短兵接。(《楚辞·九歌·国殇》)

"接"前加"相","相"是虚词。

恶贯满盈　纣之为恶,一以贯之;恶贯已满,灭绝其命。

(《书·泰誓》)

"贯",穿钱的绳子。"盈",意思也是满,是重义成分。这个成语的意思是:罪恶多,像穿钱一样,已经穿满了一根绳子。形容罪大恶极。

　　同甘共苦　　故将必与卒同甘苦,俟饥寒,故其死可得而尽也。

(《淮南子·兵略训》)

"苦"前加"共","同""共"是重义成分。

　　也有一部分成语是非四音节的。如:

　　先下手为强

　　出自关汉卿《关大王独赴单刀会》:"我想来先下手的为强。"意思是首先动手,可以占优势。

　　既来之,则安之

　　出自《论语·季氏》:"夫如是,故远人不服,则修文德以来之。既来之,则安之。"原意是既然使他们来了,就要让他们安心。现在的意思是:既然来了,就要安下心来。

　　树欲静而风不止

　　出自《韩诗外传》:"树欲静而风不止,子欲养而亲不待也。"原比喻不能如人的心愿,现一般用来比喻矛盾斗争不以人的意志为转移。

　　是可忍,孰不可忍

　　出自《论语·八佾》:"八佾舞于庭,是可忍孰不可忍。"意思是这个都可以容忍,那还有什么不可以容忍的呢?

　　鹬蚌相争,渔翁得利

　　这是《战国策·燕策》中一则寓言故事的概括。赵国要攻打燕国,苏代为燕国对赵惠王说:"今者臣来,过易水,蚌方出曝,而鹬啄其肉,蚌含而钳其喙。鹬曰:'今日不雨,明日不雨,即有死蚌。'蚌亦曰:'今日不出,明日不出,即有死鹬。'两者不肯相舍,渔者得而并禽之。"比喻双方争斗相持不下,第三者得利。

工欲善其事,必先利其器

出自《论语·卫灵公》。意思是工匠要把活儿做好,首先要使他的工具精良。现在泛指创造好的条件,才能把事情做好。

成语的组织结构还可以从语法构造和意义关系上分析。成语的语法构造可分为下列几类:

1. 主谓结构　襟怀坦白　德才兼备　夸父追日　风度翩翩
2. 述宾结构　横扫千军　震撼人心　异想天开　如雷贯耳
3. 述补结构　囿于成见　重于泰山　相逢狭路　逍遥法外
4. 述宾补结构　问道于盲　置之于死地　毕其功于一役
5. 兼语结构　指鹿为马　请君入瓮　引狼入室　化险为夷
6. 偏正结构　世外桃源　近水楼台　扶摇直上　侃侃而谈
7. 并列结构:

1) 两部分并列　从两部分的意义关系上又可分为几种类型:
(1) 重复　两部分意义基本一样,实际上是一种重复性的强调:

行尸走肉　东奔西走　万紫千红　欢天喜地　不伦不类
人山人海　称王称霸　群策群力

(2) 对比　两部分意义相对相反:

杯水车薪　志大才疏　畏首畏尾　阳奉阴违　七上八下
千钧一发　万众一心　九牛一毛

这种成语使用反义词较多,只用一组的,如"畸轻畸重、出尔反尔、惩前毖后"。也有两组交错使用的,如"阳奉阴违、今是昨非、貌合神离、人面兽心"。

(3) 承接　后部分承接前部分而来,有时间的连续性。如:

水到渠成　先礼后兵　落井下石　过河拆桥

(4) 目的　前部分所表示的行为是以后部分所表示的行为为目的的。如:

削足适履　守株待兔　杀一儆百　取长补短

(5) 因果　一般是前部分表原因,后部分表结果。如:

药到病除　水落石出　水滴石穿　曲高和寡

2) 四个语素并列:

青红皂白　生老病死　魑魅魍魉　麟凤龟龙

(二) 成语的意义

成语的意义可以从两方面考察:构成成语的语素的意义和成语的整体义。先看构成成语的语素的意义。

1. 语素义在现代汉语中是常用义。如"说长道短、粗心大意、打草惊蛇、三言两语"。

2. 语素义是生僻的古义。如"恬不知耻"的"恬",是"安然"的意思;"汗流浃背"的"浃",是"湿透"的意思;"卓尔不群"的"卓尔",形容特出的样子;"旅进旅退"的"旅",是"共同"的意思;"无稽之谈"的"稽",是"考查"的意思。

了解了成语的每个语素义,有助于理解整个成语的意义。再看成语的整体义。成语的整体义有三种情况:

1. 语素义直接相加是成语的整体义。如"汗流浃背、无稽之谈、既往不咎"。

2. 语素义直接相加不能显示成语的整体义,成语的整体义同语素义的联系是人赋予的、约定俗成的。如:

高山流水

义为知音知己。《列子·汤问》:"伯牙善鼓琴,钟子期善听。伯牙鼓琴,志在高山,钟子期曰:'善哉,峨峨兮若泰山!'志在流水,曰:'善哉,洋洋兮若江河!'"

石破天惊

李贺《李凭箜篌引》:"女娲炼石补天处,石破天惊逗秋雨。"形容乐声的奇特,后用来形容文章议论出奇惊人。

其他如"黄粱一梦、风声鹤唳、平原督邮"等都属于这一类。

3. 比喻义是成语的意义。如：

水落石出

苏轼《后赤壁赋》："山高月小，水落石出。"写的是自然景色。后用来比喻真相完全暴露。

吹毛求疵

《韩非子·大体》："不吹毛而求小疵。"比喻故意挑剔别人的缺点错误。

一狐之腋

《史记·赵世家》："简子曰：'吾闻千羊之皮，不如一狐之腋。'"指一只狐狸腋下的皮毛，比喻珍贵的东西。

这类成语很多，"大海捞针、方枘圆凿、犬牙交错、立竿见影"等都是。

（三）成语的运用

成语的特点在其精练、形象。精练指言简意赅，形象指有的成语能引起人的表象想象活动，得到情态形貌的感受。因此在语言中，一般是书面语中，有广泛的运用。

有时文字需要概括，如重要观点、纲目、标题，选用恰当的成语，事半功倍。如：

(1) 一气呵成，多快好省——上海石油化工总厂第一期工程的建设经验（《人民日报》1979.6.29文章题目）

(2) 玉渊潭三民工触电，十万火急；
白衣战士连夜抢救，转危为安。（《北京晚报》1983.6.21新闻题目）

(3) 对于他们，第一步需要还不是"锦上添花"，而是"雪中送炭"。所以在目前的条件下，普及工作的任务更为迫切。（毛泽东《在延安文艺座谈会上的讲话》）

"雪中送炭"指文艺普及工作，"锦上添花"指文艺提高工作。两个成语形象地概括了文艺的两种任务。

有时文字需要形象,但又不能用语过多,这时候,最好选用恰当的成语。如:

(1) 总之是没有人去理他,使得他"茕茕孑立,形影相吊",没有什么事做了,只好挟起皮包走路。(毛泽东《别了,司徒雷登》)

(2) 一是农会会员漫山遍野,梭镖短棍,一呼百应,土匪无处藏踪。(毛泽东《湖南农民运动考察报告》)

(3) 虎踞龙盘今胜昔,天翻地覆慨而慷。(毛泽东《七律·人民解放军占领南京》)

用成语要认清意义,注意感情色彩,不能随便更换成分和结构。下几例有毛病:

(1) *中华人民共和国成立以后有多少可歌可泣的新生事物接连产生。

(2) *他们为着人民的利益,奋不顾身地救火,火烧着了头发,烧灼了皮肉,但他们忘乎所以,直到把火扑灭为止。

(3) *可惜我不能直接参加这场战斗,和我们的敌人短兵相见。

(1)的"可歌可泣"用于英勇悲壮的事迹,不能用于新生事物。(2)的"忘乎所以"是贬义的,可改为"全然不顾"。(3)的"短兵相见"原作"短兵相接",原成语用在这里也不合适。

成语在一定条件下可以灵活运用。有时改动成语里的一些成分,使人易于理解。如:

我们应当向人民群众指出战争的胜利前途,使他们明白失败和困难的暂时性,只要百折不回地奋斗下去,最后胜利必属于我们。(毛泽东《和英国记者贝特兰的谈话》)

这里把"百折不挠"改为"百折不回","回"比"挠"浅近、好懂。

有时根据需要,临时改换成语的一个成分,使它适合表达的内容。如:

从当事者看来,似乎认为共产主义和共产党是一定可以"剿尽杀绝"的了。但结果却相反,两种围剿都惨败了。(毛泽东《新民主主义论》)

这里把"斩尽杀绝"改为"剿尽杀绝",更切合内容的需要。

二、谚　语

(一) 谚语的种类

我们把多年流传,包含有某种深刻的社会经验、生产经验的简练形象的语句叫谚语。也有一部分谚语只是某种意义的生动表述。谚语按内容可以分为下列几类:①

农谚　总结农业生产经验的谚语:

庄稼一枝花,全靠肥当家
旱耪田,涝耪园
麦子胎里富,种子六成收
三耕四耙五锄田,一年庄稼吃两年

气象谚　总结气候变化规律的谚语:

早黄雨,夜黄晴,乌云接日半夜雨
一九二九伸不出手,三九四九沿凌走
清明断雪,谷雨断霜(北方用)
黄梅无雨半年荒(长江以南用)

讽颂谚　有歌颂或揭露内容的谚语:

红军到,百姓笑
吃水不忘打井人,翻身不忘共产党
富人四季穿衣,穷人衣穿四季

---

① 参看武占坤、马国凡《谚语》第五章"谚语的分类",内蒙古人民出版社,1980年。

黑心做财主,杀心做皇帝

规诫谚 在为人办事方面提出劝告或警诫的谚语:

活到老,学到老
打蛇要打七寸
浑身是铁,捻不了几个钉
磨刀不误砍柴工
无针不引线,无水不行船
要打当面鼓,莫敲背后锣

风土谚 概括地方风土景物特点或特产等的谚语:

东北有三宝:人参、貂皮、乌拉草
苏州不断菜,杭州不断笋
天无三日晴,地无三尺平(贵州)
上有天堂,下有苏杭

生活常识谚 总结衣食住行知识的谚语:

衣不差寸,鞋不差分
急走冰,慢走泥
坐北朝阳,冬暖夏凉
饭后百步走,活到九十九

修辞谚 生动表述某种含义的谚语:

敬酒不吃吃罚酒
横挑鼻子竖挑眼
这山望着那山高
雷声大雨点小

(二) 谚语的结构和意义

有的谚语是单句,如"磨刀不误砍柴工、稀粥顶不起锅盖、苍蝇不叮无缝的鸡蛋";有的谚语是紧缩复句,如"打蛇要打七寸、众人拾柴火焰高、敬酒不吃吃罚酒"。

有的谚语有两句,一般句式整齐,多数押韵。如:

人心齐,泰山移
三个臭皮匠,合成一个诸葛亮
卤水点豆腐,一物降一物
上边千条线,下边一根针

构成谚语的词语一般没有生僻义(古谚除外)。个别方言成分要解释。如"打蛇要打七寸"的"七寸"指头下部要害处。它的整体义的构成同成语第一、第三种情况相同。一种是组成词语的意义相加是整体义。如:

活到老,学到老
旱耪田,涝耪园
心中无事一身轻
家有家规,国有国法

有时用夸张的说法。如:

一籽入地,万粒归仓
三人同心,黄土变金

一种是组成词语的比喻义是整体义。如:

想知山中事,要问打柴人
浑身是铁,捻不了几个钉
姜是老的辣,醋是陈的酸
树正不怕影斜
井水不犯河水

谚语由于内容包含有生产斗争、社会斗争经验的总结,所以有论证的力量,可以拿它作论据,证实某个观点。这是一种特殊的论据,既有逻辑的概括力、说服力,语言又简明,有时还很形象。如:

俗话说:七十二行,行行出状元。平凡的工作看起来没有什么惊人之处,但任何一项工作都有它的内在规律,都大有学

问可钻。(靳大鹰《"独唱演员"与"合唱演员"》)

"巧妇难为无米之炊"。词汇贫乏,选择不出有力的词来表达自己的思想,颠来倒去老是那么几个词儿,即使写出文章来,语言也显得干瘪乏味。(文辉《蜜蜂酿蜜的启示——谈词汇的丰富》)

谚语还广泛用于记述、说明和人物语言。如:

种田,就种田。种了田还可以卖油绳,就卖。卖过油绳,又要当采购员,就当。咦,这有啥了不起。船到桥下自然直,就像人死了进火葬场,这有啥了不起。(高晓声《陈奂生转业》)

强英 你看看,哪家没有本难念的经?就说咱们家吧,老公公年老,少婆婆有病,小姑子厉害得像个野小子,老老少少一大堆事……难呀!(辛显令《喜盈门》)

(三) 成语和谚语的不同

从历史上看,一部分成语、谚语难以划分界限,因为许多成语原来就是古谚。从现代语言中这两种熟语所形成的特征看,一般认为,它们的不同主要有下列三点:

1. 成语书面语性强,谚语口语性强,比较:

$$\begin{cases} 一丘之貉 \\ 天下乌鸦一般黑 \end{cases}$$
$$\begin{cases} 见异思迁 \\ 一山望着一山高 \end{cases}$$
$$\begin{cases} 饮水思源 \\ 喝水不忘掘井人 \end{cases}$$

2. 成语比谚语更定型化,比较:

众志成城 $\begin{cases} 三个臭皮匠,顶个诸葛亮 \\ 三个臭皮匠,变成诸葛亮 \\ 三个臭皮匠,赛过诸葛亮 \end{cases}$

孤掌难鸣 $\begin{cases} 一个巴掌拍不响 \\ 一只手拍不响 \\ 一个巴掌不响 \end{cases}$

3. 成语在语言运用中相当于词,谚语多数可以独立成句,或独立于句外。如:

(1) 声东击西,是造成敌人错觉之一法。(毛泽东《论持久战》)
(2) 现在果然慷慨激昂的来"力争"了,而且写至七行之多,可见费力不少。(鲁迅《两地书·十九》)
(3) 你要母鸡多生蛋,又不给它米吃,又要马儿跑得快,又要马儿不吃草,世界上哪有这样的道理。(毛泽东《论十大关系》)
(4) "踏破铁鞋无觅处,得来全不费功夫。"药引寻到了,然而还有一种特别的丸药:败鼓皮丸。(鲁迅《朝花夕拾·父亲的病》)

(1)(2)是成语,(3)(4)是谚语。

三、歇后语

歇后语是一种结构很有特点的熟语。它由上下两半构成。如"擀面杖吹火——一窍不通,一根筷子吃藕——挑眼,袖筒里掖棒槌——直出直入"。歇后语的得名有不同的解释,有人认为是由于讲说时两部分中间有较长的停顿,有人认为是由于讲说时后半截常常不说出来。有学者认为这两种说法都难以成立。不少谚语、成语也由两部分构成,中间也有停顿,不能说它们是歇后语,也有不少歇后语中间停顿很短(如"兔子尾巴——长不了")。经调查统计,许多歇后语后半讲说时不能略去,因为后半是意义重点所在,略去后影响意义的表达;讲说时后半能略去的只是一小部分。我们认为,对"歇后语"名称的不同解释不影响名称的使用。因为名称和意义之间的关系并不都是完全合乎理据的,命名时可能只注意到某一特征,就把这个特征作为整体的名称。

对歇后语的分析应该有两个层次。

第一层次是歇后语上半和下半的关系。歇后语的上半是形象的表述,下半是对这个形象的解释说明,这种解释说明往往是约定俗成的:

棺材里的老鼠——吵死人(不是咬死人、陪死人)
一根筷子吃藕——挑眼(不是捅、难夹起来)
狗撕烂羊皮——东一口,西一口(不是越撕越烂)
闺女穿娘的鞋——老样子(不是节约、将就材料)

第二层次是歇后语后半的解释说明同歇后语整体义的关系。歇后语后半的解释说明不一定是歇后语的意义(即歇后语的整体义)。二者的关系有三种情况。

1. 比喻

前半	后半	意义
狗撕烂羊皮	东一口,西一口	说话做事无一定目标、计划
猪鼻子插葱	装象	装相(装模作样)
老鼠尾巴长疖子	出脓也不多	起不了多大作用
闺女穿娘的鞋	老样子	老一套,保守

2. 双关

前半	后半	意义
一根筷子吃藕	挑眼(对着眼儿)	挑眼(挑毛病)
癞蛤蟆掉瓷缸	口口咬瓷	咬词儿(卖弄字眼)
猪八戒喝磨刀水	内锈	内秀(心里机灵)
墙上挂门帘	没门	没有门路、办法

3. 一致

前半	后半	意义
大海捞针	无处寻	无处寻
高射炮打蚊子	大材小用	大材小用

歇后语的形象性体现在前半的形象创造上。它可以用日常所见事物现象为材料。如:

出了窑的砖——定型了

老太太纫针——离得远
红蓝铅笔——两头挨削

可以以历史故事、传说为材料。如：

刘备借荆州——有借无还
姜太公钓鱼——愿者上钩
周瑜打黄盖——一个愿打，一个愿挨

可以虚构、创造世上所无的形象：

买咸鱼放生——不知死活
王八吃秤砣——铁了心了
碟子里扎猛子——还浅得多呢

由于生活中可供创造歇后语前半形象表述的材料很丰富，它表达的也不必是经验或某些有意义的内容，所以比起谚语、俗语来，歇后语更易构成。

歇后语形象风趣，在文艺写作和人民大众口语中常运用。如：

在沟北边，按说顶数这一户的房子好……可是……又顶数这一户的院墙不好……人家主人专意要这样。人家不图驴粪球子外面光，图的是缸里点灯里头亮。荞麦面的肉包子，别看皮黑，一兜肉。（浩然《艳阳天》）

在谚语、歇后语中，往往同一个意思有不同的说法。如：

汗珠落地摔八瓣 ⎫
滴的汗入地三丈 ⎬ 形容劳动辛苦
面朝黄土背朝天 ⎭

单木不成林 ⎫
单丝不成线 ⎬ 形容集体力量大
众人拾柴火焰高 ⎭

半瓶子醋晃荡 ⎫
一筐碎瓦响叮当 ⎬ 形容本事小而骄傲
没结果子的树昂首向天 ⎭

兔子尾巴——长不了
秋后的蚂蚱——蹦跶不了几天 } 形容短暂

这表现了语言的丰富多彩。

　　运用谚语、歇后语要有鉴别,有挑选。涉及社会生活的一些谚语,有一部分反映某些腐朽落后观念,如:"人无横财不富,马无夜草不肥","同姓一家亲,连着骨头扯着筋";有些歇后语意思不大明确,不大合理,甚至内容不健康,是语言的糟粕,运用时要分析挑选。

四、惯 用 语

　　惯用语作为熟语的一种,有了较确定的含义,出现在20世纪七八十年代。但是它指示的范围,学者有不同的界定。

　　一般认为,惯用语的核心部分是三音节动宾关系的固定语。如:

　　走后门　　　踢皮球　　　戴高帽
　　吃老本　　　唱双簧　　　走过场
　　碰钉子　　　交白卷　　　出难题

也有少数是非动宾结构的。如:

　　空架子　　　鬼画符　　　护身符

也有一些是多于三个字的动宾结构。如:

　　吃大锅饭　　　摸老虎屁股
　　唱空城计　　　摇鹅毛扇

　　在意义上其整体义不是它构成成分的简单相加,常以比喻表义。如:

　　吃老本　比喻凭已有的功劳、成绩、资历过日子,不求进取提高。
　　踢皮球　比喻互相推诿,把应该解决的事情推给别人。
　　开后门　比喻利用职权给予不应有的方便和利益。
　　走过场　比喻敷衍了事。

惯用语在应用中结构可以有一定的变化,但它表示的意义在正常结构、变型结构中都是一样的。如"穿小鞋""给他小鞋穿"中,"穿小鞋"都表示受人暗中刁难、约束或限制。"吃了很长时间的老本""老本都吃光了""有多少老本可吃?"中,"吃老本"的意义不变。

练 习

一、分析下列成语的结构并指出其整体义的意义类型:

  杞人忧天 地广人稀 抱薪救火 青梅竹马
  雷厉风行 独辟蹊径

二、将下列句子中用得不恰当的成语画出来,并说明原因:

  1. 他注意抓大事,具体而微的小事也不放过。
  2. 老张慷慨大方,朋友有事相求,他一诺千金。
  3. 为了学习外国的先进技术,到处都办英语训练班,很多人趋之若鹜。
  4. 小伙子们身强力壮,干了一天活,尚有余勇可贾。

三、把下列画横杠的词语换成意思相当的熟语(成语、谚语、歇后语、惯用语任选):

  1. 看问题片面,会办错事。
  2. 一个人力量有限,办事要依靠群众。
  3. 有计划,有准备,你们完成任务没问题。
  4. 大家对公布的方案可以自由提意见。
  5. 干工作要抓主要问题,抓关键。

四、各举出两条规诫谚和气象谚。

五、指出下列歇后语表示整体义方法的不同:

  狗撵鸭子——呱呱叫
  秃子当和尚——将就材料
  瞎子点灯——白费蜡
  老鼠钻风箱——两头受气

第九章 词义和构成词的语素义的关系

词是由语素构成的,词义和构成它的语素的意义就有联系。

一般认为,单纯词的语音形式和意义的联系是自由的,除了拟声词("嗖、砰、吧嗒、叮当"等)和取声命名词("蛐蛐、蝈蝈、布谷"等)的声音和意义有某种联系以外,多数单纯词的声音和意义是没有关系的。单纯词如果发展出后起义,则单纯词的后起义和原有意义是有联系的。一般是关联性联系和相似性联系。如以前讲过的一个例子:

口　①人及动物进食发声的器官。②户口。④关隘曰口。

②是从①发展来的,是关联性联系,④是从①发展来的,是相似性联系。这种分析是从单纯词的语音形式同单纯词的词义的关系所做的分析。如果把单纯词视为由一个语素构成的词,从语素和它构成的词的关系来看,则单纯词的语素义和它所构成的词的意义是一致的。多义的单纯词来源于构成它的语素是多义的,词的各个意义同语素的各个意义一一相等。

合成词的情况复杂得多。合成词由两个及两个以上的语素构成,合成词的意义同构成它的各个语素的意义有联系。从合成词的语音形式和合成词意义的关系来看,由于合成词的语音形式表示的就是构成合成词的语素的意义,所以这个问题分析的仍是合成词的语素和构成的合成词意义的关系。它们之间的关系不像单纯词那样是一致的、相等的,而是各式各样的、复杂多变的,其中也有规律性的东西。这一章我们着重说明二音节的合成词的意义和构成它的语素的意义的关系。

一、合成词词义和构成它的语素义的关系

构成合成词的语素在不同程度上、从不同方面、用不同方式表示词义,其间的关系多种多样,下面说明常见的类型。

(一)词义是语素义按照构词方式所确定的关系组合起来的意义。例如:

尘垢　灰尘和污垢。(尘,灰尘;垢,污垢。以下各词皆同。)
真诚　真实诚恳。
吹捧　吹嘘捧场。

以上各词的结构是并列式,语素义按照并列关系组合就是各词的意义。

浅见　肤浅的见解。
博览　广泛阅览。
壮观　雄伟的景象。

以上各词的结构是偏正式,语素义按照偏正关系组合就是各词的意义。

办公　处理公事。
保健　保护健康。
备荒　防备灾荒。

以上各词的结构是支配式,语素义按照支配关系组合就是各词的意义。

私营　私人经营。
心烦　心里烦躁。
礼成　仪式结束。

以上各词的结构是陈述式,语素义按照主谓关系组合就是各词的意义。

(二)词义同组成它的两个语素相同、相近,这些都是并列结构

的合成词。例如：

　　朋友　彼此有交情的人。（朋，朋友；友，朋友。）
　　道路　地面上供人或车马通行的部分。（道，道路；路，道路。）

以上是名词。

　　畏惧　害怕。（畏，畏惧；惧，害怕。）
　　删除　删去。（删，去掉；除，去掉。）

以上是动词。

　　昂贵　价格高。（昂，高涨；贵，贵重。）
　　柔软　软和；不坚硬。（柔，软；软，不硬。）

以上是形容词。

　　（三）合成词的语素义表示了词义的某些内容（也可以说提示了事物的某些特征）。

　　许多动物、植物、矿物、器具等事物往往有多方面（形状、作用、性质、构造等）的特征，用语素组成合成词给它们命名时，只能选择、抓住其中一个或某些特征来作为标志，这就使这类名称的语素义只表示了词义的某些内容，或者说提示了事物的某些特征。例如：

　　水牛　牛的一种。角很大，作新月形，有的长达一米多。毛灰黑色。暑天喜欢浸在水中。食物以青草为主。适于水田耕作。

名称为"水牛"的这种动物有很多特点，词典的释义做了比较具体的说明。而它的名称合成词"水牛"的"牛"表示它是牛的一种，"水"表示它喜欢浸在水中这个特点。语素"水""牛"只是表示了词义的某些内容，只是提示了"水牛"（事物）的某些特征。

　　绿茶　茶叶的一大类，是用高温破坏鲜茶叶中的酶，制止发酵制成的，沏出来的茶保持鲜茶叶原有的绿色。种类很多，如龙井、大方等。

名称为"绿茶"的这种植物也有多方面的特点。它的名称合成词"绿茶"中的"茶"表示它是茶叶的一种,"绿"表示沏出的茶的颜色。因此合成词的语素义只是提示了事物的某些特征。

  飞机 飞行的工具,由机翼、机身、发动机等构成。种类很多。广泛用在交通运输、军事、农业、探矿、测量等方面。

名称为"飞机"的这种机械装置有结构、功能方面的多个特点。合成词中的"机"表示它属于机械装置,"飞"则表示它能在空中飞翔这一最突出的特点。合成词的语素义也只是提示了这种事物的某些特征。

  挂面 特制的面条,丝状或带状,一般里面掺入少量食盐,因悬挂晾干得名。

名称为"挂面"的这种面食有形状、制作上的特点。合成词中的"面"表示它是一种面食,"挂"表示它制作中须悬挂这种特点。合成词的语素义也是提示了这种事物的某些特征。

  (四)合成词的词义是语素义的比喻用法。各个语素都是比喻用法的,如:

  风雨 风和雨,比喻艰难困苦。
  浪潮 比喻大规模的社会运动或声势浩大的群众性行动。

一个语素是比喻用法的,如:

  帽舌 帽子前面的檐,形状像舌头,用来遮挡阳光。

后一个语素"舌"是比喻用法。

  林立 像树林一样密集地竖立着,形容很多。

前一个语素"林"是比喻用法。

  (五)合成词的词义是语素义的借代用法。各个语素都是借代用法的,如:

  铁窗 安上铁栅栏的窗户,借指监狱。
  反目 不和睦(多指夫妻)。

一个语素是借代用法的,如:

  嘴直 说话直爽。

前一个语素"嘴"是借代用法。

  猎手 打猎的人。

后一个语素"手"是借代用法。

  (六)合成词中有的语素失落原义。有两种情况,一种是合成词中只有一个语素有义,另一个无义(这叫复词偏义),如:"国家","国"有义,"家"无义;"忘记","忘"有义,"记"无义;"窗户","窗"有义,"户"无义;"消息","消"无义,"息"有义。

  另一种是合成词中有的语素意义模糊(原有的意义不能用在这里,不能说没有意义,也不能确指出它的意义)。如:

  捣蛋 借端生事,无理取闹。("蛋"义模糊)
  斯文 文雅。("斯"义模糊)
  高汤 煮肉或鸡鸭等的清汤,也指一般清汤。("高"义模糊)
  电池 将化学能或光能变成电能的装置。("池"义模糊)

  汉语中也出现了这样的词,构成词的所有语素的原有义都不显示词义。这有两种情况,一种是构成词的所有语素的意义已完全失落,语素的现有意义同词义没有联系。如:

  东西(dōng·xi) 泛指各种具体的或抽象的事物。
  二百五   讥称有些傻气,做事莽撞的人。
  冬烘   (思想)迂腐,(知识)浅陋。

  另一种是一批音译词,如"沙发、摩托、安培、法拉(电容单位)"等。这些音译词每个音节本身可以表示语素,有它自己的语素义,但在这里完全不用它原有的语素义。这类词已是单纯词(如"沙发、摩托"等)或接近于单纯词了(如"东西、二百五"等,有的词的词义和语素义的联系,可以从词源上找到说明①)。

可以看出,从第一种类型到第六种类型,语素的原有意义在词义中所占的地位是递减的。第一、二种类型是语素义直接地完全地表示词义,第三种类型是语素义直接地部分地表示词义,第四、五种类型是语素义全部或部分间接地表示词义,第六种类型是部分语素不表示词义。

在确定语素义和词义关系的类型时,一般要把语素的意义和联系语素义对词做出的解释进行比较(除非语素义在构成的词中已全部失落)。在词典不联系语素义解释词义时,可以尝试改变它的释义方式,联系语素义对词做出解释,来确定它们关系的类型。如:

冷落　①不热闹。
冷　　④寂静。
落　　④衰败;飘零。

"冷落"可以解释为"寂静衰败",所以属于第一种类型:词义是语素义按照构词方式(这里是并列式)所确定的关系组合的意义。

成家　(男子)结婚。
成　　①完成;成功。
家　　①家庭。

"成家"可以解释为"(男子)建成家庭","男子"是词义必有而语素义未表示的内容,所以"成家"属第三种类型:语素义表示了词义的某些内容。

饭桶　装饭的桶。比喻只会吃饭不会做事的人。

---

① 如"东西"指各种事物,有不同的解释,这里引一说:"物产于四方,约言之曰东西,犹记四季而得言春秋。"(《辞源》)晋束皙《贫家赋》:"债家至而相敦,乃取东而偿西。"这里"东""西"分用,指物品、财物。唐《法苑珠林》(七·俗女):"不惟养思治生,致财不以养亲,但以东西广求淫路。"这里"东西"指财物。《清平山堂话本·曹伯明错勘赃记》:"一日去一家偷得些东西驮着……撞见曹伯明。"这里"东西"指物品、物件。由此看来,"东西"指物仍是一种借代用法,但同"春秋"有异。"春秋"指四季是部分代整体,"东西"指物是以产地名来代替物。

"饭桶"的语素义不能直接表示词义,词义是全部语素义的比喻用法,所以"饭桶"属第四种类型:合成词的词义是语素义的比喻用法。

二、语素在构词中的变异

语素在构成合成词中有不同的变异,这种变异很复杂,其情况可大致说明如下。

(一) 意义上的变异

在很多词中,语素的意义同语素有关义项的意义是一致的。如语素"史"有一义项是"历史",在它所构成的复合词"史册"(历史记录)、"史料"(历史资料)中,"史"的意义就是"历史"。但不少情况下是不一致的。语素在不同的词中意义有差别。我们把词典所归纳的义项的意义叫语素共义,在构词中出现的变异(注意,是同一义项范围内的)叫语素变义。语素变义的表述可用各种同语素共义同义、近义或相关的词语,因此可有不同的措辞。我们着重注意的是语素共义和语素变义的同和异。语素变义是个别的,语素共义是变义中共同的东西。语素共义和语素变义的关系常见的有三种类型:

1. 关联关系,即语素共义和语素变义有各种关联。如"艺",有两个意义:①技巧,技术;②艺术。在以下各词中,"艺"都用"艺术"义,但意义有差别(下面画线的词语是"艺"在其构成的词中所具有的意义):

  艺林 艺术界或文艺图书聚集的地方。
  艺龄 艺术活动的年数。
  艺名 演出时用的别名。

语素共义"艺术"和语素变义(画线词语所示)有不同的关联。"艺林"的"艺"指艺术本身(一致),或艺术活动所用的材料、产物以及文艺图书,"艺龄""艺名"的"艺"指的是人们从事艺术活动。

又如"乐"(yuè)的意义是"音乐"。以下各词中"乐"都用"音乐"义,但意义有差别:

奏乐　演奏乐曲。
作乐　①制定乐律。②演奏乐曲。

在"奏乐"中,"乐"指"乐曲",即音乐作品,在"作乐"的①义中"乐"指"乐律",在②义中又指"乐曲",它们同语素共义"音乐"有某种关系,是关联关系。

2. 种类关系。语素变义和语素共义是种类关系,语素共义一般为类(大),语素变义一般为种(小)。如:

文本　文件的某种本子(多就文字措辞而言),也指某种文件。
文稿　文章或公文的草稿。
文件　①公文稿件等。
文集　把作家的作品汇集编成的书(可以有诗有文)。

这里"文"的语素共义为"文章",它同语素变义的关系是类和种的关系。

商品　①为交换而生产的劳动产品。
战利品　战争或战役中从敌方缴获的武器装备等。
艺术品　艺术作品,一般指造型艺术的作品。

这里"品"的语素共义为"物品",它同语素变义的关系也是类和种的关系。

3. 借代比喻关系。语素共义和语素变义之间的关系相当于修辞上的借代比喻。如:

眉目　①眉毛和眼睛,泛指容貌。

"眉""目"为容貌的一部分,这里以"眉目"指容貌,是借代。

落墨　落笔。

"墨"为笔所用,这里以"墨"指笔,是借代。

裙钗　旧时指妇女。

妇女穿"裙",以"钗"为装饰品,以"裙钗"指妇女,也是借代。

  鳞爪 鳞和爪,比喻事情的片断。
  林涛 森林被风吹动发出的像波涛一样的声音。
  眉批 在书眉或文稿上方空白处所写的批注。

以上各例,语素变义分别是"鳞""爪""涛""眉"的语素共义的比喻用法。

(二) 作用上的变异

  这首先指语素在构成的不同的词中所处的语法地位不同,因而表义作用也不同。例如:

  尘封(陈述式) 搁置已久,被灰尘盖满。
  尘肺(偏正式) 工业病,某些工业的生产过程中,能产生有害的灰尘,如果防护得不好,进入肺脏,肺中灰尘逐渐增多,使肺结疤,弹性减弱,劳动力也逐渐减退,并容易感染肺结核、肺炎等。也叫灰尘肺。
  尘垢(并列式) 灰尘和污垢。

这里语素"尘"皆有"灰尘"义,在"尘封"中"尘"相当于主语,表示"封"是灰尘造成的。在"尘肺"中,"尘"为偏,表示这种疾病的病源和性质。在"尘垢"中,它和"垢"并列,分别表示不同的秽物。

  其次指语素所构成的同类型结构(同为偏正、并列、陈述等)的词中,由于同它结合的语素不同,所构成的词反映的事物现象不同,因而表义作用也不同。例如,以"电"为第一个构词成分,并以"有电荷存在和电荷变化"这一语素义构成的偏正式合成词中,"电"可以表示:

  1. 生电 电池、电瓶、电源、电鳗
  2. 用电 电车、电铲、电灯、电镐、电钻、电话、电焊、电烫、电解、电疗、电椅、电扇、电视、电影、电网、电铃、电炉、电脑、电钟、电镀

3. 电本身　电波、电场、电感、电光、电晕、电泳、电位、电抗、电流
4. 同电发生关系的（器材）　电料、电木、电键、电钮
5. 以电为研究对象的　电学

语素在构词中作用的变异是最复杂的，具体的词要作具体的分析。

（三）特殊的变异

特殊变异指变异的各种特殊情况。这里提出两种最明显的事实。

1. 语素义完全消失。这指的是某个语素原有的意义在它构成的一些词中完全没有表现，词义完全由另一语素表示，除了上面举过的"国家"中之"家"、"忘记"中之"记"、"窗户"中之"户"、"消息"中之"消"以外，再如：

作别　分别。
作成　成全。
打扫　扫除；清理。
打猎　在野外捕捉鸟兽。

在上面这些词中，语素"作""打"的意义完全消失。

2. 语素义模糊。这指的是某些语素原有的意义在其构成的某些词中完全没有表现，但词义又并非完全由另一语素表示，因此不能说这个语素完全没有意义，却又不能说词义减去另一语素的意义等于这个语素新获得之义。这里语素的意义是模糊的。除了上面举过的"捣蛋"中之"蛋"、"斯文"中之"斯"、"高汤"中之"高"、"电池"中之"池"以外，再如：

淡竹　竹子的一种，茎高七到十几米，节与节之间的距离大。
反水　叛变。
打尖　旅途中休息下来吃点东西。
牲口　用来帮助人做活的家畜，如牛、马、骡、驴等。

上面这些词中的"淡""水""尖""口"在这里的意义是模糊的。

语素的变异，说明要把语素的意义和作用看成是灵活多变的，

词典所归纳的义项,概括了语素变义(成词语素则包括语素在构词中的意义和作为词来运用的意义)中共同的东西,只不过相当于数学上的最大公约数而已。唯其如此,它所构成的词才能适应反映各种意义差别的需要,它才能参与构成不同要求的词。

三、词的暗含内容

从上面的说明中我们知道,有不少合成词的语素义只是表示了词义的某些内容,或者说提示了词义的某些内容。这样就出现了词义内容必须具有而语素义不表示的情况。我们把词义内容必须具有而完全不包含在构词的语素义中的内容称为暗含内容。词的暗含内容有几种情况。

(一)暗含语素义所表示的动作行为、性质状态的主体。如:

上场　演员或运动员出场。
下野　执政的人被迫下台。
出嫁　女子结婚。
葱茏　(草木)青翠茂盛。
丰沛　(雨水)充足。
通顺　(文章)没有逻辑上或语法上的毛病。

(二)暗含有语素义所表示的动作行为的特定关系对象。如:

开脱　解除(罪名或对过失的责任)。
雷害　农业上指由雷击引起的植物体的破坏死亡。
戒除　改掉(不良嗜好)。
起场　把摊晒在场上经过碾轧的谷物收拢起来。

(三)暗含语素义所表示的动作行为的时间、空间、数量、工具、方式等的限制。如:

开犁　一年中开始耕地。(时间)
连载　一个作品在同一报纸或刊物上连续刊登。(空间)
拘禁　把逮捕的人暂时关起来。(数量)

吹打　用管乐器和打击乐器演奏。（工具）
　　　聚敛　重税搜刮。（方式）

　　（四）暗含语素义表示的事物的存在范围、各种性状等的限制。如：

　　　反派　戏剧小说中的坏人。
　　　例言　书的正文前头说明体例等的文字。
　　　彩绘　器物上的彩色图画。
　　　赶车　驾驭牲畜拉的车。
　　　供品　供奉神佛祖宗用的瓜果酒菜。
　　　拼盘　用两种以上的凉菜摆在菜盘里拼成的菜。

上面所说的这些只是举其大类，并不详尽。而且这几种情况是有交叉的。如上面（三）中的"连载"还暗含有行为的特定关系对象"作品"，这个关系对象的数量"一个"；"拘禁"还含有特定的关系对象"逮捕的人"。又如：

　　　篷车　火车或汽车上有车顶的货车。

"篷车"暗含有车的存在范围"火车或汽车上"，车的性质"货"（装货的）等内容。

　　词有暗含内容，说明语言用合成词作为事物现象的名称时，由于事物现象性状的纷繁多样，只能用语素反映其中的一些特征（如"篷车"说明所反映的事物是"车"，是有"篷"的，"拼盘"说明它所指示的事物是用"盘"装的，是由几样东西"拼"成的，等等）。语素在这里的作用不仅表示它所反映的事物现象的某些特征，而且也能标志它所反映的整个事物现象。然而仅是标志而已，就意义来说，词义中就有语素义所不能包含的内容，解释词义时应该说明。

四、研究词义同构成它的语素义关系的作用

　　研究词义同构成它的语素义关系的一个重要作用是帮助说明词义的理据。

词义的理据通俗的说法是事物现象得名之由,例如"蝈蝈"(事物)为什么叫"蝈蝈"(名称)呢?这是因为它的叫声是"蝈蝈",是根据它的叫声来给它命名。这就是上面说过的"取声命名"。再如,"人的容貌"(事物)为什么可以叫"眉目"(名称,"眉目清秀"中的"眉目")呢?这是因为容貌中的"眉"和"目"是显示人的面容特征的重要部分,就用这两部分的名称作为整个面容的名称。这是以部分代替整体的借代法。

由此可见,词义理据的分析实际上就是分析词的语素义和词所表示的事物现象的关系。"蝈蝈"是一个语素,其语素义表示的是"蝈蝈"这种昆虫的叫声,就用这个叫声作为这个事物的名称。"眉目"是两个语素,"眉"表示眉毛,"目"表示眼睛,就用这两个语素表示的脸上部位的名称作为整个面容的名称。因此分析词义理据的基础工作就是分析语素义和词义(词所表示的事物现象)的关系。

由于声音和意义没有必然的联系,许多单纯词的词义是没有理据的。又由于语言发展中形音义的变化,某些在古代原来有词义理据的词,也不容易弄明白。在现代汉语中,单纯词能说明词义理据的主要是两类:

(一)拟声词 前面提到的"吧嗒"(关门或物掉地声)、"叮当"(金属、瓷器等撞击声)、"嗖"(风声、子弹声)、"砰"(碰击声)等,其词义理据是用事物发出的声音本身作为该声音的名称。

(二)取声命名词 如"蛐蛐""布谷""乒乓"等,这些词的词义理据同我们上面分析过的"蝈蝈"是一样的。"乒乓"是一种小球,"乒乓"是打击这种小球而运动时发出的声音,就用这种声音的名称作为这种小球的名称。

此外,单纯词的引申义也可以说明理据。如"锄"有①"松土除草用的农具"义,又有②"用锄松土除草"义。①是本义,指的是一种事物;②是引申义,表示一种行为。②义的理据是:用从事这种行为所必用的工具的名称来作为这种行为的名称。这是一种借代用法。"口"原来的意义是"人或动物进食发声的器官",后来生出"容器通外面的地方"的意义(如"瓶口、碗口")。人、动物的口在体干的上部或前部,是一个吐纳东西的小洞,器物之口同此相似,所以把器物这个部位叫"口"。这是比喻用法。

　　合成词一般可以说明词义的理据。合成词是由语素作为构词成分构成的,语素的意义同词义有种种联系,语素在不同程度上、从不同方面、用不同方式表示了词义。从合成词的词义同合成词的语素义关系的角度说,词义就是有来由的,有理据的。上面说明的合成词的词义同构成它的语素义关系的六种类型,也就是合成词词义理据的不同内容和不同的情况。

　　同一事物,往往有不同的名称,或先后有不同的名称,显示出不同的词义理据。"自行车"也叫"脚踏车","车"表示是一种车辆,"自行"是指不用别的动力,(靠人力)车本身可以行动,表示了这种车的动力特征;"脚踏"表示这种车的动力发生的方法,是用脚踏(有关装置)使车前进。两个名称命名的理据有差别。"长颈鹿"原来曾叫"骆驼豹",这两个名称的命名理据差别很大。"长颈鹿"的"鹿"表示它是属于鹿的,"长颈"则表示了它有长长的脖子这一体貌特征。"骆驼豹"中的"骆驼"和"豹"都是比喻用法,"豹"表示它是如豹一样身上有斑点的动物,"骆驼"则表示它体大如骆驼。现在人们只用"长颈鹿"这一名称了,当然是因为它的词义理据更加合理。

　　词汇中有不少包含有丰富的历史、社会内容,反映民族心理、文化特点的词语。词义的理据分析有助于说明这些词语的内容和特点。例如在书面语中月亮可称"蟾宫"(如"蟾宫折桂")。"宫"指宫殿,古人想象月亮中有大片宫殿。柳宗元《龙城录·明皇梦游广寒宫》就记下传说唐明皇于八月望日游月中,见一大宫室,题曰"广寒清虚之府"。月中宫室因称广寒宫。"蟾"指"蟾蜍",古代传说中说月中有蟾蜍,《淮南子·精神》就说"月中有蟾蜍"。把这方面的传说综合起来就出现了"蟾宫"这个词,用来指称月亮。这是用传说中月亮中存在的事物指代月亮本身。又如知己朋友又可称"知音"(如"知音难求"),"知"是了解、理解的意思,"音"这里指乐声。知心朋友互相了解、理解对方的整个思想感情,这里为什么以"音"来概括、代替呢? 这里有一段动人的历史故事。《列子·汤问》记载:"伯牙善鼓琴,钟子期善听。伯牙鼓琴,志在高山,钟子期曰:

'善哉,峨峨兮若泰山!'志在流水,曰:'善哉,洋洋兮若江河!'"钟子期是最了解伯牙琴声所传达的思想感情的人。这样,后人就用"知音"来称知己了。

研究词义同构成它的语素义关系的一个重要作用是,能帮助我们通过恰当说明语素义来正确解释词义。

我们看到,有一部分词能通过对释语素义,或揭示语素义的引申义、比喻义来说明词义,而相当多的词要根据语素义的变异,要揭示词的暗含内容去说明词义。在这方面,《现代汉语词典》比以前编的词典有很大的进步。例如,以揭示词的暗含内容来说,它做得相当细致,释义比以前编成的词典准确得多。下面是《现代汉语词典》和《汉语词典》(1957年重印的《国语词典》删节本)对几个词释义的比较。

盘货　商店等清点和检查实存物资。(《现汉》)
　　　 清查货物。(《汉语》)
硬朗　(老人)身体健壮。(《现汉》)
　　　 谓身健。(《汉语》)
卷逃　(家里的人或本单位的人或者经管的人)偷了全部细软而逃跑。(《现汉》)
　　　 拐带钱物潜逃。(《汉语》)

下面画线的词语是词的暗含内容,《汉语词典》全缺,释义就显得粗疏。

研究词义和构成它的语素义的关系对分析归纳语素义义项也有帮助。前面讲到,义项归纳的是语素共义,语素在不同的词中意义的差别(是在一个义项范围中的差别)是语素变义。语素共义和语素变义有同有异,如果这个异很明显,而且有规律地出现在多个词中,就有可能考虑单独立一个义项。如语素"军",《现代汉语词典》立两个义项:①军队,②军队的编制单位。但比较下列两组词:

甲组
军徽　军队的标志。
军纪　军队的纪律。
军民　军队和人民。

军务　军队的事务。

语素"军"义为"军队"。

乙组

军备　军事编制和军事装备。
军机　军事机宜。
军令　军事命令。
军情　军事情况。

语素"军"义为"军事"。

按《现代汉语词典》目前的处理,"军队"为语素"军"的共义,"军事"为其语素变义。这里共义变义虽有联系,但其差异很明显,而且"军事"一义已经有规律地出现在多个词中,所以似应立"军事"为语素"军"的另一个义项。

练　习

一、根据词典释义,指出下列各词语素义和词义关系的类型:

　　谬误　鹰犬　茅台　困境　水疗

二、指出下列各词中语素"路"的共义(道路)和变义的关系:

　　路警　铁路上维持秩序、保护交通安全的警察。
　　路局　指铁路或公路的管理机构。
　　路子　途径;门路。

三、画出下列各词释义中语素义未表示而词义必须具有的内容(暗含内容):

　　满月　(婴儿)出生后满一个月。
　　平年　农作物收成平常的年头。
　　反话　故意说的跟自己真实意思相反的话。
　　告劳　向别人表示自己的劳苦。

四、说明"唇齿""桑梓"的词义理据。

五、说明"火柴"和"洋火"、"电脑"和"计算机"理据的不同。

第十章 词 典

各种词典在社会生活、教育工作、学术研究中有重要作用。词典编纂是一门独立的学科,它是关于如何最合理地编纂词典的科学,同时,它本身又是词典编纂的实践。词汇学和词典学关系密切。词汇学的深入研究在不同程度上促成了各种词典的产生,词汇学的研究成果对解决词典编纂中的各个问题有参考、指导的作用。词汇学的论著一般都设专门章节阐述词典编纂中的重要问题。词典编纂的内容一般包含有词典类型、选词立目、语音标注、义项划分、词语释义、引例、编排等。这一章我们主要说明词的释义,对其他内容也作一些常识性的介绍。

一、词典的类型

词典的分类,学者各有不同意见。下面介绍一般采用的分类。了解词典的分类,可以理解各类词典的不同作用。

一般把词典分为两大类型,一是百科辞典,一是语文词典。它们都各有不同的类别。

百科辞典一般分为综合性百科辞典和专科性百科辞典。

（一）综合性百科辞典,也称百科全书。百科全书收录和解释自然科学、社会科学各学科的术语、词语,说明有关的专业知识。它的特点是:学科的系统性、条目的综合性、资料数据的准确性,并有多种检索手段,卷帙浩繁。我国明代永乐年间(1403—1424)历时六年(1403—1409)编成的《永乐大典》被认为是世界上第一部综合性百科辞典。《永乐大典》收图书七八千种,按韵目分列单字,按单字依次辑入与此字相联系的各项文史记载,共22877卷。八国联军侵入北京时大部分遭焚毁,未毁者几乎全被劫走。1960年,中华书局将历年征集到的730卷影印出版。其后陆续征集到的67卷,于1985年影印出版。最早的现代意义的百科全书是1728年英国出版的两卷本《钱伯斯百科全书》。我国最早的现代意义的百科全书据认为是《时务通考》(1897)和《时务通考续编》(1901)。国外著名的百科全书是《不列颠百科全书》(1768年创编),其第三次重编版(1974)共30卷,全书约4300万词,词目10万余条。另一著名的百科全书是《苏联大百科全书》(1926),其第三版(1969—1978)为30卷,收词目10万多条。我国于1980—1993年编成出版《中国大百科全书》,共74卷,约1.2亿字,7.7万余条词目。

(二)专科性百科辞典也叫学科百科辞典。这种辞典收集解释某一学科或数个学科的专门用语,包括学说学派、名人名著、名词术语、古今地名等。如杜亚泉等编《植物学大辞典》(1918),臧励龢等编《中国人名大辞典》(1921)、《中国古今地名大辞典》(1931),丁福保编《佛学大辞典》(1919)、《法学词典》编辑委员会编《法学词典》(1989)等。

语文词典是收集解释语言词语的词典。它说明词语的读音、书写形式、意义、语法特点、来源等。又有单语词典(解释一种语言的词典)和双语词典(用一种语言解释另一种语言的词典)之分。下面说明单语词典。

单语词典也有各种分类。我们认为,可以先分为现代词典和历史词源词典两大类。现代词典是收集解释现代语言的词典,如《国语辞典》(中国大词典编纂处编纂,1945年出齐)、《现代汉语词典》(中国社会科学院语言研究所词典编辑室编,1978年出版,1996年出修订本,2002年出增补本)。历史词源词典是收集古代词语、说明词语来源发展的词典,如修订本《辞源》(1983)、《汉语大词典》(1994)、《汉语大字典》(1988)等。

现代词典根据内容和作用又有各种类型,下面说明我国已编出的不同种类的现代词典,并介绍其中有代表性的词典。

(一) 现代语言规范型词典

这是为促进、指导现代语言规范化而编纂的词典。按照国家有关权威部门制定的规范标准说明词语的书写形式和读音。释义、用法的说明也力求科学、规范。中国社会科学院语言研究所词典编辑室编成的《现代汉语词典》就是这样一部词典。它是国家、政府为推广普通话、促进汉语规范化要求编成的一部中型现代汉语词典。吕叔湘、丁声树先后任主编。1958 年始编,1978 年商务印书馆出版,1996 年出修订本,2002 年出版增补本。

《现代汉语词典》收入词目 56000 余条,修订本增至 6 万余条,增补本又补新词新义 1200 余条。它的优点是:

1. 词形、语音规范。第一次明确地在词典中区分同音词,如"叫$_1$(发出声音),叫$_2$(使;命令)";区分同音语素,如"乔$_1$(高),乔$_2$(假扮)";区分能隔开用的词和不能隔开用的词,如"借款 jiè // kuǎn"和"借款 jièkuǎn"。

2. 分析词的意义细致。如"理性"区分为两个义项:①指属于判断、推理等活动的(跟"感性"相对):～认识。②从理智上控制行为的能力。①义只能作修饰语,②义是名词义。类似的例子在该词典中随处可见。

3. 对收入的全部词语的意义都作了具体的解释,如果用同义近义词注释,则一般对所用的同义近义词作了具体的解释,如:"棰 鞭子。""鞭子 赶牲畜的用具。"避免了以一字释一字,以一词释一词的毛病。在这部词典之前,没有一部词典全面具体地解释过现代汉语词语的意义。百科性词目的释义,一般请有关专业人员撰写或审定,保证了它的科学性。

4. 释义结合说明词的用法。主要的做法是,在释义词语中加括号说明词语的配合关系。如:"凋零(草木)凋谢零落。""戒除 改掉(不良嗜好)。""打紧 要紧(多用于否定式)。"

(二) 用法词典

这种词典着重具体说明词语的用法,特别有助于母语非汉语的学习者学习汉语。

《现代汉语八百词》 吕叔湘主编,商务印书馆1980年出版。词典以解释虚词为主,也解释了一部分实词的意义和用法。该书仔细分析词的语法类别、不同意义、各种用法,说明前后搭配的词语,辅以丰富的例句。该书在理论和方法上对以后编写的用法词典有很大的影响。

《现代汉语实词搭配词典》 张寿康、林杏光主编,商务印书馆1992年出版。收入双音节、部分单音节的名词、动词、形容词8000多条。编者研究制定了名词、动词、形容词的搭配框架,对收入的词的各个义项,从"结构成分""词类""语义"三个层次进行描写。分析较细,用例颇丰。

《现代汉语学习词典》 孙全洲主编,上海外语教育出版社1995年出版。该书是为帮助外国汉语学习者理解掌握现代汉语词语用法而编辑的,收入词语23000多条。这部词典对收入的词条全面地划分了词和语素,划分了词类,又建立了词语的句型结构模式,释义时注意指示相应的句型结构模式,这些方面对学习汉语有重要作用。

(三) 同义词词典

收集、辨析语言中意义相同、相近的词语,以帮助读者理解和应用的词典。

《简明同义词典》 张志毅编,上海辞书出版社1981年出版。收词1500个,分成600组,分析每组词在词性、词义、用法、附属色彩方面的同异。分析以义项为单位,引例多出自名家著作。

《现代汉语同义词典》 刘叔新主编,天津人民出版社1987年出版。收入1640个同义词组,包含4600多个词。编者主张严格区分同义词和近义词,故选词严格。分析以义项为单位,主要从词义的同异、搭配的同异作具体辨析。多从当时书刊中选取用例。

(四) 反义词词典

收集辨析语言中意义相反、相对立的词语,以帮助读者理解和应用的词典。

《汉语反义词词典》 张庆云编著、张志毅审订,齐鲁书社 1986 年出版。收 3000 组反义词,近 1 万个词语。词目后有注音、词性说明,有释义、例句,有时加上词语的语体、学科说明。它是中华人民共和国成立后第一部贯穿科学精神、有分量的汉语反义词词典。

《反义词词典》 林玉山编,黑龙江人民出版社 1988 年出版。该词典收音节相同、词性相同、范畴相同的反义词 4039 组,有释义和例句。

(五) 构词词典

以字所代表的语素为单位,收集该语素所构成的词语,按词语中该语素出现的前后次序排列,或按词语中该语素意义所属义项排列。这种词典可以帮助读者了解语素的构词能力、合成词中语素的意义联系。

《常用构词字典》 傅兴岭、陈章焕主编,中国人民大学出版社 1982 年出版。收字 3994 个,词语 9 万个。每字除释义外,列入包含这个字的合成词、成语、其他固定语等。将词语按字出现的位置(开头、中间、末了)分组排列。

《实用解字组词词典》 周士琦编,上海辞书出版社 1986 年出版。收单字 7000 个左右,词语 8 万个。每字分义项释义,后列出含该义的词语。

(六) 义类词典

将一种语言词汇中的全部词语按意义分成大类、小类,全部词语都纳入这个分类系统中。词语无释义,也可以有释义。

《同义词词林》 梅家驹等编,上海辞书出版社 1983 年出版。收入词语 7 万个。按意义分类排列。共分 12 个大类,94 个中类,

1428个小类。无释义。附词语索引,据索引可以查到任何一个词语的同义、近义词语。

《类义词典》 董大本主编,汉语大词典出版社1988年出版。收普通词语、百科词语、常用新词4万余条,分为17大类,143个小类,3717个词群。每词都有释义,且有例句。

(七) 新词词典

收集解释语言中新产生的词语、新出现的意义的词典。

《汉语新语词词典》 韩明安主编,山东教育出版社1988年出版,收1945年以来的新词语7900条。后增补,收新词语1万余条,更名《新语词大词典》,黑龙江人民出版社1991年出版。有释义,每条引书刊用例。

《现代汉语新词词典》 于根元主编,北京语言学院出版社1994年出版。收1978—1990年间语词性新词新语3710条。每条注音、释义,举一至数个例句。

(八) 熟语词典

包括成语、谚语、歇后语、惯用语词典等,收集各类熟语,说明各条熟语的意义来源等。如《汉语成语词典》(上海教育出版社,1978年出版,1986年出增订本)、《中国成语大辞典》(上海辞书出版社1987年出版)、《汉语谚语词典》(江苏人民出版社1981年出版)、《歇后语词典》(北京出版社1984年出版)、《汉语惯用语词典》(外语教学与研究出版社1985年出版)。各类熟语词典已出版多种,上面所举是编写得较早的。

(九) 方言词典

收集解释汉语各地方言词语的词典。如《汉语方言词汇》(北京大学中文系语言学教研室编,1964年出版,1995年出第二版)、《现代汉语方言大词典》(李荣主编,共30卷,1997年出齐)。

(十) 同韵词典

将词语按韵部同异排列的词典。如《中华新韵》（中国大辞典编纂处编，1941年出版）、《诗韵新编》（中华书局1965年出版）。

(十一) 频率词典

从大量书籍报刊材料中统计词语出现频率的词典。现代汉语词汇频率统计的重要目的是确定常用字词，获取其他词频字频信息。如《现代汉语频率词典》（北京语言学院语言教学研究所编著，北京语言学院出版社1986年出版）。该词典统计语料达200万字。分析统计确定高频词8000个，低频词2300个。常用词分为两个层次，第一层次3000个，第二层次2000个。该词典包含有词表、字表8个。重要的如《按字母音序排列的频率词表》《使用度最高的前8000个词词表》《频率最高的前8000个词词表》《分布最广的词语频率表》《汉字频率表》等，又有附录数个。

汉语还有所谓字典。字典以字为单位，多音节词收不到。在古汉语中，单音节词占大多数，字典也起到词典的作用。我国历史上著名的字典如东汉许慎的《说文解字》、明梅膺祚的《字汇》、清《康熙字典》、近代编成的《中华大字典》。中华人民共和国成立后编成的《新华字典》虽然也叫"字典"，但收入了不少多音节的词，已突破了字典的局限。

随着科学文化的发展，人们创造出并将继续创造出编纂词典的不同形式、不同方法。词典编纂学在寻找着更完满地描写语言的方式。当代出现的各类电子版词典代表了这方面的发展趋势。

二、词的释义

解释词义是词典的中心内容，语文教学、日常交际中也常常要说明词语的意义。词的释义包含：(1) 说明概念义，这是释义的核心；(2) 有时要说明附属义，即感情色彩、语体色彩等。

下面先谈概念义的解释方式。解释概念义的方法是很多的，下面分四个方面来介绍常见的一些释义方式。

(一) 普遍性较大的三种释义方式

第一种，用同义近义词语。又有：

1. 用一个词（例子不注出处者皆引自《现代汉语词典》）

(1) 棰　鞭子。
(2) 白镴　焊锡。
(3) 白土子　白垩的通称。
(4) 红毛坭　〈方〉水泥。
(5) 硬　③勉强：他一发狠～爬上去了。

这种释义只是换了一个名称。(1)是用今语释古语,(2)(3)是用通名释俗称,(3)的"通称"是通名之义,(4)是用标准语释方言词,(5)被解释的词和解释的词都同样为大家所熟悉(一般只用"勉强"释"硬"，不能反过来用,一个重要原因是"勉强"用的是基本义，而"勉强"不是"硬"的基本义)。词典对收入的全部词语,一般都应有具体说明,不过可用解释过的词来解释别的词,读者可参看。这里引的五个例子,其解释词语在该词项下意义都有具体说明。所以解释词义虽然应该是用"多字释一字"(王力《理想的字典》),但由于上面所说的原因,以一词释一词一直是释义的主要方式之一。古书注释和双语词典大量用一词释一词,是因为它们同单语现代解释性词典的任务不同,它们只需要用与被解释的词同义近义的词去说明就可以了,不必作具体的释义。

下面的词的释义,虽然解释词语是并列两个同义近义词,但其间用分号隔开,是分别可解释为两义的意思(未立义项,一般是因为二义相近),释义方法同上一样。

里手　内行；行家。
理解　懂；了解。

2. 按语素次序用同义近义词对释。如：

真诚　真实诚恳。

冷寂　清冷而寂静。
犷悍　粗野强悍。

这里用的解释词语是被解释的词以外的多个词语,把被解释的词的含义展开了。这里用的是解释并列结构复合词的例子,其他结构的词以后讨论。

第二种,用反义词的否定式,或有关词语的否定式。如:

冷落　不热闹。
碍眼　不顺眼。
半　　④不完全:房门～开着。
重　　⑥不轻率:自～｜慎～｜老成持～。
沉默　①不爱说笑。②不说话。

"热闹"为"冷落"的反义词,"顺眼"为"碍眼"的反义词,其否定式即为后者的同义近义词。"完全"不是"半"的反义词,按它们的基本义,在逻辑上是差等关系,但"完全"的否定式可以成为"半"一个词义义项的同义近义词语。"重"和"轻率"按基本义也不是反义词,但"轻率"的否定式可以是"重"的一个语素义义项的同义近义词语。"沉默"的两个义项的解释,用的是词语的否定式。

肯定否定式可以结合使用,如:

含糊　②不认真;马虎。
呆板　死板;不灵活;不自然。

第三种,定义式的释义,即有逻辑学上所讲"种＝类＋种差"内容的释义(但不必如定义那样精确)。

法学　研究国家和法的科学。
绿肥　把植物的嫩茎叶翻压在地里,经过发酵而成的肥料。

其中"法学""绿肥"为种,"科学""肥料"为类(上位词,也就是第三章中所说的表示类别的词语),其余词语说的是"种差"(也就是第三章中所说的表示事物现象特征的词语)。

上面这种定义式的释义,是把有关内容组织在一个偏正词组

里,中心词由表示类的词语充当,限制修饰语说明的是种差。有这种逻辑关系的内容,也可以用多个词组或句群来表示,如:

　　蚕箔　养蚕的器具,用竹篾等编成,圆形或长方形,平底。

其中"器具"说明类(上位词),其余词语说明种差。词典中解释动物、植物、矿物、器械等多用这个办法。释义中可以使用多个表类的词语,如:

　　松　种子植物的一属,一般为常绿乔木,很少为灌木,树皮多为鳞片状,叶子针形,花单性,雌雄同株,结球果,卵圆形或圆锥形,有木质的鳞片。木材和树脂都可以利用,如马尾松、油松等。

对"松"的释义用了"种子植物""乔本"两个表类的词语。前一个是主要的,后一个起补充说明的作用。

　　下列偏正结构的复合词的释义,是按语素次序用同义近义词解释,解释词语同被解释词语的逻辑关系也属定义式释义一类,如:

　　冷遇　冷淡的对待。("对待"为"冷遇"的上位词,"冷淡的"相当于种差)
　　真情　真实的情况。("情况"为"真情"的上位词,"真实的"相当于种差)

　　下列词的释义,只指出词所代表的事物所属的类别:

　　茛　艸也。(《说文》)
　　瓿　器也,见《玉篇》。(《国音字典》)
　　蚣　蜈蚣,虫。(《广韵》)

这种方式形式上是将被解释的词同类词语等同,其实是指明被解释的词所表示的事物现象属于类词语所表示的类。这种方式独用多见于我国古代辞书。

　　以上三种释义方式,广泛用来解释表事物现象、动作行为、性质特征的词。定义式释义对反映事物现象的词的解释最恰当,运用得也最多。但对相当多的表示动作行为、性质特征的词,用以上三种方式释义,不能或很难具体说明它们的内容。要用别的方法,下面分别讨论。

(二) 表动作行为的词的释义

对表动作行为的词,有人容易顾名思义,认为它只是表示某种动作行为。我们在第三章说明过,这类词的内容很复杂。有的以一词表示两个或两个以上的动作,有的包含有特定的行为的主体,有的包含有动作行为的特定的关系对象,有的包含有对各个动作行为、行为主体、关系对象的各方面的限制,有的包含有动作行为进行的一定的原因条件或目的结果等。所以表动作行为的词的释义,除了要用适当词语说明动作行为本身以外,还要注意说明词所包含的上面所说的种种有关因素,这样才能抓住特点。下面分类举例说明。

1. 有时要说明词所包含的多个动作行为。如:

打印　　打字油印。
裁处　　考虑决定并加以处理。
扑　　用力向前冲,使全身突然伏在物体上。

2. 有时要说明特定的行为主体。如:

刺　　尖的东西进入或穿过物体。
流　　液体移动;流动。
下野　　执政的人被迫下台。

3. 有时要说明动作行为特定的关系对象。如:

办公　　处理公事。
参谒　　进见尊敬的人;瞻仰尊敬的人的遗像、陵墓等。
断狱　　旧指审理案件。

4. 有时要说明动作行为进行的身体部位或应用的工具。如:

搂　　用手或工具把东西聚集到自己面前。

抬　　共同用手或肩膀搬东西。
摆渡　用船运载过河。
包　　用纸、布或其他薄片把东西裹起来。

5. 有时在说明动作行为的同时，要说明动作行为在程度、方式、数量、时间、空间等方面的限制。如：

高压　⑤残酷迫害；极度压制。　　　　（程度）
标卖　标明价目，公开出卖。　　　　　（方式）
包揽　兜揽过来，全部承担。　　　　　（数量）
长生　永远不死。　　　　　　　　　　（时间）
落户　在他乡安家长期居住。　　　　　（空间）

6. 有时要说明动作行为的目的结果。如：

辩白　说明事实真相，用来消除误会或受到的指责。
抽打　用掸子、毛巾等在衣物上打，去掉尘土等。
护送　陪同前往使免遭意外（多指用武装保护）。

7. 有时要说明动作行为的原因条件。如：

垂涎　因想吃而流口水。
涨　　固体因吸收液体而体积增大。
还手　因被打或受到攻击而反过来打击对方。

上面分类列举（并不完全）是为了说明的方便，其实它们常常是交叉的、复合的。有各种各样的交叉复合。例如上面所举的例子"下野"，除了含有动作"下台"以外，又含有特定的动作行为主体"执政的人"和特定的动作行为的方式"被迫"。"落户"含有两个动作行为"安家"和"居住"，"安家"有"在他乡"的空间的限制，"居住"有"长期"的时间的限制。又如：

抿　　②嘴唇轻轻地沾一下碗或杯子，略微喝一点。

这个词包含有两个动作行为"沾""喝"，"沾"有程度"轻轻地"和数量"一下"的限制，"喝"也有数量"略微""一点"的限制，还包含有特定的动作行为的主体"嘴唇"、动作行为的特定的关系对象"碗或杯子"。又如：

摩挲　用手轻轻地按着并一下一下地移动。

这个词包括两个动作行为"按着""移动",它们有进行的身体部位"用手"的限制,"按着"有程度"轻轻地"的限制,"移动"有方式"一下一下地"的限制。

表动作行为的复合词,有时按照语素次序用同义近义词对释能揭示整个词的内容。如:

备荒　防备灾荒。
把酒　端起酒杯。
吹捧　吹嘘捧场。

但在多数情形下,这类词都暗含有语素未直接表示的内容,不是单纯对释语素能说清楚的,必须根据语言事实,用多个词语具体说明。

(三) 表性质状态的词的释义

表性质状态的词的内容又是另一种情况。它们类别纷繁,难以尽言。举其大类,有一部分是表示人可以用感官感受到的物的性质的,如"红、绿、甜、酸、香、臭、冷、热、软、硬、响亮、低哑"等;有一部分表示的性质特征虽然可以用感官感受得到,但只能用相对的标准来说明,如"大、小、厚、薄、长、短、快、慢"等;有的表示对人的外貌、品性、精神、行为的评价,如"漂亮、清秀、温顺、泼辣、精明、迟钝、高尚、丑恶"等;有的表示对人的物质创造物、精神创造物、对自然的评价,如"伟大、渺小、精致、笨重、简练、冗长、肥沃、荒凉"等。这类词有的抽象程度很高,有的意义很空灵,不易解释。鲁迅先生就谈到这个体会:

我自己,是常常会用些书本子上的词汇的……假如有一位精细的读者,请了我去,交给我一枝铅笔和一张纸,说道:"您老的文章里,说过这山是'崚嶒'的,那山是'巉岩'的,那究竟是怎么一副样子呀?您不会画画么也不要紧,就勾出一点轮廓来给我看看吧。请,请,请……"这时我就会腋下出汗……因为我实在连自己也不知道"崚嶒"和"巉岩"究竟是什么样子,这形容词,是从旧书上钞来的,向来就并没有弄明白……此外,如"幽婉""玲珑""蹒跚""嗫嚅"之类,还多得很。(《且介亭杂文二集·人生识字糊涂始》)

对鲁迅先生提到的这类词,现代词典已尽量作具体说明。词典除了采用前面说的用同义近义词,用反义词的否定式和有关词语的否定式等方法外,常见的方式还有:

1. 直接指示,即用个别体现一般的方法,直接指出某种事物现象具有该词表示的性质特征。如:

红　　像鲜血或石榴花的颜色。
蓝　　像晴天天空的颜色。
酸　　像醋的气味或味道。
甜　　像糖和蜜的味道。

2. 描述说明性质状态,即把词所反映的内容当作一种景象加以描绘,或当作一种情况加以说明。

(1) 不指明适用对象的性质状态的描述说明:

缠绵　　②宛转动人。
白花花　白得耀眼。
萧条　　寂寞冷落,毫无生气。
顺利　　在事物的发展或工作的进行中没遇到困难阻力。

(2) 指明适用对象的性质状态的描述说明:

高寒　地势高而寒冷。
高尚　道德水平高。
亲善　(国家之间)亲近友好。
稀朗　(灯火、星光等)稀疏而明朗。

(3) 把形成性质状态的原因同性质状态一起说明,如:

软　　物体内部组织疏松,受外力作用后,容易改变形状。
闷　　①气压低或空气不流通而引起的不舒畅的感觉。
漫漶　文字图画等因磨损或浸水受潮而模糊不清。

腻烦　因次数过多而感觉厌烦。

(4)在描述说明性质状态时,加"形容""的样子"等词语。如:

油汪汪　　形容油多。
料峭　　　形容微寒(多指春寒)。
幽咽　　　形容低微的哭声。
崚嶒　　　形容山高。
嗫嚅　　　形容想说话而又吞吞吐吐的样子。
蹒跚　　　腿脚不便,走路缓慢、摇摆的样子。
战战兢兢　形容因害怕而微微发抖的样子。

除去"形容""的样子"这类措辞,这类释义对词所表示的性质特征已作了不同程度的描述说明,大都可以分别归入2的不同小类或上面已说过的其他释义方式中,如"嗫嚅""蹒跚"属不指明适用对象的性质特征的描述说明的释义,"油汪汪""崚嶒"的释义属指明适用对象的性质特征的描述说明,"战战兢兢"的释义属于把形成性质特征的原因同性质特征一起说明,"幽咽"属定义式释义,"料峭"属用近义同义词释义。现在加上"形容""的样子"等词语,是为了强调所表示的是一种情状。

(四) 其他释义方式

下列三种释义方法,只用于某些词或某类义项的解释。

1. 同有关事物现象相联系、相比较去说明词义。

方位词和表亲属关系、表职称的这一类词要以某"定点"为标准,才能相对地讲清楚。如:

东　　太阳出来的一边。(太阳是定点)
南　　早晨面对太阳时右手的一方。(太阳是定点)
右　　面向南时靠西的一边。(南是定点)
父亲　有子女的男子,是子女的父亲。(子女是定点)
祖父　父亲的父亲。(父亲是定点)
儿子　男孩子(对父母而言)。(父母是定点)
少尉　军衔,尉官的一级,低于中尉。(中尉是定点)

上尉　军衔,尉官的一级,高于中尉。(中尉是定点)

2. 指明比喻对象,用于解释词的比喻义。如:

　　热血　比喻为正义事业而献身的热情。
　　风雨　风和雨,比喻艰难困苦。
　　归队　比喻回到原来所从事的行业和专业。

"比喻"二字,是指明现在解释的这种意义同原义的一种联系。去掉"比喻"二字,我们看到比喻义的释义方法仍可分别归入上面所讲的各种类型。例如"热血"属定义式释义,"风雨"相当于用近义词语释义,"归队"属说明动作行为及其特定的关系对象的释义。

3. 用近义或有关词语,加修饰限制词语,但又非定义式的释义。

　　一些概括程度很高的词很难用下定义的方式来解释。"下定义"实质是把某一个概念放在另一个更广泛的概念里,然后再加以限定。因此对一些广泛已极的概念,如"存在、思维"等是无法下定义的。所以下列例子虽有定义的形式,但不是定义式释义:

　　物质　独立存在于人的意识之外的客观实在。
　　方法　关于解决思想、说话、行动等问题的门路、程序等。
　　原理　带有普遍性的、最基本的、可以作为其他规律的基础的规律。
　　恩情　深厚的情谊。

其中,"客观实在"不是能包含"物质"的更广泛的概念(上位概念),"门路、程序"对"方法"的关系,"规律"对"原理"的关系,"情谊"对"恩情"的关系也是如此,它们的抽象程度是相等的。它们可以是近义词语,可以是意义有交叉的词语。现在的做法就是给挑选来的近义或有关词语,加上恰当的修饰限制词语,组成解释词语。

　　上面对四个方面的释义方式的分析,是从不同角度进行的,有些地方分类有交叉;但交叉是有条件的,它们有相对的独立性。现把它们归纳成下表,指明交叉之处及其条件。下表连线表示有交叉,其条件分别说明如下:

第十章 词 典 263

一、普遍性较大的三种释义方式
  (一) 用同义近义词语
    ① 用一个词
    ② 按非列结构的复合词语素次序用同义近义词对释
  (二) 用反义词的否定式或有关词语的否定式释义
  (三) 定义式释义
    ① 偏正词组结构的定义式释义
    ② 多词组、复句、句群结构的定义式释义
    ③ 偏正结构的复合词语按语素次序用同义近义词对释
    ④ 指明词所代表的事物所属类别

二、表动作行为的词的释义方式
  (一) 说明词所包含的多个动作行为
  (二) 说明动作行为时说明其特定的行为主体
  (三) 说明动作行为时说明其特定的关系对象
  (四) 说明动作行为进行的身体部位或应用的工具
  (五) 说明动作行为时说明动作在幅度、方式、数量、时间、空间等方面的限制
  (六) 说明动作行为时说明其特定的目的结果
  (七) 说明动作行为时说明其原因条件

三、表性质状态的词的释义方式
  (一) 直接指示
  (二) 描述说明性质状态
    ① 不指明适用对象的性质状态的描述说明
    ② 指明适用对象的性质状态的描述说明
    ③ 把形成性质状态的原因同性质状态一起说明
    ④ 描述说明性质状态时, 加"形容""的样子""等同语

四、其他释义方式
  (一) 同有关事物现象相联系或相比较去说明词义
  (二) 指明比喻对象
  (三) 用近义或有关词语加修饰语限制词, 但又非定式释义

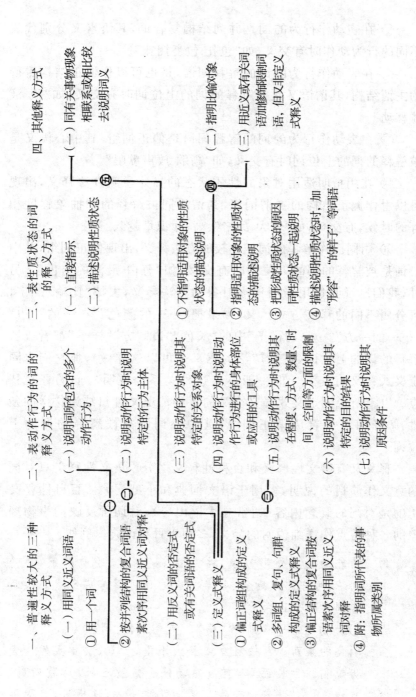

㈠ 在表动作行为的词是并列结构复合词,其语素又分别代表不同的行为动作时有交叉,如"包扎 包裹捆扎"。

㈡ 在表动作行为的词的解释词语,是也可以作偏正结构看待的主谓结构,其谓语又是被解释的词的上位词时有交叉,如"流 液体移动"。

㈢ 在表动作行为的词的解释词语是偏正词组,其中心语又是被解释的词的上位词时有交叉,如"高歌 放声歌唱"。

㈣ 在用指明适用对象的性质状态的描述说明方法释义,出现可以看作偏正结构的主谓词组,其谓语同被解释的词抽象程度相等的时候,有交叉,如"伟大 品格崇高;才识卓越"。

㈤ 用同已作解释的词相比较的方法释义,出现偏正词组,其中心词是被解释的词的上位词时有交叉,如"葱白 最浅的蓝色"。另外,我们已说明过用指明比喻对象的方法释义,去掉"比喻"二字,可分属不同的释义方式。又,如果把"……的颜色""……的一边""……的一方""……的样子"中的"颜色""边""方""样子"都看成被解释的词的上位词(在最广泛的意义上可以这样做),那它们也同定义式释义有交叉。但一般不从这种关系上说明它们的释义特点。以上所说同定义式释义交叉的各种情况又可归结为这样的条件:解释词语可看成偏正词组,其中心词语是被解释的词的上位词。

释义又有语文性释义和百科性释义之分。语义性释义只对词的意义作简括的说明,多用于语文词典和小型词典。百科性释义指的是对词的概念内容(通常是术语内容),对词所反映的事物现象的各种特点作详细说明的释义,多用于百科词典。例如:

狗　哺乳动物。外形似狼,种类很多。听觉、嗅觉灵敏,易受训练,可守户或助猎、牧羊。有的还可训练成警犬。(《新华词典》2001年版)

犬　①动物名。……亦称"狗"。哺乳纲,犬科。为人类最早驯化的家畜。耳短直立或长大下垂,听觉、嗅觉灵敏。犬齿锐利。舌长而薄,有散热功能。前肢五趾,后肢四趾,有钩爪。以趾着地奔跑。尾上卷或下垂,性机警,易受训练。多在春秋两季发情,持续三周,妊娠期约 60~65 天,年产二胎,每胎产仔 2~8 头,寿命 15~20 年。品种很多,按用途可分为牧羊犬、猎犬、警犬、玩赏犬以及挽曳、肉用犬等。(《辞海》2009 年版)

《新华词典》是小型词典,它对"狗"的解释只是用简括的语言说明了它的类别"哺乳动物",形貌"外形似狼",作为动物的特点和功用,是语文性的释义。《辞海》是规模大的百科兼语文词典,它说明了狗在动物学分类中所处的位置(哺乳纲,犬科),除说明它作为动物的特点、功用外,还具体说明了它的耳朵、齿、舌、趾、尾巴的形貌,说明了它的繁殖和寿命。这是一种百科性的释义,提供了词所表对象的丰富的知识。

不同的词用不同的释义方法,同一个词也可以用不同的释义方法。释义方法的运用和内容的繁简,因辞典的任务、对象、篇幅等的不同而不同。

词义的解释要正确、明白、简练。正确指解释要合乎事实,合乎科学。对某些反映历史的、旧的事物现象的词语,或一般社会现象的词语,要说明其阶级的性质或时代的内容、色彩。如:

科举　唐宋至清用考试方法选拔人才的制度。(《四角号码新词典》1951 年版)

从隋唐到清代,封建王朝分科考选文武官吏后备人员的制度。(《现汉》)

《现汉》的注释较好地揭示了"科举"的阶级的性质和时代的内容、色彩。

地主　土地之所有权者。(《国语辞典》)

依靠出租土地剥削农民为主要生活来源的人。(《现汉》)

《现汉》的注释说明了"地主"的本质。

工头　工人的领班。(《四角号码新词典》1951 年版)

(~儿)资本家雇佣来监督工人劳动的人。(《现汉》)

《现汉》的注释指出了"工头"的阶级性质。

对于一般的词语,正确性指注释的内容恰当。例如:

下野　执政人脱离政界。(《现汉》试用本)
　　　执政的人被迫下台。(《现汉》修订本)
闷(mēn)　④在家里呆着,不到外面去。(《现汉》试用本)
　　　在屋里呆着,不到外面去。(《现汉》修订本)

对一些词义内容有变化的词,要根据已为大众广泛使用的含义修改词义的说明。例如:

小姐　②对未出嫁女子的尊称,现在多用于外交方面。(《现汉》1983年版)
小姐　②对年轻的女子的尊称。(《现汉》2002年增补本)

"小姐"②义有扩大,《现汉》作了修订。

经纪人　①旧时为买卖双方撮合从中取得佣金的人。
　　　②旧时在交易所中代他人进行买卖而取得佣金的人。(《现汉》1983年版)

《现汉》(2002年增补本)"经纪人"这两个意义的解释词语中都去掉了前面的"旧时"二字,反映了由于社会经济生活的变化,失去了作用的某类人又恢复了社会功能。

明白指注释词语通俗易懂,用普通话词汇,不用方言、文言、专门词汇或其他生僻词语。下面例子中注释词语有毛病:

吊死　自缢而死。(《国语辞典》)("缢"为文言词语)
独白　剧中人自述其内心情绪、感想或其身世之科白。(同上)("科白"为较专门的戏曲用语)

又要避免在解释词语中用被解释的词语。如:

笑　哭笑的笑。(《同音字典》)
好　好坏的好。(同上)

这种解释主要是指示被解释的词,不是特别需要,不宜使用。

简练指注释词语语句要简明扼要,没有多余的词语。有一种旧词典把"望风"释为："盗贼入人家盗窃时，留一人在门口探望外界动静。"《现汉》的解释是："给正在进行秘密活动的人观察动静。"两相比较，可以看到旧的解释啰唆累赘，也不够确切。又如有本旧词典把"请示"解释为："在工作中发现新情况或不能解决的困难问题，报告上级请求指示处理。"《现汉》解释为："（向上级）请求指示。"旧释拖沓繁冗，新释简明扼要。

下面谈附属义（感情色彩、语体色彩等）的说明。

说明的方法有二。一是把感情色彩、语体色彩等分为几个类型，标注在有关的词语之下。如：

狷急　　〈书〉性情急躁。

狷介　　〈书〉性情正直，不肯同流合污。

当家的　〈口〉①主持家务的人；家主。②主持寺院的和尚。

另一种做法是解释词的概念义后用文字简要说明。如：

嘴脸　　面貌；表情或脸色（多含贬义）。

窥伺　　暗中观望动静，等待机会（多含贬义）。

可怜虫　比喻可怜的人（含鄙视意）。

哭鼻子　〈口〉哭（含诙谐意）。

开言　　开口说话（多用于戏曲中）。

暌违　　〈书〉分离；不在一起（旧时书信用语）。

三、词典编纂的其他问题[①]

（一）选词

选什么词，收多少词要根据所编词典的性质和任务。以中型的现代汉语词典为例，它选词"以现代的普通话的词汇为主，文言

[①] 参看郑奠等《中型现代汉语词典编纂法（初稿）》（上、中、下），《中国语文》1956 年第 7、8、9 期。

词、方言词以及外来语的词看它和普通话的关系如何而决定选取与否"①。所选收的,"以词为主""兼收构词能力很强的词素,以及非词而经常使用的成语、词组"②。取材一方面是现代普通话口语,另一方面是"五四"以来的书面资料。一般不收人名、地名、姓氏、土语、不必要的古语以及专门的术语。这同《新华词典》(商务印书馆2001年修订版)的收词情况有不同。后者也是一部中型词典,"收词以语文为主兼收百科"③。以"二"字头为例,后者收有"二十一条""二次革命""二里头文化""二里头早商遗址""二次曲线""二次函数""二氧化硅""二氧化硫"等历史、考古、数学、化学方面的词语,这在一般的中型语文词典中是不会收录的。修订本《辞海》是重在百科词目,兼收语词的综合性大型词典,它广泛收录120多门学科的名词术语。

各种词典选词中有很细致的问题,不能在这里详述。

(二) 注音

各种类型的现代汉语词典注音以受过中等教育的北京人的语音为标准。北京话中某些词过土的读法不收。下面主要以《现代汉语词典》的做法为例来说明。

1. 注音符号,《现代汉语词典》用汉语拼音字母,《新华字典》则兼用注音字母,《辞源》(修订本)还附有中古音的反切。

2. 字有异读的,《现代汉语词典》依照国家权威机关的审定注音。如:

贼	取 zéi(ㄗㄟˊ)	不取 zé(ㄗㄜˊ)
肉	取 ròu(ㄖㄡˋ)	不取 rù(ㄖㄨˋ)
摸	取 mō(ㄇㄛ)	不取 máo(ㄇㄠˊ)
剿	取 jiǎo(ㄐㄧㄠˇ)	不取 cháo(ㄔㄠˊ)

---

① 参看郑奠等《中型现代汉语词典编纂法(初稿)》(上、中、下),《中国语文》1956年第7、8、9期。

② 同上。

③ 《新华词典》(2001年修订版)修订说明。

3. 轻声注音前加圆点。如：

便当 biàn·dang　桌子 zhuō·zi

一般轻读，间或重读的，标调号，注音前再加圆点。如：

因为 yīn·wèi

"为"一般轻读，有时也读去声。

插入其他成分时，语音有轻重变化的词语，标上调号和圆点，再加双斜线。如：

看见 kàn∥·jiàn

表示"看见"的"见"轻读，"看得见""看不见"的"见"重读。

4. 儿化音在基本形式后加"r"。如：

今儿 jīnr

书面上有时儿化有时不儿化而口语必须儿化的，自成条目，如"今儿""小孩儿"。书面上一般不儿化，口语一般儿化的，在释义前加"（～儿）"，如"米粒 mǐlì（～儿）米的颗粒"。

5. 多音词的注音，以连写为原则，结合松的，中间加"-"，如"高射机关枪 gāoshè-jīguānqiāng"。有些组合中间加"∥"，表示中间可插入其他成分，如"发病 fā∥bìng"。

6. 专名和姓氏的注音，第一个字母大写，如"爱斯基摩人 Àisījīmórén"。

7. 一般不注变调。

（三）引例

引例放在释义之后。引例的作用是帮助读者理解和证实所说明的字义词义。词的用例还能显示词的用法。

可以引用典范的白话文著作的例句，注明作者、篇名；也可以自造词组、短句式的例句。

《现代汉语词典》一般自造词组、短句作为例句。如：

贯注　①（精神、精力）集中：把精力～在工作上|他全神～地听着。
　　　②（语意、语气）连贯；贯穿：这两句是一气～下来的。

引用例句的，如《汉语大词典》，多引文学作品、一般著作中的语句。例如：

暖和　①温暖。谓不冷也不太热。……曹禺《北京人》第三幕："这么大的一所房子，走东到西的没有一块暖和地方。"
　　　②使之暖和。杨朔《征尘》："你先烤烤火，暖和暖和。"柳青《创业史》第一部题叙："是他衰老的身上的体温，暖和着那个孱弱的小女孩的。"

引例也有很多细致复杂的问题，这里不详述。

（四）编排

编排主要有四个方面的工作：

1. 词头的编排

（1）按部首编排。中华人民共和国成立以前的字典词典一般采用明梅膺祚编《字汇》时所定的 214 个部首编排。中华人民共和国成立以后出版的字典词典对原来的字典部首有增删，如《新华字典》从"人"分出"亻"部，将"入"合入"人"部，从"火"分出"灬"部，从"心"分出"忄"部，将"辶""辵"都合为"辶"部等。经过调整，1966 年以后出版的《新华字典》有部首 189 个，《现代汉语词典》也附有部首 189 个。1983 年，中国文字改革委员会、国家出版局颁布《汉字统一部首表（草案）》，确定的部首有 201 个，各种类型的辞书可以据之变通处理。

（2）按笔画编排。根据字的笔画数和起笔的形状（"一丨丿丶乙"等）为次序进行排列。纯用笔画编排的字典不多见，一般同部首编排结合，以部首为主，笔画为辅。不少字典词典附有部首难定的"难字表"，"难字表"是按笔画编排的。

（3）四角号码编排。把汉字的笔形归纳为十种，每种用一个阿拉伯数字代表，如"亠"用"0"代表，"八、人、丷、入"等用"8"代表，

"小、丷、个、忄"等用"9"代表等,按 <table><tr><td>1</td><td>2</td></tr><tr><td>3</td><td>4</td></tr></table> 的次序,每个字都是由四个阿拉伯数字组成的号码,然后进行排列。

(4) 音序编排。根据汉字声母符号、韵母符号一般的排列次序编排。

各种字典、词典一般以一种编排法为主,另外附上别的编排法的索引。

2. 词项的编排

词项指每个词头底下所收的词、词组、成语等。有的采用音序,单字条目下的多字条目按第二、第三字等字的音序排列,如《现代汉语词典》就是这样做的;有的按第二、第三字等字的笔画次序编排,如《辞源》(修订本)。

3. 词项下义项的编排

一般的次序是先基本义,次引申义,后比喻义。但除最明显的比喻义外,一般不说明义项的关系。

4. 每个条目下各组成内容的编排

一般的次序是:(1) 注音,(2) 义项,(3) 标注语体或加特殊词语(术语、方言词等)标志,(4) 释义,(5) 说明感情色彩,(6) 引例。各个条目下这些内容不必都具备。

练 习

一、单语词典有哪些类型?各举一例说明。

二、用同义近义词解释词义在应用中有哪些不同情况?它有什么局限?

三、解释下列词的词义(不用同义近义词语):

搅乱　纵情　壮丽　荒僻

四、用三种释义方式解释下列词的词义：

升　停　静　假

五、下列各词的释义有什么毛病：

　　杯　　盛饮料器。
　　洞　　深穴。
　　卖弄　在人家面前夸耀自己的本事和聪明。
　　掏　　探手取物。
　　强烈　力强而激烈。
　　死心　不想再活动。

学习参考论著

周祖谟　《汉语词汇讲话》,人民教育出版社,1959。
周祖谟　《词汇和词汇学》,《语文学习》1958年9、11期。
张世禄　《词汇讲话》,《张世禄语言学论文集》,学林出版社,1984。
武占坤、王　勤　《现代汉语词汇概要》,内蒙古人民出版社,1983。
刘叔新　《汉语描写词汇学》,商务印书馆,1990。
葛本仪　《现代汉语词汇学》,山东人民出版社,2001。
罗常培、吕叔湘　《现代汉语规范问题》,《现代汉语规范问题学术会议文件汇编》,科学出版社,1956。
郑　奠　《现代汉语词汇规范问题》,《现代汉语规范问题学术会议文件汇编》,科学出版社,1956。
郭良夫　《关于词语规范》,《中国语文》1987年第1期。
陈章太　《普通话词汇规范问题》,《中国语文》1996年第3期。
陆志韦等　《汉语的构词法》(修订本),科学出版社,1964。
张寿康　《构词法和构形法》,湖北教育出版社,1985。
任学良　《汉语造词法》,中国社会科学出版社,1981。
黄昌宁　《中文信息处理中的分词问题》,《语言文字应用》1997年第1期。
朱林清　《关于词义和概念的几个问题》,《中国语文》1962年第6期。
孙良明　《词义和释义》,湖北教育出版社,1982。
石安石　《语义论》,商务印书馆,1993。
高庆赐　《同义词和反义词》,新知识出版社,1957。
张志毅　《同义词词典编纂法的几个问题》,《中国语文》1980年第5期。
刘叔新　《同义词和近义词的划分》,《语言研究论丛》,天津人民出版社,1980。
符淮青　《同义词研究的几个问题》,《中国语文》2000年第3期。
石安石、詹人凤　《反义词聚的共性、类别及不均衡性》,《语言学论丛》第十辑,商务印书馆,1983。
刘叔新　《论反义聚合的条件和范围》,《语言研究论丛》第五辑,南开大学出版社,1988。

林 焘 《汉语基本词汇中的几个问题》,《中国语文》1954 年第 7 期。

潘允中 《汉语基本词汇的形成及其发展》,《中山大学学报》1959 年 1、2 期合刊。

高名凯、刘正埮 《现代汉语外来词研究》,文字改革出版社,1958。

王立达 《现代汉语中从日语借来的词汇》,《中国语文》1958 年第 2 期。

郑 奠 《谈现代汉语中的"日语词汇"》,《中国语文》1958 年第 2 期。

王 还 《汉语词汇的统计研究与词典编纂》,《辞书研究》1986 年第 4 期。

尹斌庸 《汉语语素的定量研究》,《中国语文》1984 年第 5 期。

刘英林、宋绍周 《汉语常用字词的统计与分级》,《中国语文》1992 第 3 期。

陈瑞端、汤志祥 《九十年代汉语词汇地域分布的定量研究》,《语言文字应用》1999 年第 3 期。

马国凡 《成语》,内蒙古人民出版社,1983。

武占坤、马国凡 《谚语》,内蒙古人民出版社,1980。

马国凡、高歌东 《惯用语》,内蒙古人民出版社,1982。

温端政 《歇后语》,商务印书馆,1985。

[捷]拉迪斯拉夫·兹古斯塔主编、林书武等译 《词典学概论》,商务印书馆,1983。

郑 奠等 《中型现代汉语词典编纂法(初稿)》(上、中、下),《中国语文》1956 年第 7、8、9 期。

符淮青 《词的释义方式剖析》(上、下),《辞书研究》1992 年第 1、2 期。

北京大学出版社语言学教材总目

博雅21世纪汉语言专业规划教材:专业基础教材系列
语言学纲要(修订版)　叶蜚声、徐通锵著,王洪君、李娟修订
语言学纲要(修订版)学习指导书　王洪君等编著
现代汉语(第二版)(上)　黄伯荣、李炜主编
现代汉语(第二版)(下)　黄伯荣、李炜主编
现代汉语学习参考　黄伯荣、李炜主编
古代汉语　邵永海主编(即出)
古代汉语阅读文选　邵永海主编(即出)
古代汉语常识　邵永海主编(即出)

博雅21世纪汉语言专业规划教材:专业方向基础教材系列
语音学教程(增订版)　林焘、王理嘉著,王韫佳、王理嘉增订
实验语音学基础教程　孔江平编著
现代汉语词汇学教程　周荐编著
简明实用汉语语法教程(第二版)　马真著
当代语法学教程　熊仲儒著
修辞学教程(修订版)　陈汝东著
汉语方言学基础教程　李小凡、项梦冰编著
语义学教程　叶文曦编著
新编语义学概要(修订版)　伍谦光编著
语用学教程(第二版)　索振羽编著
语言类型学教程　陆丙甫、金立鑫主编
汉语篇章语法教程　方梅编著(即出)
汉语韵律语法教程　冯胜利、王丽娟著
新编社会语言学概论　祝畹瑾主编
计算语言学教程　詹卫东编著(即出)
音韵学教程(第五版)　唐作藩著
音韵学教程学习指导书　唐作藩、邱克威编著
训诂学教程(第三版)　许威汉著

校勘学教程　管锡华著
文字学教程　喻遂生著
汉字学教程　罗卫东编著(即出)
文化语言学教程　戴昭铭著(即出)
历史句法学教程　董秀芳著(即出)

博雅21世纪汉语言专业规划教材:专题研究教材系列

实验语音学概要(增订版)　鲍怀翘、林茂灿主编
现代汉语词汇(重排本)　符淮青著
现代汉语语法研究教程(第五版)　陆俭明著
汉语语法专题研究(增订版)　邵敬敏等著
现代实用汉语修辞(修订版)　李庆荣编著
新编语用学概论　何自然、冉永平编著
外国语言学简史　李娟编著(即出)
近代汉语研究概要　蒋绍愚著
汉语白话史　徐时仪著
说文解字通论　黄天树著
甲骨文选读　喻遂生编著(即出)
商周金文选读　喻遂生编著(即出)
汉语语音史教程(第二版)　唐作藩著
音韵学讲义　丁邦新著
音韵学答问　丁邦新著
音韵学研究方法导论　耿振生著

博雅西方语言学教材名著系列

语言引论(第八版中译本)　弗罗姆金等著,王大惟等译
语音学教程(第七版中译本)　彼得·赖福吉等著,
　　　　　　　　　　　　　张维佳、田飞洋译
语音学教程(第七版影印本)　彼得·赖福吉等著
方言学教程(第二版中译本)　J. K. 钱伯斯等著,吴可颖译
构式语法教程(影印本)　马丁·休伯特著
构式语法教程(中译本)　马丁·休伯特著,张国华译